普通高等院校经济管理专业系列规划教材

SHANGYE YINHANG KUAIJIXUE

商业银行会计学

主　编 ◎ 刘银玲

西南交通大学出版社

·成都·

图书在版编目（CIP）数据

商业银行会计学／刘银玲主编. —成都：西南交通大学出版社，2018.1
普通高等院校经济管理专业系列规划教材
ISBN 978-7-5643-5896-9

Ⅰ. ①商… Ⅱ. ①刘… Ⅲ. ①商业银行 – 银行会计 – 高等学校 – 教材　Ⅳ. ①F830.42

中国版本图书馆 CIP 数据核字（2017）第 280431 号

普通高等院校经济管理专业系列规划教材

商业银行会计学

主编　刘银玲

责任编辑	罗爱林
封面设计	何东琳设计工作室
	西南交通大学出版社
出版发行	（四川省成都市二环路北一段 111 号西南交通大学创新大厦 21 楼）
发行部电话	028-87600564　028-87600533
邮政编码	610031
网址	http://www.xnjdcbs.com
印刷	四川森林印务有限责任公司
成品尺寸	185 mm×260 mm
印张	15.75
字数	370 千
版次	2018 年 1 月第 1 版
印次	2018 年 1 月第 1 次
书号	ISBN 978-7-5643-5896-9
定价	38.00 元

前言 / Preface

银行是国民经济的综合部门，是社会资金活动的枢纽。国民经济各部门、各单位的经济活动都通过银行来办理业务，这就使银行成为全国范围的信贷中心、转账结算中心、现金出纳中心、外汇收支中心，为全国经济的正常运转提供服务。由于银行在国民经济中的重要地位，银行会计在各行各业中占有举足轻重的地位，同时也是银行从业人员必备的专业知识。近年来，越来越多的学校把银行会计学列入金融、财会专业的教学计划。

本书共分为十一章：第一、二章介绍银行会计的基本理论和核算方法；第三、四、五章介绍银行的日常经营业务，即存款业务的核算、支付结算业务的核算、贷款与贴现业务的核算；第六章介绍联行往来业务及资金汇划清算的核算；第七章介绍金融机构往来业务的核算；第八章介绍现金出纳业务的核算；第九章介绍外汇业务的核算；第十章介绍银行损益和所有者权益业务的核算；第十一章介绍年度决算与财务会计报告。通过以上章节，本书将商业银行会计的基本理论、业务核算方法以及日常管理规定等内容进行了系统、全面的介绍，内容完整、体系科学、表述准确，注重基本操作技能。

由于编者水平有限，书中难免有疏漏之处，恳请广大读者批评指正。随着我国金融行业的不断发展和金融体系的不断完善，本书将继续修订，使之越来越完善。

编 者

2017 年 8 月

目 录 / Contents

第一章　商业银行会计概述

【学习目标】
- ◆ 了解我国的银行体系
- ◆ 掌握银行会计的概念
- ◆ 掌握银行会计的对象
- ◆ 熟悉银行会计的特点
- ◆ 了解银行会计的机构设置
- ◆ 了解银行会计人员的职责、权限和法律责任

第一节　我国的银行体系

银行是经营货币的企业，是金融机构里面非常重要的一员，它的存在方便了社会资金的筹措与融通。银行的业务包括两个方面：一方面，它以吸收存款的方式，把社会上闲置的货币资金和小额货币节余集中起来，然后以贷款的形式借给需要补充货币的人去使用。在这里，银行充当贷款人和借款人的中介。另一方面，银行为商品生产者和商人办理货币的收付、结算等业务，此时它充当支付中介。总之，银行起信用中介作用。

商业银行经营的货币信用业务，直接影响整个社会的货币流通，因而具有调节国民经济的特殊作用。商业银行通过发挥服务功能和调控作用，优化资源配置，促进经济增长方式的转变和产业结构的优化升级，实现经济可持续协调发展，实现金融政策与建设和谐社会的要求高度一致，在和谐中实现高质量发展，努力实现银行经济目标及社会和谐目标。

我国已初步形成了以中国人民银行（中央银行）为核心，以中国银行业监督管理委员会（简称银监会）为监督机构，以国有商业银行和政策性银行为主体，多种产权形式的银行机构同时并存的银行体系。我国的银行具体包括中央银行、政策性银行、国有及国有控股的大型商业银行、中小商业银行、农村商业银行和农村合作银行、中国邮政储蓄银行、外资银行等。

一、中央银行

中央银行是国家最高的货币金融管理组织机构，在各国金融体系中居于主导地位。国家赋予其制定和执行货币政策，对国民经济进行宏观调控，对其他金融机构乃至金融业进行监督管理的权限，地位非常特殊。

中国人民银行（简称央行或人行）是中华人民共和国的中央银行，中华人民共和国国务

院组成部门之一，于 1948 年 12 月 1 日成立。中国人民银行根据《中华人民共和国中国人民银行法》的规定，在国务院的领导下依法独立执行货币政策，履行职责，开展业务，不受地方政府、各级政府部门、社会团体和个人的干涉。在 1984 年之前，中国人民银行同时承担着中央银行、金融机构监管及办理工商信贷和储蓄业务的职能。1983 年 9 月 17 日，中华人民共和国国务院作出决定，由中国人民银行专门行使中央银行的职能，并具体规定了人民银行的 10 项职责。从 1984 年 1 月 1 日起，中国人民银行开始专门行使中央银行的职能，集中力量研究和实施全国金融的宏观决策，加强信贷总量的控制和金融机构的资金调节，以保持货币稳定；同时新设中国工商银行，人民银行过去承担的工商信贷和储蓄业务由中国工商银行专业经营；人民银行分支行的业务实行垂直领导；设立中国人民银行理事会，作为协调决策机构；建立存款准备金制度和中央银行对专业银行的贷款制度，初步确定了中央银行制度的基本框架。2003 年，中国人民银行对银行业金融机构的监管职责由新设立的银监会行使。

2003 年 12 月 27 日第十届全国人民代表大会常务委员会第六次会议修正后的《中华人民共和国中国人民银行法》规定，中国人民银行的主要职责为：起草有关法律和行政法规；完善有关金融机构运行规则；发布与履行职责有关的命令和规章；依法制定和执行货币政策；监督管理银行间同业拆借市场和银行间债券市场、外汇市场、黄金市场；防范和化解系统性金融风险，维护国家金融稳定；确定人民币汇率政策；维护合理的人民币汇率水平；实施外汇管理；持有、管理和经营国家外汇储备和黄金储备；发行人民币，管理人民币流通；经理国库；会同有关部门制定支付结算规则，维护支付、清算系统的正常运行；制定和组织实施金融业综合统计制度，负责数据汇总和宏观经济分析与预测；组织协调国家反洗钱工作，指导、部署金融业反洗钱工作，承担反洗钱的资金监测职责；管理信贷征信业务，推动建立社会信用体系；作为国家的中央银行，从事有关国际金融活动；按照有关规定从事金融业务活动；承办国务院交办的其他事项。

二、银监会

中国银行业监督管理委员会（简称银监会）成立于 2003 年 4 月 25 日，2003 年 4 月 28 日起正式履行职责，是国务院直属正部级事业单位。根据国务院授权，统一监督管理银行、金融资产管理公司、信托投资公司及其他存款类金融机构，维护银行业的合法、稳健运行。截至 2003 年 10 月 19 日，中国银行业监督管理委员会省级派出机构全部成立。截至 2016 年底，中国银监会内设 22 个部门：办公厅、政策研究局、审慎规制局、现场检查局、法规部、普惠金融部、信科部、创新部、消保局、政策银行部、大型银行部、股份制银行部、城市银行部、农村金融部、外资银行部、信托部、非银部、处非办、财会部、国际部、监察局、人事部、宣传部、机关党委、党校、系统工会、中央金融团工委（系统团委）。

中国银行业监督管理委员会成立之初的主要职责为：制定有关银行业金融机构监管的规章制度和办法，起草有关法律和行政法规，提出制定和修改的建议；审批银行业金融机构及其分支机构的设立、变更、终止及其业务范围；对银行业金融机构实行现场和非现场监管，依法对违法违规行为进行查处；审查银行业金融机构高级管理人员任职资格；负责统一编制全国银行业金融机构数据、报表，抄送中国人民银行，并按照国家有关规定予以公布；会同财政部、中国人民银行等部门提出存款类金融机构紧急风险处置的意见和建议；负责国有重点银行业金融机构监事会的日常管理工作；承办国务院交办的其他事项。

三、政策性银行

政策性银行是指由政府发起、出资成立，为贯彻和配合政府特定经济政策和意图而进行融资和信用活动的机构。

政策性银行不以营利为目的，专门为贯彻、配合政府社会经济政策或意图，在特定的业务领域内，直接或间接地从事政策性融资活动，充当政府发展经济、促进社会进步、进行宏观经济管理的工具。1994 年，中国政府设立了国家开发银行、中国农业发展银行、中国进出口银行三大政策性银行，均直属国务院领导。

1. 国家开发银行

国家开发银行（简称国开行），成立于 1994 年 3 月，是直属于国务院领导的、政府全资拥有的国有政策性银行。该行的基本职责：认真贯彻国家宏观经济政策，发挥宏观调控职能，支持经济发展和经济结构战略性调整，在关系国家经济发展命脉的基础设施、基础产业和支柱产业重大项目及配套工程建设中，发挥长期融资领域主力银行作用。2008 年 12 月，经国务院批准，国家开发银行整体改制成国家开发银行股份有限公司。

国家开发银行主要经营和办理以下业务：管理和运用国家核拨的预算内经营性建设基金和贴息资金；向国内金融机构发行金融债券和向社会发行财政担保建设债券；办理有关外国政府和国际金融机构贷款的转贷，经国家批准在国外发行债券，根据国家利用外资计划筹集国际商业贷款等；向国家基础设施、基础产业、支柱产业的大中型基本建设和技术改造等政策性项目及其配套工程发放政策性贷款；办理建设项目贷款条件评审、担保和咨询等业务；为重点建设项目物色国内外合作伙伴，提供投资机会和投资信息；经批准的其他业务。

2. 中国农业发展银行

中国农业发展（简称农发行），1994 年 10 月 19 日成立，是直属国务院领导的国有政策性银行，也是我国唯一的一家农业政策性银行。它的主要职责：按照国家的法律、法规和方针、政策，以国家信用为基础，筹集资金，承担国家规定的农业政策性金融业务，代理财政支农资金的拨付，为农业和农村经济发展服务。

中国农业发展银行的业务范围，由国家根据国民经济发展和宏观调控的需要并考虑到农发行的承办能力来界定。中国农业发展银行成立以来，国务院对其业务范围进行过多次调整。截至 2013 年，中国农业发展银行的主要业务是：办理粮食、棉花、油料收购、储备、调销贷款；办理肉类、食糖、烟叶、羊毛、化肥等专项储备贷款；办理粮食、棉花、油料加工企业和农、林、牧、副、渔业的产业化龙头企业贷款；办理粮食、棉花、油料种子贷款；办理粮食仓储设施及棉花企业技术设备改造贷款；办理农业小企业贷款和农业科技贷款；办理农业基础设施建设贷款[支持范围限于农村路网、电网、水网（包括饮水工程）、信息网（邮政、电信）建设，农村能源和环境设施建设]；办理农业综合开发贷款（支持范围限于农田水利基本建设、农业技术服务体系和农村流通体系建设）；办理农业生产资料贷款（支持范围限于农业生产资料的流通和销售环节）；代理财政支农资金的拨付；办理业务范围内企事业单位的存款及协议存款、同业存款等业务；办理开户企事业单位结算；发行金融债券；资金交易业务。办理代理保险、代理资金结算、代收代付等中间业务；办理粮棉油政策性贷款企业进出口贸易项下的国际结算业务以及与国际业务相配套的外汇存款、外汇汇款、同业外汇拆借、代客外汇买卖和结汇、售汇业务；办理经国务院或中国银行业监督管理委员会批准的其他业务；办理投资业务。

3. 中国进出口银行

中国进出口银行（简称进出口银行）成立于 1994 年，是直属国务院领导、政府全资拥有的政策性银行，其国际信用评级与国家主权评级一致。进出口银行是中国对外经济贸易支持体系的重要力量和金融体系的重要组成部分，是中国机电产品、成套设备和高新技术产品出口及对外承包工程及各类境外投资的政策性融资主渠道、外国政府贷款的主要转贷行和中国政府援外优惠贷款的承贷行。

中国进出口银行的主要职责：贯彻执行国家产业政策、外经贸政策、金融政策和外交政策，为扩大中国机电产品、成套设备和高新技术产品出口，推动有比较优势的企业开展对外承包工程和境外投资，促进对外关系发展和国际经贸合作，提供政策性金融支持。

中国进出口银行的主要业务：办理出口信贷（包括出口卖方信贷和出口买方信贷）；办理对外承包工程和境外投资类贷款；中国进出口银行办理中国政府对外优惠贷款；提供对外担保；转贷外国政府和金融机构提供的贷款；办理本行贷款项下的国际国内结算业务和企业存款业务；在境内外资本市场、货币市场筹集资金；办理国际银行间的贷款，组织或参加国际、国内银团贷款；从事人民币同业拆借和债券回购；从事自营外汇资金交易和经批准的代客外汇资金交易；办理与本行业务相关的资信调查、咨询、评估和见证业务；经批准或受委托的其他业务。

四、国有大型商业银行

国有商业银行是指由国家（财政部、中央汇金公司）直接管控的商业银行，其特点体现在所有的资本都是由国家投资，是国有金融企业。目前大型的国有商业银行有：中国工商银行、中国农业银行、中国银行、中国建设银行、交通银行共 5 家。

1. 中国工商银行

中国工商银行（全称中国工商银行股份有限公司），成立于 1984 年，是中国五大银行之首，世界五百强企业之一，拥有中国最大的客户群，是中国最大的商业银行。中国工商银行的基本任务是，依据国家的法律和法规，通过国内外开展融资活动筹集社会资金，加强信贷资金管理，支持企业生产和技术改造，为我国经济建设服务。2005 年 10 月 28 日，中国工商银行整体改制为股份有限公司。2006 年 10 月 27 日，中国工商银行成功在上交所和香港联交所同日挂牌上市。

2. 中国农业银行

中国农业银行（全称中国农业银行股份有限公司），最早成立于 1951 年，名为农业合作银行，隶属中国人民银行领导，承担金融服务新中国农村经济社会恢复与发展的职责，先后4 次与中国人民银行合并，直至 1979 年得以恢复建立。2007 年 1 月，第三次全国金融工作会议明确提出中国农业银行"面向三农、整体改制、商业运作、择机上市"的改革总原则，中国农业银行进入股份制改革新阶段。2009 年 1 月 5 日，中国农业银行股份有限公司成立。其业务领域已由最初的农业信贷、结算业务，发展成为品种齐全，本外币结合，能够办理国际、国内通行的各类金融业务。其业务主要包括：存款服务、综合贷款服务、外汇理财、人民币理财、代客境外理财、银行卡、汇款及外汇结算、保管箱租赁、缴费服务、代发薪服务、出国金融服务、电子银行服务、私人银行、融资业务、国内支付结算、国际结算、基金相关业务、企业理财服务、金融机构服务。

3. 中国银行

中国银行（全称中国银行股份有限公司），于 1912 年经孙中山先生批准在上海成立，是中国历史最为悠久的银行之一。1912—1928 年，中国银行履行中央银行职能，负责代理国库、承汇公款、发行钞票等。1928—1942 年，中国银行作为政府特许的国际汇兑银行，积极借鉴国际先进经验改革管理机制，在中国金融界率先走向国际市场，先后在伦敦、新加坡、纽约等国际金融中心设立分行。1942—1949 年，中国银行作为国际贸易专业银行，负责政府国外款项收付，发展国外贸易并办理有关贷款与投资。1979 年中国银行成为国家指定的外汇外贸专业银行。1994 年，随着全国金融体制改革的深化，中国银行成为国有独资商业银行。2004 年 8 月 26 日，中国银行整体改制为股份有限公司，并于 2006 年 6 月 1 日在香港联合交易所上市，于 2006 年 7 月 5 日在上海证券交易所上市。

中国银行的业务范围涵盖商业银行、投资银行、保险和航空租赁，旗下有中银香港、中银国际、中银保险等控股金融机构，在全球范围内为个人和公司客户提供金融服务。

4. 中国建设银行

中国建设银行成立于 1954 年 10 月 1 日（当时行名为中国人民建设银行，1996 年 3 月26 日更名为中国建设银行），是国有五大商业银行之一，简称建设银行或建行。2004 年 9 月15 日，中国建设银行由国有独资商业银行改制为国家控股的股份制商业银行。目前其主要经营信贷资金贷款、居民储蓄存款、外汇业务、信用卡业务，以及政策性房改金融和个人住房抵押贷款等多种业务。

5. 交通银行

交通银行（全称交通银行股份有限公司）始建于 1908 年，是中国近代以来延续历史最悠久、最古老的银行，也是近代中国的发钞行之一，现为中国五大国有银行之一。1987 年重新组建成全国第一家股份制商业银行，分别于 2005 年、2007 年先后在香港、上海上市，是第一家在境外上市的国有控股大型商业银行。其业务范围涵盖商业银行、投资银行、证券、信托、金融租赁、基金管理、保险、离岸金融服务等诸多领域。

五、中小商业银行

中小商业银行包括股份制商业银行和城市商业银行两大类。

1. 股份制商业银行

中小型股份制商业银行主要有：招商银行、上海浦东发展银行、中信银行、华夏银行、中国光大银行、兴业银行、广发银行、中国民生银行、平安银行（原深圳发展银行）、恒丰银行、浙商银行、渤海银行。

2. 城市商业银行

城市商业银行是中国银行业的重要组成和特殊群体，其前身是 20 世纪 80 年代设立的城市信用社，当时的业务定位是为中小企业提供金融支持，为地方经济搭桥铺路。从 20 世纪 80 年代初到 20 世纪 90 年代，全国各地的城市信用社发展到 5000 多家。然而，随着我国金融事业的发展，城市信用社在发展过程中逐渐暴露出许多风险管理方面的问题。很多城市信用社也逐步转变为城市商业银行，为地方经济及地方居民提供金融服务。

六、农村商业银行和农村合作银行

农村商业银行和农村合作银行是在合并农村信用社的基础上组建的。2001 年 11 月 29 日，全国第一家农村股份制商业银行张家港市农村商业银行正式成立。2003 年 4 月 8 日，我国第一家农村合作银行宁波鄞州农村合作银行正式挂牌成立。截至 2016 年年底，我国经批准开业的农村商业银行计 297 家，农村合作银行计 210 家。

七、中国邮政储蓄银行

中国邮政储蓄银行于 2007 年 3 月 20 日正式挂牌成立，是在改革邮政储蓄管理体制的基础上组建的商业银行。中国邮政储蓄银行承继原国家邮政局、中国邮政集团公司经营的邮政金融业务及因此而形成的资产和负债，并将继续从事原经营范围和业务许可文件批准、核准的业务。2012 年 2 月 27 日，中国邮政储蓄银行发布公告称，经国务院同意，中国邮政储蓄银行有限责任公司于 2012 年 1 月 21 日依法整体变更为中国邮政储蓄银行股份有限公司。

在各级政府、金融监管部门以及社会各界的关心和支持下，中国邮政储蓄银行坚持普惠金融理念，自觉承担"普之城乡，惠之于民"的社会责任，走出了一条服务"三农"、服务中小企业、服务社区的特色发展之路，打造了包括网上银行、手机银行、电话银行、电视银行、微博银行、微信银行和易信银行在内的电子金融服务网络，服务触角遍及广袤城乡。

八、外资银行

外资银行是指在本国境内由外国独资创办的银行。1979 年日本输出入银行在北京设立了中国第一家外资银行代表处，拉开了首都银行业对外开放的序幕。

第二节　银行会计概述

一、银行会计的概念

银行会计是会计的一个分支，是将会计的基本原理和基本方法应用于银行的一门经济应用学科，归类于金融企业会计。它是以货币为主要计量单位，以凭证为依据，采用独特的专门方法，对银行的经营活动过程进行连续、全面、系统的核算和监督，为银行的经营管理者及有关方面提供有关银行财务状况、经营成果等一系列信息的专业会计。

正确理解这一概念，必须了解以下几个方面的内容：

（一）银行会计以货币为主要计量单位

货币计量是指会计主体在进行会计确认、计量和报告时，以货币计量反映会计主体的财务状况、经营成果和现金流量。由于货币是商品的一般等价物，是衡量商品价值的共同尺度，在会计核算中通常选择以货币作为主要计量单位。在银行会计工作中，有时也需要利用实物量度来计算某些物资（如黄金），利用劳动量度来计算劳动消耗量。另外，在多种货币并存的情况下，我国以人民币作为记账本位币。业务收支以人民币以外的货币为主的商业银行，可以选择其中一种货币作为记账本位币，但是编报的财务会计报告应当折算为人民币。

（二）银行会计有一系列独特的专门方法

银行会计在长期实践中形成了一系列独特的专门方法：采用单式传票，传票的传递制度，特定凭证的填制，联行往来的章、押、证的三分管制度，账务组织的双线核算和核对，按日提供会计报表制度等。这些独特的专门方法从制度上保证了会计核算的准确性、及时性和安全性。

（三）银行会计业务范围是银行的经济活动

银行会计的业务范围就是银行的各项经济业务。例如，吸收存款、发放贷款、办理支付结算、联行往来以及在业务过程中发生的收入、成本和费用的计算等。这些经济业务的发生都必须通过会计进行核算和监督。会计核算既实现了银行的业务活动，也记录和反映了银行的业务和财务活动情况。

（四）银行会计应遵循会计核算的一般原则

1. 会计基础

银行会计的确认、计量和报告应当以权责发生制为基础。权责发生制基础要求，凡是当期已经实现的收入和已经发生或应当负担的费用，无论款项是否收付，都应当作为当期的收入和费用，计入利润表；凡是不属于当期的收入和费用，即使款项已经在当期收付，也不应当作为当期的收入和费用。权责发生制可以更加真实公允地反映特定会计期间的财务状况和经营成果。

与权责发生制相对应的是收付实现制。它是以收到或者支付的现金作为确认收入和费用的依据。目前，我国的行政事业单位会计采用收付实现制，事业单位会计除经营业务可以采用权责发生制外，其他大部分业务均采用收付实现制。

2. 会计信息质量要求

会计信息质量要求是对银行财务报告中提供的会计信息质量的基本要求，是财务报告中所提供的会计信息对使用者所应具备的特征，包括八项内容：可靠性、相关性、可理解性、可比性、实质重于形式性、重要性、谨慎性、及时性。

四项基本假设：会计主体、持续经营、会计分期、货币计量。

会计计量属性包括历史成本（又称实际成本）、重置成本（又称现行成本）、可变现净值、现值和公允价值。

二、银行会计的对象

银行会计的对象是指银行会计反映和监督的内容。这是由银行在国民经济中所处的地位及其活动的特点所决定的。银行是经营信用和货币资金的机构，它的各项经济活动直接表现为资金运动。银行会计的对象具体包括以下内容：

（一）银行的资金

银行为了开展其基本业务和实现其经营目标，需要把国民经济活动中暂时闲置不用的资金筹集起来。银行筹集的资金主要来自债权者和投资者两个方面。债权者的权益称为负债，投资者的权益称为所有者权益。

1. 负债

（1）吸取资金：银行吸收的各项存款，包括企事业单位存款、个人储蓄存款、发行金融债券等。

（2）借入资金：向中央银行借入、向同业借入以及向国外借入的资金。

（3）结算资金：结算中暂时占用的款项，包括联行存放款项、同业存放款项等。

（4）其他：暂收款项和各种应付款项等。

2. 所有者权益

（1）实收资本：投资者实际投入银行形成的资本金或股本金。银行设立必须按国家规定筹集资本金，它是银行成立和存在的前提。银行筹集的资本金按其来源不同，分为国家资本金、法人资本金、个人资本金和外商资本金。

（2）资本公积：指资本（或股本）溢价、重估准备、接受非现金资产捐赠准备、股权投资准备、外币资本折算差额、关联交易差价、可供出售类金融资产公允价值变动储备和其他资本公积。

（3）盈余公积：银行从利润中提取的盈余公积、公益金等。

（4）一般准备：银行按一定比例从净利润中提取的、用于弥补尚未识别的可能性损失的准备。

（5）未分配利润：待分配给投资者的利润和未决定用途的利润。

将上述筹集的资金按照信贷原则进行再分配，构成了银行的资产。

3. 资产

（1）贷放资金：银行按照有关规定发放的短期贷款、中长期贷款、抵押贷款等。

（2）投资资金：银行投放在各种有价证券上的资金。

（3）各项占款：银行的房屋、器具、设备和运输工具等固定资产、无形资产等占用的资金。

（4）备付金：银行的库存现金以及存放在中央银行的准备金。

（5）其他：各种暂付款项、应收款项等。

银行在业务经营过程中实现的各项收入、发生的各项支出和费用，构成了银行的收入和成本。各项收入与各项支出相抵后的差额形成了银行的利润。

4. 收入

银行的收入主要包括：在经营业务活动过程中实现的与业务经营有关的营业收入，通过对外投资实现的投资收益以及取得的与业务经营无直接关系的营业外收入等。

5. 支出

银行的支出主要包括：在业务经营过程中发生的与业务经营有关的营业支出，按规定应缴纳的营业税金及附加，发生的与业务经营无直接关系的营业外支出等。

6. 利润

银行的利润是银行在一定会计期间获得的经营成果，它是各项收入与各项支出相抵后的差额。银行的利润主要包括营业利润、投资净收益和营业外收支净额三部分。

按照国际惯例和会计准则的规定，以上银行资金的 6 项内容就构成了会计要素。会计要素是对会计对象的具体内容所进行的分类。

（二）银行的资金运动

银行资金的筹集和分配，随着银行业务的开展和财务活动的进行，不断发生资金的存、取、借、还的更替变化，各种更替变化的主要形式集中表现为各种存款的存入和提取，各种贷款、投资的投放和回收，各种款项的汇出和解付以及财务的收入和支出，而这几种主要形式所发生的资金数量上的增减变化过程及其结果构成了银行会计对象的具体内容。这些资金运动需要银行会计进行连续、系统、完整的核算和监督。

综上所述，银行会计的具体对象就是会计要素，也就是银行业务活动和财务活动过程中以货币为计量单位来核算、反映和监督银行资金的筹集与分配的增减变化过程和结果。

三、银行会计的特点

银行会计作为一门专业会计，具有明显的专业会计特点，具体表现在以下几个方面。

（一）反映情况具有综合性和全面性

会计核算既实现了银行的业务活动，同时也记载和反映了银行的业务和财务活动情况。

另外，银行会计核算面向国民经济各部门、各企业，面向广大人民群众，具有很强的社会性。银行的各项业务活动都是随着国民经济各部门活动的发生而发生，国民经济各部门的经济活动，都会在银行会计账表上以货币形式得到反映，因此银行会计不仅能反映银行的业务活动和财务活动情况，而且能体现整个社会资金的流向和国民经济各部门间的经济联系。从社会再生产过程来考察，银行会计反映的内容实质上是全面反映了全国的商品生产、流通和分配的综合情况。可以说银行会计起着社会"总会计"的作用。

（二）会计核算与业务处理的一致性

商业银行会计核算与各项业务处理紧密联系在一起，其业务处理过程也是会计核算过程。银行会计部门处在银行业务活动的第一线，其业务的实现是通过会计核算最终完成的。例如，客户的一笔存款业务，从客户提交存款凭单，银行人员接柜审核，凭证处理、传递，到登记账簿完成核算。这一系列的程序既是业务活动的过程，又是会计核算的过程。而其他工商企业的产品生产、商品流通等业务活动过程，都与会计核算过程相分离。因此，银行的会计核算与业务处理具有一致性。

（三）监督和服务的兼容性

银行是国民经济的综合部门，是社会资金活动的枢纽。国民经济各部门、各单位的经济活动都通过银行业务来办理，这就使银行成为全国范围的信贷中心、转账结算中心、现金出纳中心、外汇收支中心，为全国经济的正常运转提供服务。同时，银行还要根据国家的有关方针政策、法令法规、制度办法等，对各部分、各单位的经济活动的合理性、合法性、有效性进行监督。一方面，监督资金是否合理收付，保证国家财经法规和各项规章制度得到有效执行；另一方面，监督资金的安全运行，防范各种贪污、盗窃、诈骗案件的发生。因此，银行会计在其业务核算过程中既要为客户提供高质量的金融服务，又要在加速资金周转的同时发挥会计监督的作用。

（四）会计数据资料提供的准确性、及时性

银行与国民经济各部门、各单位的经济活动相联系，涉及面广、影响力大。银行会计核算资料数据反映了银行资产、负债的动态与规模，货币流通状况，银根松紧程度，国家预算执行情况等信息。它是国家了解国民经济各部门的情况，调整货币信贷政策、调节控制宏观经济的决策依据。因此，银行会计数据资料必须具备准确性。

会计处理的及时性是对银行会计更为突出的要求，这不仅是客户对银行服务的要求，也是提高社会资金运用效率以及银行加强内部管理的需要。它要求当日业务当日核算完毕，在核对当日账务正确无误的基础上，编制当日的会计报表（日计表），以准确、及时地反映当日的业务活动及由此产生的财务收支情况。

第三节　银行会计的工作组织与管理

银行会计的工作组织，就是根据《中华人民共和国会计法》、中国人民银行《银行会计基本规范指导意见》、财政部《企业会计准则》及《金融企业财务规则》的规定要求，在银行系统内部设置负责会计工作的职能机构，建立和健全会计的规章制度，配备必要的会计人员，按照会计管理的客观规律，将会计工作科学地组织起来，使会计工作有条不紊地进行，从而保证会计工作任务的顺利完成，发挥会计的职能作用。

一、会计机构

健全的会计机构是全面完成会计工作任务，充分发挥会计工作作用的组织保证。银行会计机构是银行内部组织领导和直接从事会计工作的职能部门，是银行职能机构体系中的重要组成部分。

银行会计机构的设置，应与其管理体制、工作需要和业务量繁简程度相适应。就目前银行业会计机构的情况来说，大体上划分以下两种类型：

（一）不直接对外办理业务的领导和管理机构

该类会计机构包括总行会计司（部）、省（市）分行会计处、地（市）中心支行会计科等会计部门。它们的主要任务是组织领导所管辖范围内的会计工作，研究制定有关的规章制度及会计处理细则和处理手续，监督和检查会计制度的执行情况，沟通上下级会计部门的工作，总结推广先进经验，指导帮助解决下级会计部门存在的问题，开展技术竞赛和培训会计人员等。

（二）直接对外办理业务的基层会计机构

该类会计机构是既负责管理全辖的会计工作，又要承担对外办理业务的基层行处的会计科、会计股，它们处在银行会计工作的第一线，直接办理银行的各项业务。根据业务工作特点、工作量大小，寻求合理的劳动组织，明确会计人员的职责任务，在分工的基础上按合理的操作程序进行各自的分内工作并加强协作配合，提高会计工作效率和质量。此外，县级（市）支行、城市区级以下的银行机构，如分理处、营业所等一般不设置独立的会计机构，但必须配备专职会计人员和会计主管，负责处理会计工作。

各级行处的会计工作必须在行长领导下，由会计部门具体负责，同时也要接受上级银行会计部门的指导、检查和监督。

二、会计制度

会计制度是组织会计核算、加强会计工作管理的各项规章、准则、办法等规范性文件的总称，是规范会计行为的基本标准。它对于保证会计工作有组织、有秩序地进行具有重要意义。因此，科学地制定并认真地贯彻执行银行会计制度，是组织和管理银行会计工作的重要内容之一，也是银行内部控制制度这一系统工程的一项重要环节。

商业银行的会计制度实行"统一领导，分级管理的原则"，凡属于全国银行业统一贯彻执行并对全国银行的会计工作具有广泛约束力的会计制度，由财政部、中国人民银行、银行业监督管理委员会统一制定与管理。目前的会计制度包括由财政部颁布的《企业会计准则》

《企业财务通则》《金融企业财务规则》以及由财政部和中国人民银行联合制定的《金融企业会计制度》等。这些综合性的财务会计方面的规章制度不仅包含了对会计事务处理的具体方法规定，还体现了国家的财政方针、政策，它们中的许多会计处理方法与国际会计惯例相接近，但也有根据我国具体情况而作出的独特规定。因此，对这些会计制度，银行部门必须严格地贯彻执行。

银行系统内的制度、办法，由总行根据统一的会计制度制定，其各自所属分行对总行的制度、办法可以作必要的补充规定，但不得与总行的规定相抵触。下级行对上级行制定的各项制度、办法，必须严肃认真地贯彻执行，如有不同意见，应及时反映，由上级行研究修订，在未修改前，仍按原规定执行，以维护制度的严肃性。

随着我国市场经济管理制度的不断完善和金融管理制度的逐步健全，银行会计制度也会随着经济体制和管理制度的改变而变化，不可能是一成不变的；同时，会计制度是会计工作实际经验的总结，新的会计方法会不断出现，因此，必须在总结经验的基础上，对会计制度进行修改、补充，使之不断提高，不断完善，以适应经济发展的需要。

三、会计人员

银行的会计工作，由一批从事会计管理和实务操作的专业人员来完成和实现，因此，要求银行要配备具有一定政策、业务水平和足够数量的会计人员。银行的会计人员包括：会计机构负责人、会计主管人员、复核人员、记账员、出纳员、稽核、检查、辅导人员和其他从事账务工作的人员。银行的会计人员按照规定，必须取得会计从业资格证书，持证上岗，对不适宜从事会计工作的人员应及时做出调整。

会计工作是银行的重要岗位，应当建立会计人员准入制度，对会计人员应当制定既相互协调配合，又相互牵制、相互监督的工作制度，同时在会计工作中执行回避制度。为了使银行会计人员的工作有明确的法律规范和准则，《全国银行统一会计基本制度》根据《中华人民共和国会计法》规定了银行会计人员的职责、权限和法律责任。

（一）银行会计人员的职责

（1）认真组织、推动会计工作各项规章制度、办法的贯彻执行。按照岗位分工和职责认证履行职责，不越权、不越位，在授权范围内处理各项业务。

（2）按照操作规程，认真进行会计核算与会计监督，努力完成各项工作任务。监督中发现的可疑点应及时报告，尤其在柜台监督中发现洗黑钱现象，应及时与公安部门取得联系，及时制止各种违规、违法业务，严格执行相互制约的规定。

（3）遵守、宣传《中华人民共和国会计法》，维护国家财经纪律，同违法乱纪行为作斗争。

（4）讲究职业道德，履行岗位职责，文明服务，优质高效，廉洁奉公，不断提高工作效率和质量。

（二）银行会计人员的权限

（1）有权要求开户单位及机构内其他业务部门，认真执行财经纪律和金融法规、办法，对违反者，会计人员有权拒绝办理。对违法乱纪者，会计人员除了拒绝受理外还应向领导或上级机构报告。

（2）有权越级反映。会计人员在行使职权过程中，对违反国家政策、财经纪律和财务制度的事项，同主管领导意见不一致时，遇主管领导坚持办理的，会计人员可以执行，但必须向上级机构提出书面报告，请求处理。

（3）有权对本行各职能部门在资金使用、财产管理、财务收支等方面实行会计监督。

◆ 课后练习题

一、名词解释

银行会计、银行会计对象

二、单项选择题

1. 银行会计核算的具体对象是（　　　　）。

　　A. 价值运动　　　　　　　　B. 信贷资金运动

　　C. 会计六要素　　　　　　　D. 资金来源、资金运动

2. 银行经营的商品具有（　　　）形态。

　　A. 储备资金　　　B. 生产资金　　　C. 成品资金　　　D. 货币资金

三、多项选择题

1. 我国现行的银行体系包括（　　　　）。

　　A. 中央银行　　　　　　　　B. 政策性银行

　　C. 国有商业银行　　　　　　D. 股份制商业银行

　　E. 农村商业银行　　　　　　F. 农村合作银行

2. 银行会计具有（　　　　）特点

　　A. 反映情况具有综合性和全面性　　B. 会计核算与业务处理的一致性

　　C. 监督和服务的兼容性　　　　　　D. 会计数据资料提供的准确性、及时性

3. （　　　）是我国的商业银行。

　　A. 中国银行　　　　　　　　B. 工商银行

　　C. 交通银行　　　　　　　　D. 民生银行

四、判断题

1. 银行的业务处理活动和会计核算活动一般是分开进行的。（　　　）

2. 银行会计具有反映国民经济活动情况综合性和全面性的特点。（　　　　）

3. 中央银行是各国金融体系的主体。（　　　）

4. 目前我国的商业银行都是国有商业银行。（　　　）

5. 政策性银行也是以盈利为目的的银行。（　　　）

第二章　基本核算方法

【学习目标】

◆ 了解会计科目的作用

◆ 熟悉会计科目的分类

◆ 掌握借贷记账法的使用

◆ 熟悉会计凭证的分类

◆ 掌握账务组织的内容

◆ 掌握账务处理和账务核对的程序

会计方法是对会计核算对象进行记录、计算、反映和监督所采用的各种技术方法。随着经济的发展、科学技术的进步以及经营管理要求的不断提高，会计方法也在不断完善。会计方法包括会计核算方法、会计分析方法、会计检查方法和会计预测方法，其中会计核算方法是各种会计方法的基础。

银行会计的基本核算方法，是指对会计对象进行连续、系统、完整、准确地反映和监督所运用的方法，即记录、处理和汇总银行各项业务时所运用的方法。它主要包括会计科目的设置、记账方法的运用、会计凭证的填制和审核、账务组织和会计报表的编制等内容。

第一节　会计科目

会计科目是对会计核算对象的具体内容按照不同性质和管理要求进行分类的科目。每一个会计科目都明确地反映一定的经济内容，是总括反映、监督各项业务和财务活动的一种方法，也是设置账户、归集和记录各项经济业务的根据。

一、会计科目的作用

（一）会计科目是会计核算的基础和纽带

会计科目是各项会计方法发挥作用的基础，从填制记账凭证、设置和登记账簿到编制会计报表，都离不开会计科目。会计科目对错综复杂的经济业务进行科学、有规律、系统的分类记录，确保全面系统、完整地提供会计信息，从而全面反映业务经营状况和财务状况。数据庞大、种类众多的银行业务，均可以以会计科目为线索，分门别类地进行核算，从而使会计核算工作变得统一有序。它像一条纽带，贯穿于核算全过程，并联结各个核算环节，以保证核算工作有组织、有秩序地进行。

（二）会计科目是综合反映国民经济情况、提供会计核算资料的工具

银行是国民经济的综合部门，是国民经济中资金活动的枢纽。银行的一切业务和财务活动都是按照国家的政策、法规和有关要求组织实现的，所有这些经济活动都是利用会计科目进行分类反映的。银行的会计科目既反映银行本身的资金活动情况，又反映国民经济各部门的资金变化情况。根据会计科目所反映的资料，可以综合反映国民经济情况，考核有关业务和财务活动的执行情况。因此，应当科学设置会计科目，准确使用会计科目，以便使提供的会计信息符合国家宏观经济管理的需求。

（三）会计科目是统一核算口径的基础

会计科目是区分经济业务的标志，因此，应该根据不同经济特征的经济业务，给予一定的名称、代号，规定一定的核算内容，不能混淆。在全国范围内，各分行都应按照各自总行规定的会计科目进行分类核算，按相同的口径进行汇总和分析，以便于商业银行各行处对其众多业务按照相同口径进行归类核算，更便于归属到全国统一的会计科目中去，综合反映全国银行业的资金活动全貌，从而保证会计核算指标在全国范围内口径一致，为宏观经济决策提供正确的数据资料。

二、会计科目的分类

会计科目的分类就是按会计科目的资金性质和业务特点进行分类，以适应经营管理和核算的需要。为了便于掌握和使用会计科目，了解会计科目的性质和特点，下面以商业银行会计科目的分类为例进行说明。

（一）按与资产负债表关系的分类

会计科目按照与资产负债表的关系进行分类，可以分为表内科目和表外科目。

表内科目是指用以反映银行资金实际增减变动，并全部列入资产负债表内的会计科目，并要求平衡。表外科目是指用以反映某些主要业务事项，如代保管的有价值物品、未发行的有价证券、重要的空白凭证等的会计科目，不涉及资金增减变化，其余额不反映在资产负债表内，也不要求平衡。表内科目和表外科目的分类，一方面有助于确切反映银行资金变动情况，另一方面又便于对尚未涉及资金实际变动的重要业务事项加强管理和监督。

（二）按经济内容的分类

所谓会计科目的经济内容，就是按会计科目反映资金性质的属性，即以资产还是负债来确定分类标准。根据《企业会计准则》中对商业银行会计科目的要求，会计科目分为资产类、负债类、资产负债共同类、所有者权益类及损益类五大类。

1. 资产类科目

资产类科目是反映银行的资产和债权的科目，包括各种资产、债权和其他权利。资产类科目按资产流动性和经营管理核算的需要，又可分为流动资产、长期投资、固定资产、无形资产、递延资产和其他资产等科目。

资产类科目余额反映在借方。

2. 负债类科目

负债类科目是反映银行债权人权益的科目，包括各种债务、应付款项和其他应偿付债务。负债是银行资金的主要来源，一般占其资金来源的80%左右。负债类科目按负债的期限可分为流动负债和长期负债两类。

负债类科目余额反映在贷方。

3. 资产负债共同类科目

资产负债共同类科目是反映银行债权和债务的科目。资产负债共同类科目主要适合核算联行往来、辖内往来、同城票据清算、内部往来等业务。设置这类科目便于资金往来的核算和债权债务的轧差反映。

资产负债共同类科目余额有两个特点：① 余额为借贷双方轧差反映。当余额反映在借方时属资产性质，当余额反映在贷方时属负债性质。② 余额为借贷双方同时反映，不得轧差。

4. 所有者权益类科目

所有者权益类科目是反映银行投资人对银行净资产的所有权。在量上，等于银行全部资产减去全部负债后的净额，包括银行所有者投入的资本和留存收益等。所有者权益类科目主要有实收资本、资本公积、盈余公积、本年利润和利润分配等科目。

所有者权益类科目的余额：资本部分是贷方余额；利润分配科目可能是贷方余额，表示未分配的利润，也可能是借方余额，此时表示尚未弥补的亏损。

5. 损益类科目

损益类科目是反映银行财务收支及经营成果的科目，包括银行的各项收入类科目和各项成本、费用支出类科目。收入类科目贷方反映增加数，借方反映减少数或转销数。费用支出类科目借方反映增加数，贷方反映减少数或转销数。期末，损益类各科目均转入本年利润科目。结转前，收入类科目为贷方余额，支出类科目则为借方余额。

（三）按提供信息详细程度的分类

会计科目按照提供信息的详细程度进行分类，可以划分为总分类科目和明细分类科目。

1. 总分类科目

总分类科目也称一级科目，它是对会计要素的具体内容进行总括分类的账户名称，是进行总分类核算的依据，其账户提供的是总括指标。总分类科目由国家财政部统一规定。

2. 明细分类科目

明细分类科目是对总分类科目所包含的内容再做详细分类的会计科目。它所提供的是更详细的指标，如商业银行在"吸收存款"总分类科目下再按存款的长短及存款人的不同，又分为活期存款、定期存款、活期储蓄存款、定期储蓄存款二级科目，在二级科目下根据单位、个人再分设明细科目，从而详细地反映吸收存款的类别和来源。

三、银行主要会计科目一览表

根据 2006 年 10 月 30 日发布的《企业会计准则——应用指南》的规定，商业银行主要会计科目如表 2-1 所示。

表 2-1　商业银行主要会计科目表

顺序号	编号	会计科目名称	顺序号	编号	会计科目名称
一、资产类			45	2211	应付职工薪酬
1	1001	库存现金	46	2221	应交税费
2	1002	银行存款	47	2231	应付利息
3	1003	存放中央银行款项	48	2232	应付股利
4	1011	存放同业	49	2241	其他应付款
5	1101	交易性金融资产	50	2311	代理买卖证券款
6	1111	买入返售金融资产	51	2312	代理承销证券款
7	1132	应收利息	52	2313	代理兑付证券款
8	1221	其他应收款	53	2502	应付债券
9	1231	坏账准备	54	2701	长期应付款
10	1301	贴现资产	55	2702	未确认融资费用
11	1302	拆出资金	56	2901	递延所得税负债
12	1303	贷款	三、资产负债共同类		
13		短期贷款	57	3001	清算资金往来
14		中长期贷款	58		辖内往来
15		抵押贷款	59		同城票据清算
16		逾期贷款	60	3002	外汇买卖
17		进出口押汇	61	3101	衍生工具
18	1304	贷款损失准备	62	3201	套期工具
19	1431	贵金属	63	3202	被套期项目
20	1511	长期股权投资	四、所有者权益类		
21	1512	长期股权投资减值准备	64	4001	实收资本（股本）
22	1601	固定资产	65	4002	资本公积
23	1602	累计折旧	66	4101	盈余公积
24	1603	固定资产减值准备	67	4102	一般风险准备
25	1604	在建工程	68	4103	本年利润
26	1606	固定资产清理	69	4104	利润分配
27	1701	无形资产	70	4202	库存股

顺序号	编号	会计科目名称	顺序号	编号	会计科目名称
28	1702	累计摊销			五、损益类
29	1703	无形资产减值准备	71	5011	利息收入
30	1801	长期待摊费用	72	5012	金融企业往来收入
31	1811	递延所得税资产	73	6021	手续费及佣金收入
32	1901	待处理财产损益	74	6051	其他业务收入
		二、负债类	75	6061	汇兑收益
33	2002	存入保证金	76	6111	投资收益
34	2003	拆入资金	77	6301	营业外收入
35	2004	向中央银行借款	78	6402	其他业务成本
36		应解汇款	79	6403	税金及附加
37		汇出汇款	80	6411	利息支出
38		本票	81		金融企业往来支出
39	2011	吸收存款	82	6421	手续费及佣金支出
40		单位活期存款	83	6602	业务及管理费
41		单位定期存款	84	6701	资产减值损失
42		活期储蓄存款	85	6711	营业外支出
43		定期储蓄存款	86	6801	所得税费用
44	2012	同业存放	87	6901	以前年度损益调整

第二节 记账方法

记账方法是按一定的记账规则，使用一定的记账符号，将经济业务进行整理、分类和登记会计账簿的一种专门方法。按照登记方式的不同，记账方法可以分为单式记账法和复式记账法两种。单式记账法运用于表外科目的核算，复式记账法运用于表内科目的核算。

一、单式记账法

单式记账法，是指对发生的每一笔经济业务只在一个账户中进行登记的方法。各个账户之间的记录没有直接联系，也不存在资产负债的平衡关系，不能全面、系统地反映经济业务的来龙去脉，不便于检查账户记录的正确性和完整性。因此，在我国银行系统中，仅对表外科目所涉及的会计事项，采用单式记账法进行登记或核算。记账符号为"收入"和"付出"。即增加记收入，减少记付出。例如，银行柜面收到"委托收款凭证"时，登记表外账户"收到委托收款结算凭证"的收入方,待款项收到并转入客户存款账户时,一方面编制表内科目的会计分录,另一方面登记表外账户"收到委托收款结算凭证"的付出方。

二、复式记账法

复式记账法,是指对发生的每项经济业务都要按照相等的金额在两个或两个以上相互关联的账户中同时进行登记的一种方法。运用复式记账法不仅可以清楚地看到每一项经济业务的来龙去脉,而且能够清楚明了地看到有关账户之间的对应关系。同时,由于对每项经济业务都以相等的金额进行分类登记,因而对记录的结果可以进行试算平衡,以检查会计记录的正确与否,防止会计差错,保证会计工作质量。按记账技术的特点,复式记账法又可以分为借贷记账法、增减记账法、收付记账法等,目前国家通用的是借贷记账法,我国商业银行也采用借贷记账法进行核算。

三、借贷记账法

借贷记账法是根据复式记账原理,以资产总额等于负债加所有者权益总额的平衡原理为依据,以"借"和"贷"为记账符号,以"有借必有贷,借贷必相等"为记账规则,记录和反映资金增减变化过程及其结果的一种复试记账方法。其主要内容包括:记账原理、记账符号、记账规则和试算平衡四个方面。

(一)借贷记账法的基本内容

1. 记账原理

借贷记账法以"资产=负债+所有者权益"的平衡公式为依据,体现了资产总额与负债和所有者权益总额之间在数量上的平衡关系。

2. 记账符号

借贷记账法是以"借""贷"作为记账符号,将每个会计科目所属账户划分为"借方""贷方"和"余额"三栏,以反映资金的增减变动及其结果情况。"借"和"贷"作为记账的符号,对不同资金性质的账户代表着不同的含义。借贷记账法下各类账户的记账方向如表 2-2 所示。

表 2-2　账户的记账方向

账户名称	借方	贷方	余额
资产类	资产增加	资产减少	借方
负债类	负债减少	负债增加	贷方
所有者权益类	权益减少	权益增加	贷方
损益类	收益减少	收益增加	一般无余额
	支出增加	支出减少	一般无余额

3. 记账规则

借贷记账法以"有借必有贷，借贷必相等"作为记账规则。即在处理每笔业务时，必须同时记入有关账户的借方和相对应账户的贷方，可以是一借一贷或者一借多贷或多借一贷，记入借方账户的金额合计一定等于记入贷方账户的金额合计，即"有借必有贷，借贷必相"等。

4. 试算平衡

借贷记账法是根据复式记账原理及会计等式的恒等关系，来对账户进行试算平衡的。它包括发生额的平衡和余额的平衡。

由于每笔业务始终坚持"有借必有贷，借贷必相等"的记账规则，所以，每天或一定时期内的借方发生额和贷方发生额必然是相等的。即：

所有账户本期借方发生额合计=所有账户本期贷方发生额合计

而每天或一定时期内的上期借方余额和贷方余额是相等的，所以本期借方余额与贷方余额也必然是相等的。即：

所有账户本期借方余额合计=所有账户本期贷方余额合计

四、借贷记账法举例

现以商业银行业务举例说明如下：

某商业银行本日初各账户余额如表 2-3 所示。

表 2-3　日初各账户余额

会计科目	期初余额	
	借方	贷方
库存现金	280 000	
存放中央银行款项	520 000	
短期贷款	331 000	
单位活期存款		675 000
活期储蓄存款		456 000
合计	1 131 000	1 131 000

例 2-1：某商业银行向人民银行缴存现金 100 000 元。

该笔业务涉及"库存现金"和"存放中央银行款项"两个资产项目。缴存现金，商业银行的库存现金会减少，"库存现金"科目应该记贷方；存入"存放中央银行款项"科目为资产的增加，应当记借方。会计分录为：

借：存放中央银行款项　　100 000

　贷：库存现金　　　　　　　100 000

例 2-2：A 工厂签发转账支票支付在同一银行开户的 B 工厂货款 20 000 元。

该笔业务是资金在两个单位存款账户之间的转移，涉及"单位活期存款"账户，该账户是负债性质的账户，减少应该记借方，增加应该记贷方。从一个单位存款账户支付款项属于负债的减少，应该记借方；转入另一个单位存款账户是负债增加，应该记贷方。会计分录为：

借：单位活期存款——A工厂　　20 000

贷：单位活期存款——B工厂　　　　20 000

例2-3：银行向甲化工厂发放流动资金贷款300 000元。

银行发放贷款应当转入借款人的存款账户，涉及"短期贷款"和"单位活期存款"两个账户。短期贷款是资产类账户，增加记借方，减少记贷方。单位活期存款是负债类账户，增加记贷方，减少记借方。发放贷款是资产的增加，应记入"短期贷款"的借方，贷款转入存款账户是负债的增加，应记入"单位活期存款"的贷方。会计分录为：

借：短期贷款——甲化工厂　　300 000

贷：单位活期存款——甲化工厂　　300 000

例2-4：张三支取活期储蓄存款1000元。

支取活期储蓄存款，一方面客户的账户存款金额会减少，属于负债减少，应记入"活期储蓄存款"账户的借方；另一方面银行的库存现金会减少，属于资产的减少，应记入"库存现金"账户的贷方。会计分录为：

借：活期储蓄存款——张三　1 000

贷：库存现金　　　　　　　1 000

根据以上四项经济业务的会计分录编制试算平衡表，如表2-4所示。

表2-4　试算平衡表

会计科目	上日余额		本日发生额		本日余额	
	借方	贷方	借方	贷方	借方	贷方
库存现金	280 000			101 000	179 000	
存放中央银行款项	520 000		100 000		620 000	
短期贷款	331 000		300 000		631 000	
单位活期存款		675 000	20 000	320 000		975 000
活期储蓄存款		456 000	1 000			455 000
	1 131 000	1 131 000	421 000	421 000	1 430 000	1 430 000

第三节　会计凭证

会计凭证，是记录经济业务、明确经济责任的书面证明，是办理资金收付和登记会计账簿的根据，也是核对账务和事后查考的重要依据。银行的会计凭证作为记账凭证时，需要在银行内部有关部门间传递。因此，记账凭证又称为"传票"。

一、会计凭证的种类

（一）会计凭证按其来源和用途，分为原始凭证和记账凭证

1. 原始凭证

原始凭证是在经济业务发生时取得或填制的，用以记录和证明经济业务的发生或完成情况的原始依据。原始凭证按其来源不同可分为外来原始凭证和自制原始凭证。自制原始凭证是商业银行自行制定并由有关部门或人员填制的，如利息清单、特种转账凭证等；外来原始凭证是在业务发生时从外单位取得的凭证，如客户签发的支票、各种结算凭证等。

2. 记账凭证

记账凭证是由会计部门根据原始凭证或原始凭证汇总表编制的，它是登记账簿的直接依据。商业银行的原始凭证和记账凭证的划分不是绝对的。银行在办理各项业务的过程中，为了避免重复劳动，提高工作效率，较普遍地采用由单位或客户来行办理业务所提交的原始凭证经审核后，代替银行的记账凭证。

（二）记账凭证按其形式的不同，分为单式记账凭证和复式记账凭证

1. 单式记账凭证

单式记账凭证是指在每张凭证上只填制一个会计科目或者账户，即一笔业务的借方和贷方科目要分别编制两张或两张以上的凭证。其优点是在手工记账时，便于分工记账、传递和按科目汇总发生额。其缺点是反映业务不集中，不便于事后查对。

2. 复式记账凭证

复式记账凭证是指一笔业务涉及的几个科目或账户都填列在一张凭证上。其优点是科目对应关系明确，资金的来龙去脉清楚，一张凭证内保持借贷双方平衡相等，还便于查对。其缺点是在手工记账时，不便于分工记账、传递和按科目汇总发生额。

（三）记账凭证按其使用范围，分为基本凭证和特定凭证

1. 基本凭证

基本凭证是银行根据有关原始凭证及业务事项，自行编制凭以记账的凭证。银行的基本凭证按其性质不同，可以分为三大类，共十种凭证。

第一类凭证仅供银行内部使用，不对外销售和传递，当商业银行在进行内部财务核算时，根据相关原始凭证编制，适用于未设专用凭证的一切现金收、付和转账业务。该类凭证包括四种传票。

（1）现金收入传票，如表2-5所示。

（2）现金付出传票，如表2-6所示。

（3）转账借方传票，如表2-7所示。

表 2-5 现金收入传票

中国××银行　　表外科目付出传票

（贷）其他应付款

（借）现金　　　　　　　20×7 年 05 月 06 日

<table>
<tr><td rowspan="2">户名或账号</td><td rowspan="2">摘　要</td><td colspan="10">金　额</td><td rowspan="2">总字第　号
字第　号</td></tr>
</table>

户名或账号	摘　要	亿	千	百	十	万	千	百	十	元	角	分
待处理出纳长款	营业长款（待查）						¥	1	7	0	0	0
合　计							¥	1	7	0	0	0

附件 1 张

会计　　　　　　出纳　　　　　　复核　　　　　　记账

表 2-6 现金付出传票

中国××银行　　现金付出传票

（贷）其他应付款

（借）现金　　　　　　　20×7 年 05 月 18 日

总字第　号
字第　号

户名或账号	摘　要	亿	千	百	十	万	千	百	十	元	角	分
待处理出纳短款	营业短款（待查）						¥	1	1	0	0	0
合　计							¥	1	1	0	0	0

附件 1 张

会计　　　　　　出纳　　　　　　复核　　　　　　记账

表 2-7 转账借方传票

中国××银行　　转账借方传票

总字第　号
字第　号

科目（借）联行来账　　　20×7 年 05 月 18 日　　　对方科目（贷）单位活期存款

户名或账号	摘　要	亿	千	百	十	万	千	百	十	元	角	分
借方户	收到贷方报单9笔		¥	3	4	7	6	0	0	0	0	0
合　计			¥	3	4	7	6	0	0	0	0	0

附件 9 张

会计　　　　　　出纳　　　　　　复核　　　　　　记账

（4）转账贷方传票，如表 2-8 所示。

表 2-8　转账贷方传票

中国××银行　　转账贷方传票

	总字第　　号
	字第　　号

（借）现金　　　　　　　　20×7 年 05 月 18 日

科目（贷）联行往账　　　20×7 年 05 月 20 日　　对方科目（借）单位活期存款

户名或账号	摘　要	金　额											附件12张
		亿	千	百	十	万	千	百	十	元	角	分	
	发出贷方报单12笔			¥	9	4	2	1	0	0	0	0	
合　计				¥	9	4	2	1	0	0	0	0	

会计　　　　　　出纳　　　　　　　　复核　　　　　　记账

　　第二类凭证供银行内部使用，不对外销售但可对外传递，适用于未设置专用凭证但又涉及客户资金收付的转账业务，一般是商业银行在主动为客户进账或扣款出账时填制使用。该类凭证包括两种传票：

（1）特种转账借方传票，如表 2-9 所示。

表 2-9　特种转账借方传票

中国××银行　　特种转账贷方传票

20×7 年 06 月 30 日

	总字第　　号
	字第　　号

付款人	全称	××公司		收款人	全称	××公司									附件1张
	账号与地址	2010032			账号与地址	1210015									
	开户银行	A县支行	行号	×××		开户行	A县支行	行号	×××						
金额	人民币（大写）柒万捌仟元整			千	百	十	万	千	百	十	元	角	分		
							¥	7	8	0	0	0	0	0	
	原始凭证金额		赔偿金		科目（借）单位活期存款 对方科目（贷）短期贷款										
	原始凭证名称		号码												
转账原因	贷款到期收回														
	银行盖章			会计　　复核　　记账											

（2）特种转账贷方传票，如表 2-10 所示。

表 2-10　特种转账贷方传票

中国××银行　　特种转账贷方传票

			总字第　　号
			字第　　号

20×7 年 06 月 30 日

付款人	全称	××公司		收款人	全称	××公司				
	账号与地址	1210015			账号与地址	2010032				
	开户银行	A县支行	行号 ×××		开户行	A县支行	行号	×××		

金额	人民币 （大写）柒万捌仟元整	千	百	十	万	千	百	十	元	角	分
				¥	7	8	0	0	0	0	0

原始凭证金额		赔偿金		科目（贷）短期贷款 对方科目（借）单位活期存款
原始凭证名称		号码		
转账原因	贷款到期收回 　　　　银行盖章			会计　　复核　　记账

附件 1 张

第三类凭证是特定业务使用的凭证。当涉及外汇、外币兑换人民币，人民币兑换外汇、外币时，使用外汇买卖借方、贷方传票。当需要登记表外科目账务时使用表外科目收入、付出传票。

（1）外汇买卖借方传票，如表 2-11 所示。

表 2-11　外汇买卖借方传票

外汇买卖借方传票（外币）　　　传票编号

2017 年 5 月 12 日

结汇单位	全称	丝绸公司	（借）外汇买卖
	账号	××—×××—×××	（对方科目：）现金

外汇金额	牌价	人民币金额	
2 000	0.86	¥　1720.00	
摘　要		会计 复核 记账 制票	

附件 1 张

（2）外汇买卖贷方传票，如表 2-12 所示。

（3）表外科目收入传票，如表 2-13 所示。

（4）表外科目付出传票，如表 2-14 所示。

表 2-12　外汇买卖贷方传票

外汇买卖贷方传票（外币）　　　传票编号

2017 年 5 月 12 日

| 结汇单位 | 全称 | 丝绸公司 | （贷）外汇买卖 |
| | 账号 | ××—×××—××× | （对方科目：）现金 |

| 外汇金额 | 牌价 | 人民币金额 |
| 2000 | 0.88 | ￥　1760.00 |

| 摘　要 | 会计
复核
记账
制票 |

附件 1 张

表 2-13　表外科目收入传票

中国××银行　　表外科目收入传票

| 总字第　　号 |
| 字第　　号 |

表外科目（收入）重要空白凭证　20×7 年 05 月 18 日

户名	摘　要	表外科 目代号	金　额										
			亿	千	百	十	万	千	百	十	元	角	分
现金支票	调入现金支票 800 本							￥	8	0	0	0	0

会计　　　　　保管　　　　　复核　　　　　记账

附件 1 张

表 2-14　表外科目付出传票

中国××银行　　表外科目付出传票

| 总字第　　号 |
| 字第　　号 |

表外科目（付出）重要空白凭证　20×7 年 05 月 18 日

户名	摘　要	表外科 目代号	金　额										
			亿	千	百	十	万	千	百	十	元	角	分
转账支票	调出转账支票 1300 本							￥	1	3	0	0	0	0

会计　　　　　保管　　　　　复核　　　　　记账

附件 1 张

2. 特定凭证

特定凭证又称专用凭证，是商业银行根据各项业务的特殊需要而设置的，具有专门的格式和用途的凭证。特种凭证一般由银行印制，单位或客户领购和填写后，提交银行并凭以办理业务，银行则用以代替传票并凭以记账，如支票、进账单、现金缴款单、信汇凭证、电汇凭证等。也有某些特定凭证是由银行填制凭以办理业务的，如联行报单、定期储蓄存单等，或者是银行自己签发（如银行本票、银行汇票）或填制（如定期储蓄存单）的，银行在收到或者取得这些特定凭证经审核无误后，以其中一联或者几联代替记账凭证，并据此办理业务和登记账簿。在银行的会计核算中，特定凭证使用的数量多，格式也不尽相同。各种特定凭证的使用将在以后的有关章节中介绍。

二、会计凭证的基本要素

会计凭证的基本要素即会计凭证必须具备的基本内容。银行会计凭证虽然种类繁多，格式各异，用途有别，具体内容不尽相同，但它作为记载银行经济业务发生、完成情况的书面证明，以及作为银行办理业务、登记账簿的依据，必须填写一些基本事项。这些必须填写的基本事项成为会计凭证的基本要素，具体包括以下内容：

（1）年、月、日（特定凭证代替传票时，应注明记账日期）；

（2）收、付款单位的户名和账号；

（3）收、付款单位开户行的名称和行号；

（4）人民币或外币符号和大小写金额；

（5）款项来源、用途或摘要及附件的张数；

（6）会计分录和凭证编号；

（7）单位按照有关规定的印章；

（8）银行及有关工作人员的印章。

三、会计凭证的处理

会计凭证的处理是指银行会计人员从填制或者受理会计凭证开始，按规定对会计凭证进行审核，并为满足办理业务和登记账簿的需要，将会计凭证在银行内部各部门、各柜组、各人员之间科学而及时地传递，最后在业务处理完毕和登记账簿后，将会计凭证进行分类整理、装订和归档保管的整个过程。

（一）会计凭证的填制或受理

填制或受理会计凭证是会计核算的起点，凭证填制正确与否，直接影响会计核算的质量。因此，必须认真地填制会计凭证，要求做到：要素齐全、内容真实、数字正确、字迹清晰、书写规范、手续完备、不得任意涂改。

1. 现金传票的填制

商业银行内部发生现金收入或付出业务时，每笔业务只填制一张现金对应科目的现金收入或者现金付出传票。即发生现金收入业务时，填制"（贷）××科目"的现金收入传票；发生现金付出业务时，填制"（借）××科目"的现金付出传票。现金科目都不另填制传票。

商业银行对外办理业务时所受理的现金收入业务，以客户提交的现金缴款单第二联代替"（贷）××科目"的现金收入传票；受理现金付出业务时，以客户提交的现金支票代替"（借）××科目"的现金付出传票。

2. 转账传票的填制

商业银行发生转账业务时，要对每笔业务所涉及的借方科目分别填制转账借方传票，所涉及的所有贷方科目填制转账贷方传票（有客户提交的特定凭证，可以用来代替转账借方、贷方传票的除外）。比如，对于一借一贷的转账业务，应填制一张"（借）××科目"的转账借方传票和一张"（贷）××科目"的转账贷方传票。同时，还应在这两张传票上填列对方科目的名称，以供参考，不作为记账依据。

在对传票进行编号时，这两张传票应编相同的顺序号，顺序号后以分数号来区分这两张传票的先后顺序。如为第 10 笔转账业务，则转账借方传票和转账贷方传票的编号分别为 10（1/2）、10（2/2）。其他一借多贷、多借一贷以及少量特殊的多借多贷转账业务，可以依次类推，参照上述规定填制传票。

商业银行对客户提交的特定凭证，可按规定分别代替转账借方传票和转账贷方传票。比如，当持票人和出票人同在某商业银行开户时，商业银行受理持票人提交的转账支票和一式两联进账单时，就应以转账支票代替转账借方传票，以第二联进账单代替转账贷方传票，进行账务处理。

（二）会计凭证的审核

会计凭证的审核是银行会计的一项重要基础工作，无论是银行自制的基本凭证，还是单位或客户提交的特定凭证，都必须根据有关业务的具体要求进行审查，以保证会计凭证的真实性、完整性、合法性和正确性。审核会计凭证时应注意以下要点：

（1）是否为本行受理的凭证；

（2）使用的凭证种类是否正确，凭证内容、联数及附件是否齐全，是否超过有效期限；

（3）账号与户名是否相符；

（4）大小写金额是否一致，字迹有无涂改；

（5）密押、印鉴是否真实齐全；

（6）款项来源、用途是否符合国家有关政策和银行有关规定，是否符合信贷结算的管理原则；

（7）支付金额是否超过存款余额或贷款限额；

（8）计息、收费、罚金等的计算是否正确。

经过审核，对不真实、不合法的凭证，应拒绝受理。对凭证内容记载不准确、不完整的，应予退回，要求更正、补充或重新填制。

经过审核无误并凭以处理业务的凭证，必须加盖有关人员名章或公章以明确责任。会计凭证签章是确认凭证有效性、表明业务手续完成程度和明确经济责任的需要。比如，现金收入传票及现金缴款单回单，在收妥现金后，应加盖现金收讫章；现金付出传票，在付款后，应加盖现金付讫章；转账传票和给客户的收、支款通知，应加盖转讫章；签发的银行汇票及承兑的商业汇票，应加盖汇票专用章；联行间的往来凭证、报告表、查询和查复书等，应加盖联行专用章；办完手续发给客户的重要单证如存单、存折回单等，应加盖行名业务公章；对于已经填制或编制、复核、记账的各种单证、凭证、账簿和报表等，应分别由各经办人员加盖个人名章。

（三）会计凭证的传递

会计凭证的传递是指从会计部门填制或受理会计凭证开始，经审查、签章、记账，直至将凭证整理、装订、保管为止的全过程。

银行会计凭证的传递过程，也就是处理业务和会计核算的过程。会计凭证的传递不仅在一个行内进行，有的还要在不同金融机构之间进行。因此，只有科学地组织传递，才能迅速、及时、严密无误地处理业务，进行会计核算，从而加速企业资金周转，提高社会经济效益。

凭证的传递，必须做到准确及时、手续严密、先外后内、先急后缓。各类凭证除有关业务核算手续另有规定外，一律由银行内部传递，以免发生流弊，造成资金损失。

具体说来，各类业务凭证的传递程序，应遵守以下规定：

（1）现金收入业务，必须"先收款、后记账"，以防止漏收和错收款项，保证账款一致；

（2）现金付出业务，必须"先记账、后付款"，以免发生透支；

（3）转账业务，必须先记付款单位账户，后记收款单位账户，以贯彻银行不垫款原则；

（4）受理他行票据，必须做到收妥抵用，以防止客户套用银行资金或被他行占用结算资金。

（四）会计凭证的整理、装订与保管

会计凭证是会计档案的重要资料，是事后查考的依据。因此，核算完毕的会计凭证应按规定进行整理装订成册，妥善保管。

每日营业终了，会计人员应将当日处理的凭证按照会计科目分清，按照会计科目代号顺序整理。每个科目再按现金付出、现金收入、转账借方、转账贷方的顺序依次排列，科目日结单放在各科目传票之前，并按科目代号顺序排列，各科目传票及附件的张数应与各科目日结单上的张数一致。凭证经整理后，加上传票封面、封底装订成册。装订的传票在结绳处用纸条加封，由装订人员和会计主管人员在封条骑缝处盖章，以明确责任。如凭证数量多，可分册装订。已装订成册的传票，应编制传票总号，每册传票封面上按日编制顺序号，每日分册装订的传票，封面上要注明日期、传票顺序号、注明共几册第几册，并登记"会计档案保管登记簿"，入库妥善保管。调阅传票和销毁超过规定保管年限的传票，必须按规定手续经过批准后，方能办理。

（五）重要空白凭证的管理

重要空白凭证是银行按规定填写金额并加盖业务印章后就可支取或划转款项的凭证，如支票、存单、存折、银行汇票、联行报单等。保管重要空白凭证要指定专人负责，对凭证的领用、运送、注销都要有严格的手续。重要空白凭证也要通过表外科目核算，设置登记簿，登记凭证起始号码进行控制，并由会计主管人员定期对账面余额和库存情况进行检查核对。

第四节　账务组织

银行会计核算的账务组织是指账簿设置、记账程序和账务核对方法等相互配合的账务体系。银行的账务组织包括明细核算和综合核算两个系统。明细核算是按账户进行的核算，反映每一个会计科目下各账户资金增减变化的详细情况；综合核算是按科目进行的核算，反映各科目资金增减变化的总括情况。两个核算系统都是根据同一凭证平行登记，双线核算，并坚持总分核对，以保证数字相符。明细核算是综合核算的具体化，对综合核算起补充说明作用；综合核算是明细核算的概括，对明细核算起统驭作用。两者相互配合、相互补充，又相互联系、彼此制约，构成银行会计核算完整、科学、严密的账务组织体系。

一、明细核算

明细核算是各科目的详细记录，它是在每个会计科目下，设立明细账户，以具体反映各账户资金增减变化及其结果的详细情况。明细核算由分户账、登记簿、现金收入和现金付出日记簿以及余额表组成。

（一）分户账

分户账是明细核算的主要形式，是各科目的详细记录，也是银行同开户单位对账的依据。它按单位、个人或资金性质立户，根据会计凭证逐笔连续记载，具体反映各分户的资金活动情况。分户账的格式，除根据业务需要规定的专用格式外，一般有以下四种。

1. 甲种账

甲种账设有借方发生额、贷方发生额和余额三栏，适用于不计息科目的账户或使用余额表计息的账户，以及银行内部科目的账户。甲种账又称为分户式账页（见表2-15）。

表 2-15　中国××银行　　单位活期存款分户账

户名：HM 集团　　　　　账号：2010015　　　　领用凭证记录：

××年		摘要	凭证号码	对方科目代号	借　方		贷　方		借或贷	余　　额		复核盖章
月	日				位　数		位　数			位　数		
7	1	承前页							贷	675 000	00	
7	2	转贷					14 000	00	贷	689 000	00	
7	3	转借			43 000	00			贷	646 000	00	
7	5	转借			4 900	00			贷	641 100	00	

2. 乙种账

乙种账设有借方发生额、贷方发生额、余额和积数四栏，适用于在账页上加计积数并计算利息的账户（见表2-16）。

表 2-16　中国××银行　　单位活期存款分户账

户名：ZSJT　　　　账号：2010016　　　　领用凭证记录：

| 本账总页数 |
| 本户页数 |

××年 月	××年 日	摘要	凭证号码	对方科目代号	借方 位数	借方	贷方 位数	贷方	借或贷	余额 位数	余额	日数	积数 位数	积数
6	1	承前页							贷	220 000	00	72 4	9 526 000 880 000	0000
6	5	现付			10 000	00			贷	210 000	00	3	630 000	00
6	8	转贷					5 000	00	贷	215 000	00	4	860 000	00
6	12	现收					8 000	00	贷	223 000	00			
6	12	转借			25 000	00			贷	198 000	00	1	198 000	00
6	13	转贷					14 000	00	贷	212 000	00	3	636 000	00
6	16	转贷					20 500	00	贷	232 500	00	2	465 000	00
6	18	转借			18 000	00			贷	214 500	00	1	214 500	00
6	19	转借			23 000	00			贷	191 500	00	2	383 000	00
6	21	转息					275	85	贷	191 755	85	92	13 792 500	00

3. 丙种账

丙种账设有借方发生额、贷方发生额、借方余额、贷方余额四栏，适用于借贷双方反映余额的账户（见表2-17）。

表 2-17　中国××银行

| 本账总页数 |
| 本户页数 |

户名：辖内往来　　　账号：　　　领用凭证记录：　　　利率存贷：

××年 月	××年 日	摘要	凭证号码	对方科目代号	发生额 借方 位数	发生额 贷方 位数	余额 借方 位数	余额 贷方 位数	复核盖章
5	1	承前页					134 000		
	2	扣收汇票款		2011		110 000	134 000	110 000	

4. 丁种账

丁种账设有借方发生额、贷方发生额、余额和销账四栏，适用于逐笔记账、逐笔销账的一次性业务，并兼有分户核算作用的账户（见表2-18）。

表2-18 中国××银行 其他应收款分户账

户名：待处理财产损溢

	本账总页数	
	本户页数	

××年		户名	摘要	凭证号码	对方科目代号	借方		销账			贷方		借或贷	余额		复核盖章
月	日					位	数	年	月	日	位	数		位	数	
5	1		承前页										借	150	00	
5	5	张×	现短款		1010	20	00	×	5	10			借	170	00	
5	10	张×	退款								20	00	借	150	00	

（二）登记簿

登记簿（见表 2-19）是明细核算中的辅助性账簿，是为了适应某些业务需要而设置的账簿，是分户账的补充，属于备查簿。凡是分户账上未能记载而又需要查考的业务事项，都可以设置登记簿进行登记，也可以用于统驭卡片账或控制重要的空白凭证、有价单证、实物及某些重要事项等。登记簿的格式根据业务需要而定，一般都采用借方、贷方（或是收入、付出）和余额三栏来反映数量及金额情况。

表2-19 登记簿

××行

××登记簿

	本账总页数	
	本户第 页	

户名：重要空白凭证   单位：

2017年		摘要	收入		付出		余额		存放地点
月	日		数量	金额	数量	金额	数量	金额	
1	1	期初余额					50	50	
	16	总行调入	100	100			150	150	

（三）现金收入日记簿和现金付出日记簿

现金收入日记簿、现金付出日记簿（见表 2-20）是分别逐笔序时地记录现金收入、付出笔数、金额和传票张数的明细账簿。它由出纳员根据现金收入传票和现金付出传票，按照收付款的先后顺序逐笔序时登记。每日营业终了，应分别结出现金收入合计数和现金付出合计数，并与金库保管员经管的现金库存簿和现金总账科目的借方、贷方发生额合计数核对相符。

表 2-20　××银行

现金收入日记簿

柜组名称：　　　　　　　　20×7 年 06 月 07 日　　　　　　　　第　页　共　页

凭证号数	科目代号	户名或账号	金额 位数	凭证号数	科目代号	户名或账号	金额 位数
1	2010	2010010	55 000				
2	2010	2010011	42 000				
3	2170	2170003	18 000				
合　　计			115 000				

复核　　　　　　　　出纳

（四）余额表

余额表是用来填制分户账余额的一种明细表，其作用是据以核对总账与分户账余额，并计算利息。余额表的格式分为计息余额表和一般余额表两种。

1. 计息余额表

计息余额表适用于计息科目。按科目分户设置，每日营业终了，根据各科目分户账当天的最后余额逐户抄入表内，当日没有发生额的账户及法定假日，则按上一日的最后余额填列。每日按科目加计各账户余额合计，并与该科目总账余额核对相符；每旬末将各账户每天余额相加即为计息数；当冲正各计息账户错账时，应计算应加（或应减）积数，并填入表内的相关栏目中；结息日累计计息积数作为计算利息的依据。（见表 2-21）。

2. 一般余额表

一般余额表适用于不计息的各账户。按各分账户的当日最后余额填列，使各账户余额集中反映，便于各科目总账与分户账余额进行核对。（见表 2-22）。

表 2-21　　中国××银行　计息余额表

科目名称：单位活期存款　　　　　　　20×7 年 6 月　　　　　　　　单位：元

科目代号：2010　　　　　　　　　　月利率：6‰　　　　　第　页　共　页

	2010006					复核盖章
	某企业					
至上月底累计积数	53 761 000	00				
1	367 000	00				
2	403 000	00				
3	475 000	00				
4	518 000	00				
5	462 000	00				
6	462 000	00				
7	539 000	00				
8	492 000	00				
9	688 000	00				
10	653 000	00				
10 天小计	5 059 000	00				
11	617 000	00				
…						
…						
20 天小计	9 968 000	00				
21	354 000	00				
…						
本月合计	15 112 000	00				
应加积数						
应减积数	183 000	00				
至结息日累计计息积数	63 546 000	00				
结息日的利息数	1 270	92				

表 2-22　××银行

一般余额表

20×7 年 06 月 07 日　　　　　　　　　　　　　第　页　共　页

科目代号	户名或账号	摘要	金额（位数）	科目代号	户名或账号	摘要	金额（位数）
201	201001	略	26 000				
201	201002	略	25 000				
201	201003	略	18 000				
201	201004	略	113 000				
201	201005	略	34 000				

会计　　　　　　　　　复核　　　　　　　　　制表

二、综合核算

综合核算是各科目的总括记录，以会计科目为基础，综合、概括地反映各科目的资金增减变化情况。综合核算由科目日结单、总账、日计表组成。其处理程序为：首先，根据同一科目的传票填制科目日结单；其次，根据科目日结单总共的发生额和余额登记总账；最后，根据总账各科目当日发生额和余额编制日计表。

（一）科目日结单

科目日结单（见表 2-23）是每一会计科目当天借方发生额、贷方发生额和传票张数的汇总记录，是轧平当日账务和登记总账的依据。其主要作用是汇总各科目凭证数和发生额，是登记总账的依据。

表 2-23　科目日结单

20×7 年　6 月 10 日

借　方		贷　方	
传票张数	金　额	传票张数	金　额
现金 14 张	247 654	现金 8 张	218 500
转账 35 张	1 165 289	转账 24 张	8 123 400
合计 49 张	1 412 943	合计 32 张	8 341 900

会计　　　　　　　　　复核　　　　　　　　　制单

科目日结单的编制依据各科目的传票，每日按科目编制，当天无发生额的科目不编科目日结单。每日营业终了，根据同一科目的现金收入传票、现金付出传票、转账借方传票、转账贷方传票，各自加计出金额数和传票数，填列在科目日结单的有关栏内。

按规定，现金收入传票和现金付出传票应归集在与现金科目相对应的科目的日结单中。因此，现金科目日结单应根据其他科目日结单中的现金栏部分，分别计算借方和贷方合计数，反向填列于现金科目日结单中。即：其他科目日结单中的现金借方合计数，填入现金科目日结单的贷方；其他科目日结单中的现金贷方合计数，填入现金科目日结单的借方。

全部科目日结单的借方合计金额应等于贷方合计金额。

（二）总账

总账（见表 2-24）是按科目设立的账簿，根据科目日结单逐日逐笔登记，综合、概括地反映银行资金增减变化的总括情况。它是综合核算和明细核算相互核对和统驭明细账的重要工具，也是编制会计报表的主要依据。总账按科目设有借方发生额、贷方发生额、借方余额、贷方余额四栏。账页每月更换一次。

表 2-24　总账

科目代号：2010

科目名称：单位活期存款　　　　　　　　　　　　　　　　　　第　　　号

××年6月份	借　方		贷　方	
	位　数		位　数	
上年底余额			880 608 000	00
本年累计发生额	2 355 000	00	19 023 000	00
上月底余额			897 276 000	00

日期	发生额		余额		核对盖章
	借方	贷方	借方	贷方	复核员
	位数	位数	位数	位数	
1	133 690　00	24 500　00		897 166 810　00	
2	30 700　00	87 010　00		897 223 120　00	
3	22 400　00	10 800　00		897 211 520　00	
...					
月计					
自年数累计					
本期累计计息积数					
本月累计未计息积数					

每日营业终了，根据各科目日结单的借方、贷方发生额合计数填记总账各科目当日的借方、贷方发生额，并结出余额。当日未发生账务的计息科目（节假日亦同），应将上日余额填入当日余额栏内，便于与余额表核对积数。总账各科目每日余额应与当日同科目分户账或余额表各账户余额合计数核对相符。总账每 10 天小计，月末结出本月合计、自年初累计及本月累计未计息积数等数据，有关数据应定期与同科目余额表上的计息积数进行核对。

（三）日计表

日计表（见表 2-25）是综合反映各当日科目借贷方发生额和余额，轧平当日全部账务的主要工具，由借方、贷方发生额，借方、贷方余额四栏组成。日计表其实是银行按日编制的一种会计报表。

每日营业终了，按科目代号顺序，根据各科目总账的当日发生额和余额填记，借方、贷方的发生额合计数和借方、贷方的余额合计数，必须各自平衡。如果当日无发生额，即不编日计表。

表 2-25　日计表

20××年 6 月 8 日

科目代号	科目名称	本日发生额				余额				科目代号
		借方		贷方		借方		贷方		
1010	现金	46 000	00	31 000	00	256 000	00	88 701 200	00	1010
2010	单位活期存款	608 000	00	259 000	00					2010
2170	其他活期存款	1800	00	56 900	00			4 410 700	00	2170
	…	1 234 300	00	1 543 200	00	92 855 900	00			
	合　计	1 890 100	00	1 890 100	00	93 111 900	00	93 111 900	00	

三、账务处理程序

账务处理程序是指从经济业务发生、受理和编制会计凭证开始，经过账务记载、账务核对，直至结平当日账务，编制日计表为止的全部过程。账务处理程序包括账务处理和账务核对。

（一）账务处理

1. 明细核算的账务处理

（1）根据经济业务受理、审核或填制传票；

（2）根据传票逐笔登记分户账或登记簿，现金业务需根据现金传票记载现金收入、付出日记簿；

（3）根据分户账余额登记余额表。

2. 综合核算的账务处理

（1）根据传票，按科目编制科目日结单，轧平当日所有科目的借方和贷方发生额；

（2）根据科目日结单登记总账；

（3）根据总账编制日计表。

（二）账务核对

账务核对是对综合核算与明细核算两个系统中的账簿、账表的数字记录进行检查核对的工作，是防止差错、保证核算质量和资金安全的重要措施。银行的账务核对分为每日核对和定期核对两种方式。

1. 每日核对

每日核对是指银行在每日会计核算结束后，对有关账务进行的核对，主要包括以下内容：

（1）总分核对。每日营业终了，总账各科目的余额应与同科目的分户账或余额表的余额合计数核对相符。

（2）账款核对。现金收入、付出日记簿的合计数应与现金科目的借方、贷方发生额核对相符；现金库存簿的现金库存数应与实际库存现金和现金科目总账的余额核对相符。

2. 定期核对

定期核对是对未能纳入每日核对的账务按规定的时间进行的核对。定期核对的主要内容和要求如下：

（1）各种账户的卡片账每月与该科目的登记簿及总账余额核对；

（2）采用丁种账的各科目，应按旬加计未销账的各笔金额与该科目总账余额核对相符；

（3）余额表上的计息积数应按旬、余额与该科目总账的累计计息积数核对；

（4）各种贷款借据要按月与各该科目分户账逐笔勾对相符；

（5）定期或不定期发送余额对账单对外核对账务；

（6）满页分户账页应及时发送，核对账务；

（7）定期对与中央银行往来的、同业往来、系统内往来等各项往来业务的资金及相应的利息收入和支出进行核对，及时处理未达账项；

（8）贵金属分户账与出纳部门的有关保管登记簿核对相符。

每日核对和定期核对可以使银行账务达到账账、账款、账证、账实、账表和内外账务完全相符的要求。银行账务处理程序和账务核对示意图见图 2-1。

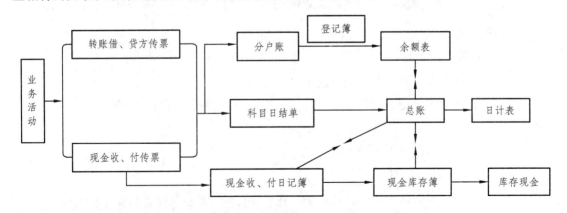

图 2-1　账务组织与账务处理程序示意图

四、记账规则与错账冲正方法

账簿的各项内容必须按一定规则记载，账务一旦发生差错，应按规定进行更正。

（一）记账规则

记账是银行会计核算工作的一项重要内容，也是办理具体业务的重要环节。因此，记账必须及时、准确、真实、完整，不漏记账、不重复记账、不错记账、不积压账目。为了做好记账工作，保证会计核算质量，记账时应遵守下列记账规则：

（1）各种账簿启用时，应填写"账首"，即要填写会计科目、账号和户名的全称等，不得只填写会计科目代号。

（2）账簿的各项内容，必须根据传票有关事项逐笔记载，并结出余额。做到内容完整、数字准确、摘要简明、字迹清晰，严禁弄虚作假。传票内容如有错误或遗漏不全，应由制票人员更正补充，加盖印章后，再行记账。

（3）账簿和凭证一律用蓝黑墨水钢笔书写，复写账页可用蓝圆珠笔双面复写纸书写，红色墨水只用于画线和当年错账冲正，以及按规定用红字批注的有关文字说明。

（4）账簿上所写文字及金额，一般占全格的 1/2。摘要栏文字如一格写不完，可在次行续写，但其金额应记在最后一行文字的金额栏内，账簿金额结清时，应在元位以"—0—"表示结平。

（5）账簿上的一切记载，不许涂改、挖补、刀刮、橡皮擦和用药水销蚀。

（6）因漏记使账页发生空格时，应在空格的摘要栏内用红字注明"空格"字样。

（7）账簿、凭证记载时，使用的各种代用符号如下：

① 人民币符号为"¥"，外币记账单位和外币符号按国际惯例；

② 年、月、日的简写顺序是自左至右"年/月/日"；

③ 利率符号简写为：年利率"年%"、月利率"月‰"、日利率为"日%"。

④ 人民币大写金额书写为：壹、贰、叁、肆、伍、陆、柒、捌、玖、拾、佰、仟、万、亿。

（二）错账冲正的方法

账簿记录发生错误时，应根据错误的性质和具体情况，按照规定更正错误方法进行更正。错账更正方法有：划线更正法、红蓝字更正法和蓝字反方向更正法。每种错账更正法有不同的适用范围。

1. 划线更正法

划线更正法适用于当日差错当日发现当时更正。

（1）会计传票无错，账簿记载出错，将错误的整笔数字划一条红线，表示注销，并将正确数字写在划销数字的上面，由记账人员在红线左端盖章证明。如果画错红线，可在红线两端用红墨水画"×"销去，并由记账员在右端盖章证明。文字写错，应将错字用一道红线划销，将正确的文字写在划销文字的上边，更正文字的可不盖章。

（2）传票填错科目或账号，导致账簿记录随之记错，应由制票人员另制传票，然后在账簿上划红线更正错账。

账页记载错误无法更正时，不得撕毁，经会计主管人员同意，可另换新账页记载，但必须经过复核，并在原账页上划交叉红线注销，由记账人员和会计主管人员盖章证明。注销的账页另行保管，待装订账页时，附在后面备查。

2. 红蓝字更正法

红蓝字更正法适用于次日或以后发现本年度的会计差错更正。

（1）传票正确，记账串户，应填制同方向红、蓝字传票各一张更正错账。用红字传票记入原错误的账户，摘要栏注明"冲销×年×月×日错账"字样；蓝字传票记入正确的账户，在摘要栏注明"补记冲正×年×月×日账"字样。

（2）传票金额、科目或账户填错，账簿随之记错。应填制红字传票将错账全数冲销，再按正确金额、科目、账户重新填制借、贷方蓝字传票补记入账，并在摘要栏内注明情况，同时在原错误传票上批注"已于×年×月×日冲正"字样。

3. 蓝字反方向冲正法

蓝字反方向冲正法适用于上年度错账更正。发现上年度错账，先用蓝字填制一张与错账方向相反的传票，用以冲销错账，并在摘要栏注明"冲正×年×月×日错账"字样，然后再用蓝字填制一张正确传票，补充记入账簿中，不得更改决算表。

此外，必须说明，在使用上述三种更正错误方法冲正错账时，应注意以下两点：

第一，凡冲正错账影响利息计算时，应计算应加、应减积数并进行调整。

第二，错账冲正传票，必须经会计主管人员审查盖章后，才能办理冲账，并将有关冲正情况进行登记，以便考核。

五、电脑操作的记账、对账和错账处理

（一）记账

使用计算机记账，必须严格执行以下规定：

（1）数据输入，必须由指定操作员进行。

（2）数据输入，必须根据审查无误的凭证进行，且各项业务应序时输入。

（3）红字凭证的输入，按同方向负数处理，以"-"表示，并在摘要栏打印冲账代码。

（4）计算机自动生成的凭证（如利息凭证），其转账金额必须经有关人员复核无误后记账。

（二）对账

在计算机操作条件下，账务核对有如下变化：

（1）计算机处理结果与手工核对的有：计算机打印的科目日结单与手工加计的各科目借方、贷方发生额核对；计算机打印传票总张数与当天实际传票总张数核对；计算机打印的现金科目发生额、余额与出纳现金收入、付出日记簿和现金库存簿核对。

（2）计算机内部核对的有：分户账与总账的发生额、余额核对；总账与余额表的核对；总账与日计表的发生额、余额核对。

（三）错账处理

计算机记账条件下的错账更正要根据不同情况进行相应处理。

（1）当操作员在数据输入时，发现手工记账凭证填制错误，在数据没有录入计算机时，操作员不能擅自直接对手工凭证进行修改，而应退请数据审核员审核，确认手工填制错误时，再由填制人员进行纠错处理后，返还操作员。

（2）当记账凭证已经输入到会计软件系统，在没有记账前发现有误，可分两种情况处理：①若是操作员正在输入时发现有误，如操作员输入错误，可由操作员通过移动光标键，直接修改错误；如系手工制单错误，应先由填制人员纠错，然后由操作人员将纠错后的记账凭证输入计算机。②若是本批记账凭证已经输完，但还没有登记账簿，复核员在复核过程中发现错误，应提醒操作员修改凭证，修改正确后再审核。

（3）当记账凭证已经输入会计软件系统，经"审核"无误并记账，然后才发现错误，只能使用红字冲正法进行更正（在会计软件中一般以"负数"或"括号"表示），然后再填制一张正确的记账凭证，予以入账。使用"冲账（更正）""补账"功能时，"冲账日期""补账日期"均应小于或等于当前日期，且必须经过系统主管授权。

六、账簿的结转及装订保管

（一）账簿的结转

总账按月结转，即每月末应当更换新账页。在旧账页上结计"月计"和"自年初累计发生额"，分别转入新账页的"上月底余额"和"本年累计发生额"，新账页的"上年底余额"直接从旧账页过入即可。

各种分户账、登记簿除另有规定外，年度内可以连续登记，年末办理结转，更换新账页。在新账页第一行摘要栏填写"承前页"，将旧账页的最后余额填入新账页第一行余额栏。

（二）账簿的装订保管

更换并启用新账后，对更换下来的旧账，要进行整理、装订、造册，按规定办理移交手续，归档保管。

（1）对更换下来的旧账进行整理。检查应归档的旧账是否收集齐全，检查各种账簿应办的会计手续是否完备，对于手续不完备的应补充手续。

（2）在进行整理的基础上装订成册。分户账一般按账户分类装订成册，加具封面，一个账户可装订一册或数册；某些账户的账页较少，也可以几个账户合并装订成一册；装订时账簿的扉页内容应当填写齐全，手续完备；装订后应由经办人员、装订人员和会计主管人员在封口处签名或盖章。

（3）账簿整理装订后，应编制目录，填写移交清单，办理移交手续，按期归档保管。保管人员应按照档案管理办法的要求，编制索引、分类储存、放入会计档案库保管。

（4）各种账簿同会计凭证、会计报表一样，都是重要的经济资料，必须按照财政部、国家档案局规定的《会计档案管理办法》妥善保管，不得丢失和任意销毁。保管期满后，应按照规定的审批程序报经批准后才能销毁。

◆ 课后练习题

一、名词解释

会计科目、表内科目、表外科目、会计凭证、基本凭证、特定凭证

二、单项选择题

1. 下列科目中属于流动资产科目的是（   ）。
   A. 应收利息   B. 中长期贷款   C. 在建工程   D. 同业拆入
2. 下列科目中属于长期负债科目的是（   ）。
   A. 银行存款   B. 活期存款
   C. 活期储蓄存款   D. 定期储蓄存款
3. 银行广泛地采用由单位或客户填写的（   ）来代替记账凭证。
   A. 原始凭证   B. 记账凭证   C. 单式凭证   D. 复式凭证
4. 统驭明细分户账，进行综合核算与明细核算相互核对的主要工具是（   ）。
   A. 余额表   B. 科目日结单   C. 日计表   D. 总账
5. 银行会计凭证中表内科目凭证和表外科目凭证是按（   ）划分的。
   A. 格式的不同   B. 用途的不同
   C. 核算方式的不同   D. 表面形式的不同
6. （   ）是反映当天全部银行业务情况的会计报表，也是轧平当天全部银行账务的重要工具。
   A. 科目日结单   B. 总账   C. 日计表   D. 余额表
7. 本年度发现上年度的错账，应填制（   ）。
   A. 同方向红、蓝字冲正传票，办理冲正
   B. 反方向红、蓝字冲正传票，办理冲正
   C. 蓝字反方向传票冲正，不更改决算报表
   D. 红字反方向传票冲正，不更改决算报表

三、多项选择题

1. 银行会计基本核算方法包括的内容有（   ）。
   A. 科目日结单   B. 会计报表   C. 会计凭证
   D. 账务组织   E. 会计科目
2. 明细核算按账户核算，由（   ）组成。
   A. 分户账   B. 现金库存簿   C. 余额表
   D. 登记簿   E. 科目日结单
3. 综合核算按科目进行，由（   ）组成。
   A. 科目日结单   B. 总账   C. 日计表
   D. 余额表   E. 分户账
4. 下列对会计凭证的说明正确的是（   ）。

A. 要素齐全　　　　B. 数字正确　　　　C. 自行编制

D. 手续完备　　　　E. 内容真实

5. 下列属于基本凭证的是（　　　）。

A. 支票　　　　　　B. 银行承兑汇票

C. 现金收入传票　　D. 转账借方传票

四、判断题

1. 银行会计基本核算方法包括：会计核算方法、会计分析检查方法、会计预测决策方法等。（　　　）

2. 在借贷记账法下，账户的借方登记资产的增加、权益的减少、费用及支出的增加、收入的减少；贷方登记资产的减少、权益的增加、费用及支出的减少、收入的增加。（　　　）

3. 银行的现金收入传票、现金付出传票、现金缴款单、支票均属于基本凭证。（　　　）

4. 特种转账借方传票、特种转账贷方传票属于特定凭证。（　　　）

5. 明细核算由分户账、登记簿、现金收付日记簿和余额表组成。（　　　）

6. 综合核算由科目日结单、总账、余额表和日计表组成。（　　　）

7. 现金收入日记簿的发生额合计应与现金科目总账贷方发生额核对相符，现金付出日记簿发生额合计应与现金科目总账借方发生额核对相符。（　　　）

8. 汇出汇款和汇入汇款科目均属负债科目。（　　　）

9. 原始凭证和记账凭证统称为会计凭证。（　　　）

10. 本年度发现上年度错账，采用蓝字反方向冲正法并更正决算报表。（　　　）

五、思考题

1. 银行的会计科目是如何分类的？各类科目反映的内容是什么？

2. 什么是借贷记账法？简述其基本原理、记账规则和试算平衡原理。

3. 简述单式记账凭证和复式记账凭证的区别。

4. 什么是会计凭证？如何进行会计凭证的审查？会计凭证如何传递？

5. 什么是账务组织？它有哪些内容？阐述明细核算与综合核算的区别与联系。

6. 错账冲正有哪些方法？各在什么情况下使用？

六、业务题

某行某分支机构（对公业务）2017 年 5 月 18 日各账户期初余额如下：单位活期存款账户期初余额 1 150 000 元，其中甲公司期初余额为 300 000 元，乙公司期初余额为 250 000 元，丙公司期初余额为 400 000 元，丁公司期初余额为 200 000 元；库存现金期初余额为 500 000 元，贷款（信用贷款）期初余额为 480 000 元，其中乙公司贷款余额为 280 000 元，甲公司贷款余额为 200 000 元；存放中央银行备用金账户期初余额为 170 000 元。2017 年月 5 月 18 日发生下列业务：

（1）甲公司签发现金支票一张支取现金 50 000 元；

（2）丙公司要求银行将款项 40 000 元划至丁公司账户；

（3）丙公司将现金缴存银行，存入金额 60 000 元；

（4）甲公司要求银行将款项 28 000 元划至丙公司账户；

（5）丙公司要求银行将款项划至 25 000 元划至乙公司账户；

（6）乙公司向银行提现 40 000 元；

（7）丙公司将现金缴存银行，存入金额为 35 000 元；

（8）丙公司向银行借短期借款（信用贷款）100 000 元；

（9）乙公司归还银行短期借款（信用贷款）180 000 元；

（10）甲公司向银行借短期借款（信用贷款）120 000 元。

要求：

（1）登记明细账，结出余额并登记各账户余额表，完成表 2-26 至表 2-37；

（2）编制科目日结单、登记总账及日计表，完成表 2-38 至表 2-45。

（3）进行试算平衡。

表 2-26　单位活期存款分户账（甲公司）

日期	发生额		余额	
	借方	贷方	借方	贷方
5 月 17 日				300 000
5 月 18 日				

表 2-27　单位活期存款分户账（乙公司）

日期	发生额		余额	
	借方	贷方	借方	贷方
5 月 17 日				250 000
5 月 18 日				

表 2-28　单位活期存款分户账（丙公司）

日期	发生额		余额	
	借方	贷方	借方	贷方
5 月 17 日				400 000
5 月 18 日				

表 2-29　单位活期存款分户账（丁公司）

日期	发生额		余额	
	借方	贷方	借方	贷方
5 月 17 日				200 000
5 月 18 日				

表 2-30　贷款分户账（甲公司）

日期	发生额		余额	
	借方	贷方	借方	贷方
5 月 17 日			200 000	
5 月 18 日				

表 2-31　贷款分户账（乙公司）

日期	发生额		余额	
	借方	贷方	借方	贷方
5 月 17 日			280 000	
5 月 18 日				

表 2-32　贷款分户账（丙公司）

日期	发生额		余额	
	借方	贷方	借方	贷方
5 月 17 日				
5 月 18 日				

表 2-33　贷款分户账（丁公司）

日期	发生额		余额	
	借方	贷方	借方	贷方
5 月 17 日				
5 月 18 日				

表 2-34　现金收入日记账

2017 年 5 月 18 日

凭证号码	科目代号	户名或账户	余额

表 2-35　现金付出日记账

2017 年 5 月 18 日

凭证号码	科目代号	户名或账户	余额

表 2-36　单位活期存款账户余额表

日期	甲公司	乙公司	丙公司	丁公司	合计
5 月 17 日	300 000	250 000	400 000	200 000	1 150 000
5 月 18 日					

表 2-37　贷款账户余额表

日期	甲公司	乙公司	丙公司	丁公司	合计
5 月 17 日	200 000	280 000			480 000
5 月 18 日					

表 2-38　单位活期存款科目日结单

2017 年　5 月　18　日

借　　方		贷　　方	
传票张数	金　额	传票张数	金　额
现金　　张		现金　　张	
转账　　张		转账　　张	
合计　　张		合计　　张	

会计　　　　　　复核　　　　　　制单

表 2-39　贷款科目日结单

2017 年　5 月　18　日

借　　方		贷　　方	
传票张数	金　额	传票张数	金　额
现金　　张		现金　　张	
转账　　张		转账　　张	
合计　　张		合计　　张	

会计　　　　　　复核　　　　　　　制单

表 2-40　库存现金科目日结单

2017 年　5 月　18　日

借　　方		贷　　方	
传票张数	金　额	传票张数	金　额
现金　　张		现金　　张	
转账　　张		转账　　张	
合计　　张		合计　　张	

会计　　　　　　复核　　　　　　　制单

表 2-41　单位活期存款科目总账

日期	发生额		余额	
	借方	贷方	借方	贷方
5 月 17 日				1 150 000
5 月 18 日				

表 2-42 贷款科目总账

日期	发生额		余额	
	借方	贷方	借方	贷方
5月17日			480 000	
5月18日				

表 2-43 库存现金科目总账

日期	发生额		余额	
	借方	贷方	借方	贷方
5月17日			500 000	
5月18日				

表 2-44 存放中央银行款项科目总账

日期	发生额		余额	
	借方	贷方	借方	贷方
5月17日			170 000	
5月18日				

表 2-45 日计表（5月18日）

账户名称	本期发生额		期末余额	
	借方	贷方	借方	贷方
库存现金				
存放中央银行款项				
贷款				
单位活期存款				
合计				

第三章　存款业务的核算

【学习目标】
◆ 了解银行存款账户的种类与管理
◆ 了解银行开户的条件及有关办法
◆ 掌握银行各项存款业务的核算程序及处理手续
◆ 掌握银行存款利息的计算方法

第一节　存款业务概述

存款是银行以信用方式吸收社会各界闲散资金的活动，是银行负债的重要组成部分。当存款人向银行存入一笔资金时，在银行与存款人之间就建立起一种债权债务关系，即存款人以信用方式向银行提供了一笔资金，成为债权人；银行则以信用方式获得了一笔资金，成为债务人。存款是信贷资金的主要来源，是银行发放贷款、扩大信用的物质基础。

银行通过吸收存款，可以把通过国家财政渠道难以集中起来的大量的、分散的再生产过程中的闲置资金和城乡居民生活节余用款利用吸收存款的方式集中起来，然后有计划地发放出去，发挥银行分配资金、调节社会经济作用，促进国民经济持续、稳定、协调地发展。同时，各单位存款又是银行办理支付结算的前提。因此，积极开展存款业务，对于扩大银行信贷资金来源，平衡社会资金需求，满足社会再生产和流通对资金的需求，稳定货币和调节货币流通都具有十分重要的意义。

一、存款账户的种类

根据国家相关规定，单位除了保留必要的备用金外，其余的货币资金必须存入银行。因此，每一个与银行发生资金往来的单位，都必须按规定开立相应的存款账户，以便于办理资金收付和同其他单位进行结算，以及办理贷款。

银行存款账户按资金管理要求划分为基本存款账户、一般存款账户、专用存款账户和临时存款账户。

（1）基本存款账户，是指存款人办理日常转账结算和现金收付而开立的银行结算账户，是存款人的主办账户。存款人日常经营活动的资金收付及其工资、奖金和现金的支取，应通过该账户办理。一般来说，存款人可自由选择银行开立基本存款账户，但只能在银行开立一个基本存款账户，并且在其账户内应有足够的资金。开立基本存款账户是开立其他银行结算账户的前提。

（2）一般存款账户，是在基本存款账户以外的银行借款转存或与基本存款账户的存款人不在同一地点的附属非独立核算单位开立的账户。该账户可以办理现金缴存，但不得办理现金支取。一般存款账户用于办理存款人借款转存、借款归还和其他结算的资金收付。

（3）专用存款账户，是存款人按照法律、行政法规和规章，因特殊业务需要而开立的限定了资金来源和用途的银行结算账户。专用存款账户用于办理各项专用资金的收付，具有专款专用、专项管理的特点，如基本建设资金专户、保证金专户、偿债基金专户等。该账户对于资金的专用具有较好的监督管理作用。

（4）临时存款账户，是存款人因临时经营活动需要并在规定期限内使用而开立的账户。存款人可以通过该账户办理转账结算和根据国家现金管理的规定办理少量现金收付。

二、存款账户的开立

存款人申请开立账户时，应填制开户申请书，并提供规定的证明文件。

（一）单位存款账户的开立

1. 基本存款账户的开立

下列存款人可以申请开立基本存款账户：企业法人；企业法人内部独立核算单位；实行财政预算管理的行政机关、事业单位；县团级（含）以上军队、武警部队及分散执勤的支队；外国驻华机构；社会团体、民办非企业组织；异地常设机构；个体工商户；居委会、村委会、社区委员会；其他组织。

开立基本存款账户时，存款单位必须填写开户申请书，向开户银行提出开户申请，同时出具工商行政管理机关核发的"企业法人执照"或"营业执照"正本；有关部门的开户证明、批文、承包协议、居民身份证和户口簿等有效法律证明文件之一。

2. 一般存款账户的开立

下列情况下，申请人可以申请开立一般存款账户：在基本存款账户以外的银行取得借款的；与基本存款账户的存款人不在同一地点的附属非独立核算单位。

申请开立一般存款账户时应提出开户申请，同时向开户银行提供借款合同或借款借据；基本存款账户的存款人同意其附属非独立核算单位开户的证明等证件之一。

3. 专用存款账户的开立

下列资金，存款人可以申请开立专用存款账户：基本建设资金；更新改造资金；财政预算外资金；粮棉油收购资金；证券交易结算资金；期货交易保证金；信托基金；金融机构存放同业资金；政策性房地产开发资金；单位银行卡备用金；住房基金；社会保障基金；收入汇缴资金和业务支出资金；党团工会设在单位的组织机构经费；其他需要专项管理和使用的资金。

申请开立专用存款账户时，存款人应提供经有权部门批准立项的文件或国家有关文件的规定。

4. 临时存款账户的开立

下列情况下，存款人可以申请开立临时存款账户：外地设立临时机构；外地临时经营活动需要；注册验资。

申请开立临时存款账户时应提出开户申请，同时向银行提供工商行政管理机关核发的临时执照或有权部门同意设立外来临时机构的批文。

（二）储蓄存款账户的开立

储蓄存款账户的开立应由储户提出申请，同时提供有效身份证件，以真实姓名为储户开立，并根据存款期限长短、存款类型设置明细账户进行核算。

三、存款账户管理

对单位开立的存款账户要加强管理，以强化信贷、结算监督和现金管理。

（1）单位银行结算账户的存款人只能选择一家银行的一个营业机构开立一个基本存款账户，不允许在多家银行开立基本存款账户。

（2）开户实行双向选择。存款人可以自主选择银行，银行也可以自愿选择存款人开立账户。任何单位和个人都不能干预存款人在银行开立或使用账户，银行也不得违反规定强拉客户在本行开户。

（3）开户实行核准制。存款人开立基本存款账户、临时存款账户和预算单位专用存款账户实行核准制。经人民银行核准后颁发开户许可证。但存款人因注册验资、增资验资需要开立临时存款账户除外。

（4）实行开户申报制度。银行对企业事业单位开立、撤销账户，必须及时向当地人民银行报告，人民银行运用计算机建立账户管理系统，加强对账户的管理。

（5）存款人的账户只能办理存款人本身的业务活动，不允许出租和转让他人。否则，按规定对账户出租、转让发生的金额处以罚款，并没收出租账户的非法所得。

四、存款的种类

银行存款按不同的分类标准可分为不同的类别。

（一）按存款的来源分类

存款按照来源可以分为原始存款和派生存款。原始存款也称为现金存款或者直接存款，即单位和个人将现金支票或者现金直接送存商业银行，增加存款户的货币资金。原始存款包括对公存款、个人存款和银行之间的存款。

派生存款，也称转账存款或间接存款，是指商业银行通过贷款方式自己创造的存款。商业银行发放贷款，一方面商业银行的资产"贷款"账户增加，另一方面商业银行将款项划入借款人在商业银行开立的存款账户中，这样商业银行的"吸收存款"账户也增加。这种存款的增加是由贷款派生出来的，它既增加了商业银行的负债，也增加了社会的货币供应量。

（二）按资金性质分类

存款按照资金性质可以分为一般存款和财政性存款。一般存款是指商业银行吸收的企事业单位、机关团体、部队及居民个人的，并可由其自行支配的资金形成的存款。商业银行吸收的一般性存款，需要支付利息，这些一般性存款中包括原始存款和派生存款。为了防范金融风险，有效地调节贷款规模，商业银行需根据一般性存款余额和一定比例向人民银行缴存法定准备金存款。

财政性存款是商业银行经办的各级财政拨入的预算资金，应上缴财政的各项资金以及财政安排的专项资金形成的存款。财政性存款属于中国人民银行的资金来源，商业银行只是代为经办，商业银行吸收的财政性存款，一般不计付利息，而且按规定需全额就地缴存当地人民银行。

（三）按存款对象分类

存款按对象不同可以分为单位存款和个人储蓄存款。单位存款是吸收企业事业单位、机关、部队和社会团体等单位暂时闲置的资金形成的存款。个人储蓄存款指商业银行吸收居民个人暂时闲置待用的资金形成的存款。

国家对单位存款和居民个人的储蓄存款的管理采用不同的政策。单位银行结算账户的开设、使用等要遵循人民银行颁布的《人民币银行结算账户管理办法》，单位现金的使用也要严格遵守国务院颁布的《现金管理暂行条例》。任何单位和个人不得将公款以个人的名义转为储蓄存款，任何单位和个人不得将私款以单位名义存入金融机构。

（四）按存款期限分类

存款按期限长短可分为活期存款、定期存款、定活两便存款等。活期存款是存入时不确定存期，可以随时存取的存款，如企事业单位活期存款、个人结算存款、财政性存款等；定期存款是存入时规定存期，到期支取的存款，如整存整取、零存整取、整存零取、存本取息等；定活两便存款是存入时不规定存期，存款人可随时支取，支取时按同档次定期存款利率的一定比率确定存款利息的一种存款。

（五）按存款货币的记账单位分类

存款按其记账单位分类可分为本币存款和外币（原币）存款。我国商业银行目前开设了港币、美元、欧元、日元、英镑、加拿大元、瑞士法郎、澳大利亚元等外币存款业务。如以其他可自由兑换的外币存入，应按存入日的牌价套算成上述货币存入。按规定，存入什么货币就支取什么货币，计付原币利息。

第二节　单位存款业务的核算

单位存款是吸收企业事业单位、机关、部队和社会团体等单位暂时闲置的资金形成的存款。按存款期限长短可分为单位活期存款和单位定期存款。商业银行为核算此项业务，通常设置和使用以下会计科目：

（1）"单位活期存款"，属于负债类科目，用以核算各类单位存入的活期存款。银行收到客户存入的活期存款时，贷记本科目；支取款项时，借记本科目；余额反映在贷方。本科目应按存款种类及存款单位进行明细核算。

（2）"单位定期存款"，属于负债科目，用以核算各类单位存入的定期存款。银行收到单位存入的定期存款时，贷记本科目；支取款项时，借记本科目；余额反映在贷方。本科目应按存款种类及存款单位进行明细核算。

（3）"利息支出"，属于损益类科目，用以核算银行在吸收存款、发行金融债券等业务中，按国家规定的适用利率向债权人支付利息。银行定期计提应付利息时，借记本科目，贷记"应付利息""发行债券（应付利息）""单位活期存款""活期储蓄存款""存放中央银行款项"等科目。期末应将本科目余额结转至利润，借记"本年利润"科目，贷记本科目，结转后本科目应无余额。本科目应按利息支出项目进行明细核算。

（4）"应付利息"，属于负债类科目，用以核算银行吸收存款和发生借款的当期应付而未付的利息。银行计算应付利息时，借记"利息支出""金融企业往来支出"等科目，贷记本科目；实际支付利息时，借记本科目，贷记"单位活期存款""单位定期存款"等科目；余额反映在贷方。本科目应按存款的种类进行明细核算。

一、单位活期存款业务的核算

单位活期存款业务的存取方式主要有存取现金和转账存取。其中，转账存取主要通过办理各种结算方式和运用信用支付工具而实现，具体方法在"支付结算业务"中讲解，本章只介绍存取现金的处理方式。

根据存取方式不同，单位活期存款可分为支票户和存折户两种。

（一）支票户存取款业务的处理

支票户是使用支票办理存取手续的存款账户，适用于经营状况较好、结算业务频繁、重信用、严格执行结算纪律的单位和个体经营户。开立支票户时必须在银行预留印鉴，凭印鉴支取款项。

1. 存入现金

存款单位向开户银行存入现金时，应填制一式两联现金缴款单（见表 3-1），连同现金一并送交开户银行出纳部门。出纳部门经审查凭证、点收现金，登记现金收入日记簿，并复核签章后，将第一联加盖"现金收讫"章后作为回单退交存款人，第二联送交会计部门，凭以代现金收入传票登记单位存款分户账。会计分录如下：

借：现金

　　贷：单位活期存款——××单位户

例 3-1：HMT 超市食品部向银行缴存销售款 13 500 元。会计分录为：

借：库存现金　　　　　　　　　13 500

　　贷：单位活期存款——HMT 超市　　13 500

表 3-1　中国××银行　现金缴款单

20×7 年 5 月 19 日																	
客户填写部分	收款人名称		HMT 超市														
	收款人账号		2010010		收款人开户行		××银行军分区支行										
	交款人		HMT 超市食品部		款项来源		销售款										
	币种	人民币：(√)	壹万叁仟陆百元整			亿	仟	佰	拾	万	仟	佰	十	元	角	分	
		外币：(　　)							¥	1	3	6	0	0	0	0	
银行填写部分	券别	100 元	50 元	20 元	10 元	5 元		1 元								辅币	
	张数	100	60														
	日期：　　　　　日志号：　　　　　交易号：　　　　　币种： 金额：　　　　　终端号：　　　　　主管：　　　　　柜员：																
	会计分录： 　　　　　　　　　　　　　　（贷）单位活期存款 　　　　　　　　　对方科目（借）现金																

2. 支取现金

单位支取现金时，应签发现金支票（如表 3-2 所示），并在支票上加盖预留印鉴、由收款人背书后送交会计部门。会计部门接到现金支票后，应重点审查：支票大小写金额是否相符；是否超过提示付款期限；印鉴与预留印鉴是否相符；出票人账户是否有足够支付的存款；是否背书等。经审查无误后，将出纳对号单交给收款人，凭此到出纳部门取款。同时，以现金支票代现金付出传票登记分户账。会计分录如下：

借：单位活期存款——××存款户

　　贷：库存现金

然后将支票交出纳部门，由出纳部门叫号付款，并登记现金付出日记簿，将现金支票送回会计部门。

表 3-2　现金支票

中国××银行　现金支票　　　　陕　支票号码 VI009875462											
出票日期：贰零壹柒年零伍月贰拾捌日　　　　付款行名称：中国××银行人民路支行											
收款人：YL 油脂厂　　　　　　　　　　　　出票人账号：20063612											
人民币	亿	千	百	十	万	千	百	十	元	角	分
（大写）壹仟叁佰伍拾陆元整						¥	1	3	5	6	0	0
用途：购货 上列款项请从 我账户内支付	科目（借）_____ 对方科目（贷）_____										
出票人签章　　　　　　　　　　复核　　　　　　　　　　记账											

本支票付款期限十天

例 3-2：YL 油脂厂签发现金支票，从银行提出现金 13 560 元。会计分录为：

借：单位活期存款——YL 油脂厂　　13 560

　　贷：库存现金　　　　　　　　　　　　13 560

（二）存折户存取现金业务的处理

1. 存入现金

存款户在第一次存入现金开立账户时，应将存入金额和款项来源等要素填入存款凭条，加盖预留印鉴，连同现金交银行出纳部门。出纳部门审核无误收妥现金后，根据存款凭条登记现金收入日记簿后转送会计部门。会计部门对存款凭条审查无误后，根据存款凭条开立存折，编列账号，填入存款金额，并加盖银行业务章交存款单位。以存款凭条代替现金收入传票登记单位活期存款分户账。其会计分录与支票户存入现金相同。

续存时，必须带存折来行办理存款，其余手续与初存时相同。

2. 支取现金

存折户向其开户银行支取现金时，应将支取金额和款项用途填入取款凭条，并加盖预留银行印鉴后，连同存折一并送交银行会计部门。经会计部门审查取款凭条、存折无误后，以取款凭条代现金付出传票，登记单位活期存款分户账及存折，将取款凭条与存折送交出纳部门凭以付款，然后将存折退取款人。其会计分录与支票户支取现金相同。

二、单位定期存款业务核算

单位定期存款是单位一次存入、约定存期、到期支取本息的一种存款业务。单位按规定提留暂时不用的资金及地方财政节余款项等，均可办理定期存款。单位定期存款金额起点为 1 万元，多存不限，本金一次存入，存入时由银行发给存单，到期一次支取本息。不得提前支取，不得直接提现。存期分为 3 个月、半年、1 年、2 年、3 年、5 年六档，单位可自行选择。

（一）存入款项的处理

单位向银行办理定期存款时，应按存款金额签发转账支票交开户银行。开户银行严格审查无误后，会计部门以转账支票代替转账借方传票登记单位活期存款分户账，同时填写一式三联定期存单。经复核后，存单第一联代替转账贷方传票，第三联作为定期存款卡片账留存保管，第二联加盖业务公章、经办人员名章后交存款单位作为存款凭据。会计分录如下：

借：单位活期存款——××单位户

　　贷：单位定期存款——××单位户

如果单位要求凭印鉴支取，应在存单第一联、第三联加盖预留银行印鉴，并在第二联存单上注明"凭印鉴支取"字样。

例 3-3：HWD 食品厂 2016 年 5 月 20 日签发转账支票 80 000 元，转为一年期定期存款，假设存入时挂牌的一年期定期储蓄存款利率为 6%，则存入时银行编制如下会计分录：

借：单位活期存款——HWD 食品厂　　80 000

　　贷：单位定期存款——HWD 食品厂　　　　80 000

（二）支取款项的处理

单位定期存款可以提前全部或者部分支取，但提前支取只限一次，本息只能转入单位活期存款账户，不能直接支取现金。

单位来行支取定期存款时，应将加盖预留银行印鉴的存单送交银行。银行应抽出该户卡片账与存单核对户名、金额、预留印鉴等要素无误后，计算应付利息，填制利息清单，并在定期存单上加盖"结清"戳记，以存单代替定期存款转账借方传票，另编制两联特种转账贷方传票，一联作贷方传票，另一联代收账通知，办理转账，并销记开销户登记簿。会计分录如下：

借：单位定期存款——××存款户

　　利息支出——定期存款利息支出

　贷：单位活期存款——××存款户

单位存款到期后如要求续存，可办理转期续存手续，同时应结清旧户另开新存单，其处理方法比照前述存取款手续办理。

例 3-4：承接上例，HWD 食品厂 2016 年 5 月 20 日签发转账支票 80 000 元，转为一年期定期存款，假设存入时挂牌的一年期定期储蓄存款利率为 6%，2017 年 5 月 20 日到期，暂时不考虑利息，银行账务处理如下：

借：单位定期存款——HWD 食品厂　　80 000

　贷：单位活期存款——HWD 食品厂　　　　80 000

三、单位存款利息计算

存款利息指银行向存款人支付的利息。存款利息必须计入银行的经营成本。国家可以通过对利率的调整，影响信贷资金的集中和分配。为此，会计部门应当按结息期和计息方法，准确地计算利息。对于应付未付的存款利息，应当按权责发生制原则进行核算。

（一）利息计算的一般规定

（1）利息计算公式。

$$利息=本金（存款金额）×存期×利率$$

本金、存期和利率是计算利息的三要素，它们与利息成正比。本金越大、存期越长、利率越高，利息就越多。

（2）本金元位起息，元位以下不计息。计算的利息保留到分位，分位以下四舍五入。

（3）存期是存款人的存款时间，存期"算头不算尾"，也就是存入日计算利息，支取日不计算利息，其计算方法是存入日至支取的前一日为止。计算存期时，应注意与利率在计算单位上的一致性，即存期以天数计算时，用日利率；存期以月计算时，用月利率；存期以年计算时，用年利率。

（4）利率是指一定存款的利息与存款本金的比率。利率由国务院授权中国人民银行制定与公布，各金融机构执行。利率用年利率、月利率、日利率表示。

$$月利率=年利率÷12$$

日利率=月利率÷30

（二）单位活期存款利息计算

为了准确地反映各期的成本和利润水平，银行对单位活期存款应按季（月）计算应付利息，编制转账借、贷方传票各一联，办理转账。会计分录如下：

借：利息支出——活期存款利息支出户

　贷：应付利息——活期存款利息户

银行于结算日计算出应支付各单位的利息数后，应编制三联（两贷一借）利息清单，以一联贷方传票将利息转入存款单位账户内，另一联贷方传票作收账通知交存款单位。营业终了，根据借方传票填制应付利息科目汇总传票（以借方传票作附件），办理转账，会计分录如下：

借：利息支出——活期存款利息支出户

　贷：单位活期存款——××活期存款户

借：应付利息——活期存款利息户

　贷：利息支出——活期存款利息支出户

单位活期存款采取定期结息法，按日计息，按季结息，计息期内遇到利率调整则分段计息。每季末 20 日为结息日，结算出来的利息于次日转账。其结算利息的时间段为上一季度末月的 21 日起至本季度末月的 20 日止，中间的天数按实际天数计算，开始的 21 日和结束的 20 日都要算在日计息期内。如在结息期前销户，应于销户时计付利息。具体做法是：按日累加计息积数，结息日以累计计息积数乘以日利率计算出利息。

按季结息有余额表计息和账页计息两种方法，存期均按实际天数计算。

1. 余额表计息

余额表计息法，是指银行利用计息余额表（见表 3-3）来计算每日积数，累计相加后计算计息期利息的方法。这种方法同样适用于余额变动频繁的存款账户。商业银行每天进行明细核算时，在每天营业终了，将需要计算利息的各单位分户账结出的余额按户抄入计息余额表，单日余额没有变动的，则抄上日的余额，计息余额表上各户余额逐日相加之和即为累计日积数。若遇利率调整，则应分段计算累计日积数；出现错账冲正时，应调整积数，以调增或调减的余额乘以错账日数，计算出应调增或调减的积数填入计息余额表中"应加积数"或"应减积数"内。结息日计算出本计息期累计积数后，乘以适用的日利率（或分段累计计息积数分别乘以适用的日利率求和），即为本计息期内应该支付给客户的利息。

其计算公式为：

$$利息=累计应计息日积数×（月利率÷30）$$
$$累计应计息日积数=活期存款余额×累计天数$$

结息日计算出利息后，一般于次日入账。银行制作"利息清单"，办理转账。

例 3-5：ZS 公司 20×7 年 6 月的计息余额表如表 3-3 所示，要求计算 6 月 20 日应该支付给 ZS 公司的利息。

表 3-3　中国××银行　计息余额表

科目名称：单位活期存款　　　　　　　　20×7 年 6 月　　　　　　　　单位：元

科目代号：201　　　　　　　　　　　　利率：0.06%　　　第　页　共　页

	2010006				复核盖章
	ZS 公司				
至上月底累计积数	53 761 000	00			
1	367 000	00			
2	403 000	00			
3	475 000	00			
4	518 000	00			
5	462 000	00			
6	462 000	00			
7	539 000	00			
8	492 000	00			
9	688 000	00			
10	653 000	00			
10 天小计	5 059 000	00			
11	617 000	00			
…					
…					
20 天小计	9 968 000	00			
21	354 000	00			
…					
本月合计	15 112 000	00			
应加积数					
应减积数	183 000	00			
至结息日累计计息积数	63 546 000	00			
至本月底累计未计息积数	5 144 000	00			
结息日计算利息数	1 270	92			

表 3-3 中，ZS 公司本计息期利息计算如下：

至结息日累计计息积数

=至上月底累计积数+6月1至20日累计计息积数+应加积数-应减积数

=53 761 000+9 968 000-183 000=63 546 000

至本月底累计未计息积数

=本月合计-本月1至20日累计计息积数

=15 112 000-9 968 000=5 144 000

结息日计算利息数

=至结息日累计计息积数×（月利率÷30）

=63 546 000×（0.06%÷30）=1 270.92（元）

6月21日编制利息清单，办理利息转账，编制如下会计分录：

借：应付利息——ZS公司　　　　　1 270.92

　贷：单位活期存款——ZS公司　　　　　1 270.92

6月30日计提利息费用=本月合计×（月利率÷30）

　　　　　　　　　　=15 112 000×（0.06%÷30）

　　　　　　　　　　=302.24（元）

借：利息支出——单位活期存款利息支出　　302.24

　贷：应付利息——ZS公司　　　　　　　　　302.24

2. 账页计息

账页计息法是采用乙种账计算累计积数，并凭以计算利息的方法。该方法适用于余额变动不多的存款账户。这种方法其实是将加法改为乘法进行积数计算，对于那些不常变动余额的客户，我们不必每一天都将余额抄到计息余额表中，而是计算出没有变动的余额天数，将这个天数乘以对应的余额就能得到该段期间的积数。商业银行在日常活动中，首先在明细核算时为这些客户设置"乙种分户账"，在分户账每次余额变动后，计算一次变动前存款余额的实存日数和积数。计算时，以本次变动之前的存款余额乘以上次余额的实存天数得出计息积数，然后填入分户账中的"日数"和"积数"栏。至结息日，将上季度末月21日至本季度末月20日止的日数和积数累计起来（或分段累计起来）计算出本计息期累计日数（与日历天数相符）和累计计息积数后，乘以适用的日利率（或分段累计计息积数乘以适用的日利率求和）。

例3-6：HD公司单位活期存款分户账如表3-4所示。

表3-4　分户账

户名：HD公司　　　　　账号：20110007　　　　利率：0.06%　　　单位：元

2017年		摘要	借　方	贷　方	借或贷	余　额	日数	积　数
月	日							
3	21	转贷		200 000	贷	200 000	11	2 200 000
4	1	现收		120 000	贷	320 000	41	13 120 000
5	12	转借	160 000		贷	160 000	39	62 40 000
6	20	现收		18 0000	贷	340 000	1	340 000
6	21	结息		438	贷	340 438	92	21 900 000

表3-4中，HD公司2017年3月21日至6月20日的累计计息积数为21 900 000元，则

本计息期的利息=21 900 000×（0.06%÷30）=438（元）。

计算利息后，于 6 月 21 日编制"利息清单"，将利息记入 HD 公司活期存款账户贷方，并结计出新的余额。6 月 21 日，利息转账的会计分录编制如下：

借：应付利息——HD 公司户　　　　438

　　贷：单位活期存款——HD 公司户　　　　438

6 月 30 日计提利息费用的账务处理略。

（三）单位定期存款利息计算

为了准确地反映各期的成本和利润水平，银行对单位定期存款应按期（月）计算应付利息，编制转账借、贷方传票各一联，办理转账。会计分录如下：

借：利息支出——定期存款利息支出户

　　贷：应付利息——定期存款利息户

定期存款到期，单位支取本息时，应先计算出到期利息额，以存单代转账借方传票，另编制特种转账借方传票一联、贷方传票两联办理转账。会计分录如下：

借：单位定期存款——××定期存款户

　　利息支出——定期存款利息支出户

　　贷：单位活期存款——××活期存款户

借：应付利息——定期存款利息户

　　贷：利息支出——定期存款利息支出户

单位定期存款的利息计算采取利随本清的办法，即在存款到期日支取本金的同时一并计付利息。定期存款的存期按对年、对月、对日计算，对年一律按 360 天，对月一律按 30 天计算，零头天数按实际天数计算。采用"算头不算尾"的办法，即存入日起息，支取日不计算利息。存期内如遇利率调整，按原定利率计息。逾期支取，逾期部分按支取日活期存款利率计息。利息只能转账，不支付现金。

例 3-7：HL 商场存入银行定期存款 500 000 元，定期一年，年利率为 2.25%，6 月 20 日到期，该单位于 7 月 5 日来行支取，支取日活期存款年利率为 0.72%，其利息计算为：

到期利息=500 000×1×2.25%=11 250（元）

逾期利息=500 000×15×（0.72%÷360）=150（元）

该笔定期存款应付利息为 11 400 元。

编制如下会计分录：

借：单位定期存款——HL 商场　　500 000

　　应付利息——HL 商场　　　　11 400

　　贷：单位活期存款——HL 商场　　　　511 400

四、对账与销户

（一）对账

对账是指银行与开户单位对存款账户余额进行核对，以保证双方存款余额一致。一般来说，银行与开户单位的存款余额应该是一致的。但由于双方记账时间的差异，加之凭证传递环节较多，因而常会出现未达账项或账务差错，以致双方账目不符。为了及时查清未达账项，保证内外账务相符和保护存款安全，银行必须与开户单位经常进行账务核对。

银行与单位的对账，是对支票存款户而言的。对存折存款户，因在账务处理时就已做到账折见面，保证账折相符，故不再对账。银行与支票存款户的对账，可分为定期对账和随时对账两种形式。

1. 随时对账

银行为支票存款户记账，采用两联式套写账页，正页是银行的分户账，副页是给单位的对账单。银行会计每记满一页，就将副页撕下，及时交开户单位对账；单位用对账联与其银行往来账逐笔进行核对，发现问题，及时到银行查明更正。这种对账形式，适用于逐笔核对发生额，可防止双方账务记载中的错误。

2. 定期对账

银行与单位除平时对账外，银行还应于每季度末及每年 11 月末向开户单位填发一式两联"余额对账单"，并在第一联上加盖业务公章后，交给开户单位对账。开户单位核对后，将第一联留存，第二联加盖预留银行印鉴退回银行。如经核对发现不符，应在对账单回单联注明未达账项的借贷方金额，以便双方查找处理。对于双方账务长期不符的开户单位，银行要采取必要的措施限期查清。银行将开户单位退回的对账回单按科目、账号顺序排列装订保管。

（二）销户

存款单位因迁移、合并、停产等原因不再使用原来存款账户时，应及时到银行办理销户手续。银行办理销户时，应首先与销户单位核对存款账户余额，核对相符后，对于应该计算利息的存款账户，要结清利息。对支票存款户，应收回所有空白支票；对存折存款户，应收回存折注销。然后将原存款账户的余额转入其他存款账户或其他地区金融机构。撤销后的账户应停止使用。

第三节　储蓄存款业务的核算

储蓄存款是银行通过信用方式动员、吸收城乡居民暂时闲置和节余货币资金的一种存款业务，是信贷资金的主要来源。

储蓄业务的基础工作主要是柜台办理存取款。这项业务工作量大，接触面广，关系到储蓄政策、原则的贯穿执行，甚至直接影响居民个人参加储蓄的积极性。因此，做好储蓄存款的会计核算工作对于促进储蓄业务的发展有着重要的意义。

国家对居民储蓄实行鼓励和保护政策。为了正确贯彻执行国家鼓励和保护人民的储蓄政策，对个人储蓄存款实行"存款自愿、取款自由、存款有息、为储户保密"的原则。同时，银行办理储蓄存款业务应实行实名制，即以本人有效身份证件的姓名办理存入手续。

一、储蓄存款的种类

储蓄存款可分为活期储蓄存款、定期储蓄存款、定活两便储蓄存款、个人通知储蓄存款和教育储蓄存款等。

（一）活期储蓄

活期储蓄指不规定期限，可以随时存取现金的一种储蓄。活期储蓄以 1 元为起存点，多存不限。开户时由银行发给存折，凭折存取，每年结算一次利息。适用于居民个人生活待用资金和单位互助储蓄金款项的存储。参加这种储蓄的货币大体有以下几类：① 暂不用作消费支出的货币收入。② 预备用于购买大件耐用消费品的积攒性货币。③ 个体经营户的营运周转货币资金，在银行为其开户、转账等问题解决之前，以活期储蓄的方式存入银行。

（二）定期储蓄

定期储蓄是指存款人同银行约定存款期限，一次或分次在存期内存入本金，到期整笔或分期支取本金和利息的储蓄形式。定期储蓄存款的货币来源于城乡居民货币收入中的结余部分、较长时间积攒以购买大件消费品或设施的部分。这种储蓄形式能够为银行提供稳定的信贷资金来源，其利率高于活期储蓄。定期储蓄根据其款项存取特点，分为整存整取、零存整取、存本取息、整存零取四种。

1. 整存整取

整存整取指开户时约定存期，整笔存入，到期一次整笔支取本息的一种个人存款。人民币 50 元起存，外汇整存整取存款起存金额为等值人民币 100 元的外汇。该储种只能进行一次部分提前支取。计息按存入时的约定利率计算，利随本清。整存整取存款可以在到期日自动转存，也可根据客户意愿，到期办理约定转存。人民币存期分为三个月、六个月、一年、两年、三年、五年六个档次。外币存期分为一个月、三个月、六个月、一年、两年五个档次。

2. 零存整取

零存整取指开户时约定存期、分次每月存入固定金额、到期一次支取本息的一种个人存款。开户手续与活期储蓄相同，只是每月要按开户时约定的金额进行续存。储户提前支取时的手续比照整存整取定期储蓄存款有关手续办理。一般五元起存，每月存入一次，中途如有漏存，应在次月补齐。计息按实存金额和实际存期计算。存期分为一年、三年、五年。利息按存款开户日挂牌零存整取利率计算，到期末支取部分或提前支取按支取日挂牌的活期利率计算利息。

3. 存本取息

存本取息指在开户时约定存期、整笔一次存入，按固定期限分次支取利息，到期一次支取本金的一种个人存款。一般是五千元起存。可一个月或几个月取息一次，可以在开户时约定的支取限额内多次支取任意金额。利息按存款开户日挂牌存本取息利率计算，到期末支取部分或提前支取按支取日挂牌的活期利率计算利息。存期分一年、三年、五年。其开户和支取手续与活期储蓄相同，提前支取时与定期整存整取的手续相同。

4. 整存零取

整存零取指在存款开户时约定存款期限、本金一次存入，固定期限分次支取本金的一种个人存款。存款开户的手续与活期相同，存入时一千元起存，支取期分一个月、三个月及半年一次，由存款人与营业网点商定。利息按存款开户日挂牌整存零取利率计算，于期满结清时支取。

（三）定活两便储蓄

定活两便储蓄指在存款开户时不必约定存期，银行根据客户存款的实际存期按规定计息，是可随时支取的一种个人存款种类。50 元起存，存期不足三个月的，利息按支取日挂牌活期利率计算；存期三个月以上（含三个月），不满半年的，利息按支取日挂牌定期整存整取三个月存款利率打六折计算；存期半年以上的（含半年）不满一年的，整个存期按支取日定期整存整取半年期存款利率打六折计息；存期一年以上（含一年），无论存期多长，整个存期一律按支取日定期整存整取一年期存款利率打六折计息。但是如果打折后的利息利率低于活期储蓄存款利率，则按照活期储蓄存款利率计息，存期内均不分段计息。

（四）个人通知存款

个人通知存款是指在存入款项时不约定存期，支取时事先通知银行，约定支取存款日和金额的一种个人存款方式。最低起存金额为人民币五万元（含）。个人通知存款需一次性存入，可以一次或分次支取，但分次支取后账户余额不能低于最低起存金额，当低于最低起存金额时银行给予清户，转为活期存款。个人通知存款按存款人选择的提前通知的期限长短划分为一天通知存款和七天通知存款两个品种。其中一天通知存款需要提前一天向银行发出支取通知，并且存期最少需两天；七天通知存款需要提前七天向银行发出支取通知，并且存期最少需七天。

（五）教育储蓄

教育储蓄是为鼓励城乡居民以储蓄方式，为其子女接受非义务教育积蓄资金，促进教育事业发展而开办的储蓄。教育储蓄的对象为在校小学四年级（含四年级）以上学生。

存期规定：教育储蓄存款按存期分为一年、三年和六年三种。

账户限额：教育储蓄每一账户起存 50 元，本金合计最高限额为 2 万元。

利息优惠：客户凭学校提供的正在接受非义务教育的学生身份证明一次支取本金和利息时，可以享受利率优惠，并免征储蓄存款利息所得税。

二、储蓄存款核算的会计科目

商业银行核算储蓄存款业务，通常设置和使用以下会计科目：

（1）"活期储蓄存款"，属于负债类科目，用以核算储户存入的活期储蓄存款。银行收到储户存入的活期存款时，贷记本科目；支取款项时，借记本科目；余额反映在贷方。本科目应按存款种类及储户进行明细核算。

（2）"定期储蓄存款"，属于负债科目，用以核算各类储户存入的定期存款。银行收到储户存入的定期存款时，贷记本科目；支取款项时，借记本科目；余额反映在贷方。本科目应按存款种类及储户进行明细核算。

（3）"利息支出"，属于损益类科目，用以核算银行在吸收存款、发行金融债券等业务中，按国家规定的适用利率向债权人支付利息。银行定期计提应付利息时，借记本科目，贷记"应付利息""活期储蓄存款"等科目。期末应将本科目余额结转利润，借记"本年利润"科目，贷记本科目，结转后本科目应无余额。本科目应按利息支出项目进行明细核算。

（4）"应付利息"，属于负债类科目，用以核算银行当期应付而未付的利息。银行计算应付利息时，借记"利息支出"科目，贷记本科目；实际支付利息时，借记本科目，贷记"活期储蓄存款""定期储蓄存款"等科目；余额反映在贷方。本科目应按存款的种类进行明细核算。

三、活期储蓄存款业务核算

活期储蓄 1 元起存，多存不限，开户时由储蓄机构发放给存折或卡，预留密码，凭存折（或卡）和密码存取款项。

（一）开户与续存的处理

1. 开户

储户第一次存入活期储蓄存款即开户应由储户填写"活期储蓄存款凭条"（见表 3-5）或由经办人员打印交储户签字，连同现金、身份证一并交经办员。经办员经审查存款凭条和点收现金无误后，登记"开销户登记簿"（见表 3-6）编列账号，开立活期储蓄存款分户账（见表 3-7）和活期储蓄存折（见表 3-8），根据存款金额记入存款账户。以存款凭条代现金收入传票，会计分录如下：

表 3-5　活期储蓄存款凭条

（贷）活期储蓄存款　　　　　　　20×7 年 5 月 19 日　　　　　　账号：02-00037891

户名	金额								附记：
张×	十	万	千	百	十	元	角	分	
	¥	1	0	0	0	0	0	0	
以下由银行填写									收讫章
存款	十	万	千	百	十	元	角	分	复核
余额	¥	1	0	0	0	0	0	0	记账
月　　　　日									
事后监督									

表 3-6　活期储蓄存款开销户登记簿

开户日期			账号	户名	销户日期			备注
年	月	日			年	月	日	
××	2	8	02-00041182	刘×	××	8	4	
××	2	10	02-00041183	张×				
××	3	4	02-00041184	高×				
			...					

表 3-7 活期储蓄存款分户账

储户印鉴							户名：高×		

账号：02-00041184

××年		摘要	借方		贷方		存款余额		日数	积数	
月	日		位数		位数		位数			位数	
3	4	开户			2000	00	2000	00	37	74 000	00
4	10	支取	200	00			1800	00	22	39 600	00
5	2	存入			1500	00	3300	00	18	59 400	00
5	20	存入			500	00	4100	00			
		…									

表 3-8 活期储蓄存折（内页）

××年		支取（借方）		存入（贷方）		结存		记账	复核
月	日	位数		位数		位数			
3	4			2000	00	2000	00	×××	×××
4	10	200	00			1800	00	×××	×××
5	2			1500	00	3300	00	×××	×××
5	20			500	00	4100	00	×××	×××
				…					

借：库存现金

贷：活期储蓄存款——××户

凭印鉴支取的，应在存款账上预留印鉴，在凭条和账折上加盖"凭印鉴支取"戳记。经复核凭条、存折和存款账的各项记载内容无误，复点现金账款相符后，存款凭条加盖"现金收讫"戳记和名章后留存，存款账加盖复核名章后专夹保管，存折加盖业务公章和名章后交储户，作为以后存取款的依据。

2. 续存

储户来行续存时，仍应开具存款凭条，并连同现金、存折一并交与经办员，经审核无误后，除不再另开账户及存折外，其余收款、记账、登折等处理方法基本与前述开户手续相同。

对上述账、折的登记，在手工操作情况下，由人工填写，在电子计算机操作情况下，则由电子计算机处理。

（二）支取与销户的处理

储户来行支取存款时，应填写活期储蓄取款凭条（见表 3-9）或经办人员打印取款凭条交储户签字，凭印鉴、密码支取的还要在凭条上加盖印鉴，输入密码，连同存折交接柜人员。

经办员根据凭条核对账、折及印鉴、密码无误后，以取款凭条代替现金付出传票，按支取金额记账、登折。会计分录如下：

借：活期储蓄存款——××户

　　贷：库存现金

经复核账、折内容无误，付款，并在取款凭条上加盖"现金付讫"及名章后，将现金及存折交储户。

表 3-9　活期储蓄取款凭条

（借）活期储蓄存款　　　　　　　　20×7 年 5 月 2 日　　　　　　　　账号：02-00041184

户名	金　额								附记：
高×		十	万	千	百	十	元	角	分	
		¥	1	5	0	0	0	0	
以下由银行填写									（收讫章）
存款余额	十	万	千	百	十	元	角	分	复核
		¥	3	3	0	0	0	0	
月　　日									记账
事后监督									

储户支取全部存款，不再续存时称为销户。储户应根据存折上的最后余额填写取款凭条，经办员除办理一般支取手续办理外，还应结出积数余额并计算出利息，同时按规定代扣储蓄利息所得税，填制两联利息清单，一联留存，于营业终了后，据以汇总编制利息支出科目传票，另一联连同本、息交给储户。编制如下会计分录：

借：活期储蓄存款——××活期储蓄存款户

　　利息支出——活期储蓄存款利息支出户

　　贷：库存现金

借：应付利息——活期储蓄存款利息户

　　贷：利息支出——活期储蓄存款利息支出户

销户时，取款凭条、账、折上要加盖"结清"戳记，存折作取款凭条附件，同时注销开销户登记簿，结清户账页另行保管。

（三）活期储蓄存款的利息计算

由于活期储蓄存款是一种储户可以随时存取，存期不受限制的储蓄种类，因此其利息不是逐笔计算，而是按季结息，每季末 20 日为结息日。如在存款期遇利率调整，按结息日挂牌公告的活期储蓄存款利率计付利息。未到结息日销户的，利息随之结清并按销户日挂牌公告的活期储蓄存款利率计付，利息算至销户前一天止。

1. 储蓄存款计息的基本规定

（1）存款的计息起点为元，元以下角分不计利息。利息金额算至分位，分以下尾数四舍五入。分段计息时，各段利息应计算至厘位，加总后厘位四舍五入计至分位。

（2）除活期储蓄在年度结息时并入本金外，各种储蓄存款不论存期多长，一律不计复息。

（3）计算存期应采用"算头不算尾"的方法，从存款的当日起息算至取款的前 1 日为止。即存入日计息，取款日不计息。

（4）各种储蓄存款的存期全年按 360 天计算；不论大月、小月、平月和闰月。每月均按 30 天计算，30 日及 31 日视为同一天，不足一个月的零头天数，按实际天数计算。如 30 日到期于 31 日来取，不算作过期一天；31 日到期 30 日来取，也不算作提前一天。30 日存入，当月 31 日支取不计息。2 月 28 日存入，第二天 3 月 1 日支取，按存期 3 天计算。

（5）储蓄存款计算利息一律按"对年、对月、对日"计算。自存入日至次年同月同日为一整年；存入日至次月同日为一整月。如存入日为到期或支取月份所没有的，则以到期或支取月份的最末一天为到期。如某闰年 2 月 29 日存入，次年 2 月 28 日支取，视同存满一年。2 月 28 日存入，次年（闰年）2 月 29 日支取，存期为一年零一天。2 月 28 日存款到期，3 月 1 日支取，逾期天数为 3 天。

2. 利息的计算方法

活期储蓄存款利息也采用积数计息法，包括在分户账上计息或用积数查算表加减积数计算两种方法。在分户账上计算积数的方法与单位活期存款计息方法相同，即以存款余额乘以其实际存在天数，求出每笔余额的计息积数并加以累计，到结息期或销户时，以累计积数乘以活期存款日利率，得出应付利息。

3. 利息计算与核算

活期储蓄在两种情况下需要结息：一是结息日，二是销户日。

（1）资产负债表日利息计算与核算。

资产负债表日，按合同利率计算确定利息费用金额，会计分录如下：

借：利息支出——活期储蓄存款利息支出户

　　贷：应付利息——活期储蓄存款利息户

（2）结息日利息计算与核算。

银行于结算日计算出应支付各储户的利息数后，办理转账，会计分录如下：

借：应付利息——活期储蓄存款利息支出户

　　贷：活期储蓄存款——××活期储蓄存款户

借：应付利息——活期储蓄存款利息户

　　贷：利息支出——活期储蓄存款利息支出户

例 3-8：某储户活期储蓄存款账户存取情况如表 3-10 所示。该储户于 20×7 年 3 月 18 日清户，当日活期储蓄存款利率为 0.72%，计息期间利率没有调整，按实天数计计息积数。

表 3-10　某账户存取情况

日期	存入	支取	余额	计息积数
2017.1.2	10 000		10 000	10 000×32=320 000
2017.2.3		3 000	7 000	7 000×18=126 000
2017.2.21	5 000		12 000	12 000×12=144 000
2017.3.5		2 000	10 000	10 000×13=130 000
2017.3.18		10 000	0	

应付利息=（320 000+126 000+144 000+13 000）×（0.72%÷360）=12.06

三、定期储蓄存款业务

定期储蓄是在存款时约定存款期限，一次或分次存入本金，到期一次或分次支取本金和利息的一种储蓄存款。

定期储蓄包括整存整取、零存整取、存本取息和整存零取等几种形式。

（一）整存整取定期储蓄存款的处理

1. 存入整存整取储蓄存款

储户申请办理整存整取定期储蓄存款时，应填写"整存整取定期储蓄存款开户书"，连同现金、身份证一起交经办员。经办员点收现金并审核开户书无误后，填写三联"整存整取定期储蓄存单"（见表 3-11）。第一联为存款凭条，第二联存单加盖业务公章交与储户凭以取款，第三联卡片账留存。采用计算机操作的，存单用计算机打印。如储户要求凭印鉴或密码支取，应在卡片账上加盖预留印鉴或预留密码。然后，登记"定期储蓄存款开销户登记簿"，以第一联存款凭条代替现金收入传票。编制如下会计分录：

借：库存现金

贷：定期储蓄存款——整存整取××户

表 3-11　整存整取定期储蓄存单

凭 密码 支取	20×6 年 05 月 20 日		存入　账号：07-01042635
户名：张×× 存入人民币：壹万元整 （大写）	印鉴户支 取时盖章 ¥10 000.00		（银行公 章及经办 人章）
期限 1 年	20×7 年 05 月 20 日到期	利率年 2.25%	
利息　¥225.00		（支取时代借方传票） （借）定期储蓄存款　科目	
20×7 年 05 月 20 日支取			
月　日　事后监督　复核　记账			

2. 支取整存整取储蓄存款

（1）到期支取。储户持到期的整存整取定期储蓄存单来行取款时，银行经办人员应审查

069

存单上的公章，确认是由本行签发时，抽出该户卡片账与存单核对账号、户名、印鉴或密码、金额后，加盖"结清"戳记，并销记开销户登记簿。经复核无误后，银行将本息合计金额的现金连同一联利息清单交储户，以存单代替现金付出传票及另一联利息清单一起办理转账。会计分录如下：

　　借：定期储蓄存款——整存整取××户

　　　　利息支出——定期储蓄存款利息户

　　　贷：库存现金

　　（2）过期支取。过期支取时，利息计算应该分为到期利息和过期利息两部分。到期利息与到期支取利息计算相同。过期利息的利率应该选择支取日银行挂牌公告的活期利率，存期从到期日算到支取日的前一日，其他处理与到期支取相同。

　　（3）提前支取。储户要求提前支取存款时应交验身份证件，经办员验对后，将证件名称、发证机关及号码记录在存单背面，凭印鉴支取的，还应加盖储户预留印鉴。同时应审查是否挂失存单，印鉴是否真实，无误后在存单及卡片账上加盖"提前支取"戳记；按提前支取的规定计付利息（全部提前支取的，按支取日挂牌公告的活期储蓄存款利率给付利息；部分提前支取的，提前支取部分按照支取日挂牌公告的活期储蓄存款利率计付利息，未提前支取部分仍按原存单所定利率计付利息）。其余手续与到期支取相同。

　　若储户要求提前支取一部分存款时，先按原存单本金全部付出，并按规定计付提前支取部分的利息。对未支取部分的本金，按原存入日期、期限、利率和到期日另开新存单，重编新账号，同时注明"由××号存单部分转存"的字样，并在开销户登记簿上做相应的记载。其他手续与到期支取及存入时手续费相同。会计分录为：

　　借：定期储蓄存款——整存整取××户

　　　　利息支出——定期储蓄存款利息户（提前支取部分的利息）

　　　贷：库存现金

　　借：库存现金

　　　贷：定期储蓄存款——整存整取××户（未支取的本金）

　3. 整存整取储蓄存款利息计算

　　（1）整存整取储蓄存款在原定存期内的利息，一律按存入日（开户日）挂牌公告的利率计付利息，存期内遇利率调整，不做调整。利息计算与单位定期存款计算方法一样，计算公式如下：

$$利息 = 本金 \times 存期 \times 利率$$

　　应该注意的是利率应该与存期相对应。

　　例 3-9：某储户 20×6 年 9 月 28 日存入半年期整存整取定期储蓄存款 20 000 元，于 20×7 年 3 月 28 日支取。假设存入年利率为 1.89%。

$$利息 = 20\,000 \times 6 \times (1.89\% \div 12) = 189 (元)$$

　　（2）整存整取储蓄存款未到期，如果储户全部提前支取，按支取日挂牌公告的活期储蓄存款利率给付利息；部分提前支取的，提前支取部分按照支取日挂牌公告的活期储蓄存款利率计付利息，未提前支取部分仍按原存单所定利率计付利息。

例 3-10：某储户 20×4 年 4 月 4 日存入整存整取定期储蓄存款 10 000 元，定期 3 年，存入时 3 年期储蓄存款年利率为 2.52%，该储户于 20×6 年 4 月 10 日要求提前支取 5000 元，当日活期储蓄存款年利率为 0.72%，剩余 5000 元于 20×7 年 4 月 4 日到期支取。

① 2016 年 4 月 10 日计息：

利息=5000×736×0.72%÷360=73.6（元）

② 2017 年 4 月 4 日计算利息：

利息=5000×3×2.52%=378（元）

（3）整存整取储蓄存款逾期支取，除约定自动转存的以外，其超过原定存期的部分，按支取日挂牌公告的活期储蓄存款利率计付利息。

例 3-11：某储户 20×6 年 2 月 28 日存入整存整取储蓄存款 20 000 元，定期半年，该储户于 20×6 年 11 月 10 日来行支取本息，存入时半年期存款年利率为 1.89%，20×6 年 11 月 10 日挂牌公告的活期储蓄存款年利率为 0.72%。

到期利息=20 000×6×（1.89%÷12）=189（元）

逾期利息=20 000×74×（0.72%÷360）=29.6（元）

利息合计=189+29.6=218.6（元）

（二）零存整取定期储蓄存款的处理

1. 存入零存整取储蓄存款

（1）开户。零存整取储蓄存款开户时，由储户填写"零存整取定期储蓄存款凭条"（见表 3-12），连同现金一并交经办员。经办员审查存款凭条和点收现金无误后，登记"开销户登记簿"，编列账号，开立零存整取分户账与存折（见表 3-13）。如凭印鉴或密码支取，应在分户账上预留印鉴和密码，并在存折和分户账上加盖"凭印（密码）支取"戳记。复核无误后，以存款凭条代替现金收入传票。存折加盖业务公章后交储户，分户账按账号顺序保管。会计分录如下：

借：库存现金

　　贷：定期储蓄存款——零存整取××户

（2）续存。在存期内，储户按月续存时，亦应填制"零存整取定期储蓄存款凭条"与存折、现金一并交于经办人员，经办员收款并核对分户账、存折无误后，登记分户账、存折，其余处理手续与开户时基本相同。

表 3-12　零存整取定期储蓄存款凭条

（贷）定期储蓄存款科目　　　　　20×7 年 5 月 21 日　　　　　账号：02-0010745

户名	次数	存入金额							
张×	1		千	百	十	元			
		¥	2	0	0				

存款余额	万	千	百	十	元	第 1 次	复核　　　记账
		¥	2	0	0		
							事后监督

表 3-13　零存整取储蓄存款存折内容

（凭　　　支取）

	印　鉴

户名 张×　20×8 年 5 月 21 日到期　利率月 0.11%　账号 02-0010745

年	月	日	存入	结存	次数	记账	复核	年	月	日	存入	结存	次数	记账	复核
			位数	位数							位数	位数			
20×7	5	21	200	200	1	××	××								
	6	21	200	400	2	××	××								

2. 支取零存整取储蓄存款

（1）到期支取。储户持到期的存折来行取款时，经办员应审核存折确系本行签发并已到期。经账、折核对后，计算利息，注销存折、登记分户账及销记开销户登记簿，并在存折和分户账上加盖"结清"戳记，以存折代替现金付出传票。会计分录如下：

借：定期储蓄存款——零存整取××户

利息支出——定期储蓄存款利息户

贷：库存现金

（2）过期支取。储户持过期的零存整取定期储蓄存折前来支取存款，利息应该分为到期利息和过期利息两部分。到期利息按照前述方法进行计算。过期利息按最后余额与过期天数及支取日挂牌公告的活期储蓄存款利率计付利息。

（3）提前支取。储户提前支取零存整取储蓄存款时，应提交身份证件，经办员审查无误后，办理提前支取手续，在存折和分户账上加盖"提前支取"戳记，按提前支取的计算规定计算利息，其余手续与到期支取相同。零存整取储蓄存款只能全部提前支取，不能部分提前支取。

3. 零存整取储蓄存款的利息计算

零存整取定期储蓄存款是逐月存入，余额逐月增加而不是固定余额，因此其利息计算可参考活期储蓄存款利息计算的"计息积数"的思路来计算。通常采用月积数计息法和固定基数计息法。

（1）月积数计息法。由于零存整取定期储蓄存款的余额是以月为单位在变化，因此可以根据存款账户每月余额计算出月积数，而后将月积数累计乘以月利率，即为应付利息。

例 3-12：20×6 年 1 月 1 日，某储户来行办理 1 年期零存整取定期储蓄存款，每月存入 1000 元，要求计算 20×6 年 12 月 31 日到期时应该支付给储户的利息。假定 1 年期零存整取定期储蓄存款的年利率为 1.35%。该储户零存整取定期储蓄存款分户账如表 3-14 所示。

表 3-14　零存整取定期储蓄存款分户账

户名：王×　　　　　　　　　　　　　　　　　　　　到期日：20×6 年 12 月 31 日

账号：2011030006　　　　　　　　　　　　　　　　利率：1.25%

日期			次数	存入	余额	月数	积数
年	月	日					
20×6	1	1	1	1000	1000	1	1000
20×6	2	1	2	1000	2000	1	2000
20×6	3	2	3	1000	3000	1	3000
20×6	4	1	4	1000	4000	1	4000
20×6	5	1	5	1000	5000	1	5000
20×6	6	1	6	1000	6000	1	6000
20×6	7	2	7	1000	7000	1	7000
20×6	8	1	8	1000	8000	1	8000
20×6	9	1	9	1000	9000	1	9000
20×6	10	1	10	1000	10 000	1	10 000
20×6	11	1	11	1000	11 000	1	11 000
20×6	12	1	12	1000	12 000	1	12 000

利息=（1000+2000+3000+…+11 000+12 000）×（1.35%÷12）=87.75（元）

从利息的计算过程可以看出来，每月的存款余额是成等差数列变化的。因此，利息的计算也可以先利用等差数列求和的思路算出累计计息积数，然后乘以月利率。

利息=[12×（1000+12 000）÷2]×（1.35%÷12）=87.75（元）

（2）固定基数计息法。这种方法是按规定存期和利率先计算出每元本金到期应付利息[存期应根据等差级数求平均值的方法计算，公式为：存期=（首月+末月）÷2]。如一年档次的平均存期为 6.5 月]，再以此作为基数乘以存入金额的合计数，求出应付利息。其计算公式如下：

固定基数应付利息=本金×平均存期×月利率

本金应付利息=固定基数应付利息×存款金额

例 3-13：承接例 3-11，20×6 年 1 月 1 日，某储户来行办理 1 年期零存整取定期储蓄存款，每月存入 1000 元，要求计算 20×6 年 12 月 31 日到期时应该支付给储户的利息。假定 1 年期零存整取定期储蓄存款的年利率为 1.35%。

固定基数应付利息=1×6.5×（1.35%÷12）=0.007 312 5

本金应付利息=固定基数应付利息×存款金额=0.007 312 5×12 000=87.75（元）

（三）整存零取定期储蓄存款的处理

1. 开户

储户开立整存零取储蓄存款账户时，由储户填写开户申请书，银行根据储户姓名、存入金额、期限以及支取的次数和时间填写三联"整存零取定期储蓄存款凭条"，第一联代替现金收入传票，第二联加盖业务公章后作为存单交储户收执，第三联卡片账，由银行注明每次支取时间和金额后留存，并据以登记开销户登记簿，按照顺序排列，专夹保管。如果是凭印鉴支取，还须在第一、三联上加盖预留印鉴，并在各联上加盖"凭印鉴支取"戳记。会计分录如下：

借：库存现金
　　贷：定期储蓄存款——整存零取××户

2. 支取

储户按约定时间来行取款，应填交"定期整存零取储蓄取款凭条"，连同存单一同交经办员。经办员抽出卡片账核对无误后，在存单和卡片账上填写支取记录，以取款凭条代替现金付出传票。会计分录如下：

借：定期储蓄存款——整存零取××户
　　贷：库存现金

若储户要求部分提前支取，可提前支取 1~2 次，但须在以后月份内停止 1~2 次。其余支取日期按原定不变。如果提前支取全部余额，则根据实存金额及实存日期按规定利率计算。

3. 结清

储户于存款期满最后一次取款时，除按分次取款手续处理外，还应计付利息，制作利息清单，并在原存单上加盖"结清"戳记作为取款凭条附件，同时销记开销户登记簿。经审核无误后，银行按最后一次支取本金额和应付利息付款，将一联利息清单交储户，以取款凭条代替现金付出传票。会计分录如下：

借：定期储蓄存款——整存零取××户
　　　应付利息——××户
　　贷：库存现金

4. 利息计算

整存零取储蓄存款是一次存入，余额逐渐减少，而不是固定本金。因此，其利息计算可比照零存整取储蓄存款采用月积数计息法。而计息的有关规定与前述整存整取相同。

（四）存本取息定期储蓄存款的处理

1. 开户

开户时，由储户填写开户申请书，注明姓名、金额、存期及取息的期次，连同现金交经办人员，经办人员审核无误后，根据开户书套写一式三联"定期存本取息储蓄存款凭条"，计算每次支取的利息，填入存款凭条卡片账的"取息金额"栏内。其中，第一联代替现金收入传票，第二联作为存单交给储户，第三联卡片账留存保管，其余手续同其他定期储蓄存款。会计分录为：

借：库存现金
　　贷：定期储蓄存款——存本取息××户

2. 支取利息

存期内储户按约定时间来银行支取利息时，应持存单并按每次应支取利息数填交一联"定期存本取息储蓄取息凭条"，经审核无误后凭以登记存单、卡片账，并支付现金，以取息凭条代替现金付出传票。会计分录如下：

借：利息支出——定期储蓄存款利息户

贷：库存现金

取息日未到，不得提前取息，取息日储户未来行支取，以后随时可以支取利息，但不计复息。

3. 到期支取本息

存款到期，储户来行支取本金的同时支取最后一次利息。支取最后一次利息的处理手续与前述相同。本金则凭存单支取，银行以存单代替现金付出传票，并凭以付款。同时，在存单及卡片账上加盖"结清"戳记，并据以登记开销户登记簿。会计分录如下：

借：定期储蓄存款——存本取息××户

利息支出——定期储蓄存款利息户

贷：库存现金

储户过期支取时，其处理手续与到期相同，只是要将利息分为到期利息和过期利息两部分。

储户要求提前支取本金时，可凭身份证件来行办理全部提前支取，不允许办理部分提前支取。办理全部提前支取的手续费与其他定期储蓄存款全部提前支取的处理手续基本相同，只是除了按规定计算提前支取的利息外，对于已支取的利息金额，应编制红字现金付出传票予以冲回。会计分录如下：

借：利息支出——定期储蓄存款利息支出户（红字）

贷：库存现金（红字）

然后，按提前支取规定计算应付利息，与本金一并交付给储户。会计分录如下：

借：利息支出——定期储蓄存款利息支出户

定期储蓄存款——存本取息××户

贷：库存现金

冲回的已支付利息应从计算的应支付利息中扣除。如果红字冲回的已支付利息大于计算的提前支取利息，应从本金中扣除，然后办理付款手续。

4. 利息计算

存本取息的利息计算应先按规定利率计算出应付利息总数，然后再根据取息次数计算出平均每次支取的利息数。其计算公式如下：

$$每次支取利息数=本金×存期×利率/支取利息的次数$$

例3-14：储户20×4年5月10日存入1万元存本取息储蓄，定期三年，年利率7.47%，约定每月取息一次，计算利息总额和每次支取利息额为：

利息总额=10 000×3×7.47%=2241（元）

每次支取利息=2241÷36=62.25（元）

储户如提前支取本金时，应按照实际存期及规定的提前支取利率，计算应付利息，并扣除已支付的利息。

四、定活两便储蓄存款业务的处理

储户来行办理定活两便储蓄存款及支取时的有关手续，基本上与整存整取定期储蓄存款相同。

定活两便储蓄的利息计算，应根据不同存期来确定利率加以计算。存期不足 3 个月的，按支取日挂牌的活期储蓄利率计付利息；存期 3 个月以上（含 3 个月），不满半年的，整个存期按支取日定期整存整取 3 个月利率打六折计息；存期半年以上（含半年）不满 1 年的，按支取日定期整存整取半年期利率打六折计息；存期 1 年以上（含 1 年），无论存期多长，整个存期一律按支取日定期整存整取一年期利率打六折计息。但是，如果打折后的计息利率低于活期储蓄存款利率时，则按照活期储蓄存款利率计息，存期内均不分段计息。

例 3-15：储户张×于 20×6 年 5 月 26 日存入定活两便储蓄存款 10 000 元，于 20×7 年 1 月 18 日全额支取。支取日银行挂牌公告的整存整取定期储蓄存款半年期利率为 1.55%。

该笔存款的实际存期在半年以上不满一年，整个存期应该按照支取日整存整取定期储蓄存款半年期利率打六折计息。其利息计算如下：

应付利息=10 000×7×（1.55%×60%÷12）+10 000×23×（1.55%×60%÷360）

=54.25+5.94

=60.19（元）

五、个人通知储蓄存款业务的处理

个人通知储蓄存款是开户时不约定存期，预先确定品种，支取时只要提前通知银行，约定支取日期及金额的一种储蓄存款。目前，银行提供 1 天、7 天通知储蓄存款两个品种，一般 5 万元起存。

个人通知存款开户、支取的手续及账务处理可比照单位通知存款办理。

个人通知存款在预约取款日未及时支取，自预约提款日开始，支取部分不再计算通知存款利息；办理提款通知后，不支取或在预约取款日之前取消通知，则在通知期限内（1 天或 7 天），不计算存款利息。储户如急需资金，可提前支取存款，提前支取部分按支取日挂牌公告的活期存款利率计付利息。

六、教育储蓄存款业务的处理

（一）开户与续存

教育储蓄存款的开户对象为在校小学四年级（含）以上的学生。开户时，须凭储户本人（学生）户口本或居民身份证，到银行以储户本人的姓名开立教育储蓄存款账户。银行对储户提供的上述证明认真审验无误后，登记证件名称和号码。开户的其他手续与零存整取定期储蓄存款相同。开户时储户和银行约定每月固定存入金额，分月存入，中途如有漏存，须在次月补齐。

（二）支取与计息

到期支取时，客户凭存折、身份证和户口簿（户籍证明）和学校提供的正在接受非义务教育的学生身份证明（税务局印制），一次支取本金和利息，每份"证明"只享受一次利息税优惠。客户如不能提供"证明"的，其教育储蓄不享受利率优惠，即一年期、三年期按开户日同期同档次零存整取定期储蓄存款利率计付利息；六年期按开户日五年期零存整取定期储蓄存款利率计付利息。教育储蓄存款在存期内遇利率调整，仍按开户日利率计息。

教育储蓄存款过期支取时，其原定存期内的部分，按前述教育储蓄存款到期支取的有关规定计付利息；超过原定存期部分，不论是否提供证明，均按支取日挂牌公告的活期存款利率计付利息，其办理手续及账务处理与到期支取基本相同。

教育储蓄存款未到期，储户要求提前支取时，只能办理全部提前支取，而不能办理部分提前支取。全部提前支取时，储户能够提供证明的，按实际存期和开户日同期同档次整存整取定期储蓄存款计付利息；储户未能提供证明的，按实际存期和支取日活期存款利率计付利息。

七、存单（折）及印鉴的挂失

（一）存单（折）挂失

储户将存单、存折遗失，可向其开户行申请挂失。为了保护储户切身利益和国家财产安全，银行应慎重处理。存单、存折的处理方法如下：

（1）储户遗失存单、存折来银行申请挂失时，应填写挂失申请书一式三联，并提供本人身份证明。银行查明的确没有支付时，以挂失申请书第一联留存备查；第二联加盖公章后交给储户，作为日后换取新存单（折）的凭证；第三联凭以登记"储蓄挂失登记簿"。

（2）在挂失卡片账上用红笔注明"×年×月×日挂失"字样，以防冒领。挂失 7 天后，经过核对查实，没有发现问题和异议，储户可凭申请书第二联于 7 日后到银行办理补发新存单（折）手续。补发时，应注销原户，另开新户。新存单（折）仍按原起息日计息，并在原账页及开销后登记簿上注明"挂失结清"字样，以便日后查考。

（二）印鉴挂失

储户遗失印鉴申请挂失时，应提交本人身份证件，填写挂失申请书一式三联，经银行核实查明存款确未支取，即在原账卡的印鉴栏注明"×年×月×日印鉴挂失"字样，将原印鉴注销。如储户仍要求凭印鉴支取，可重新预留印鉴。

◆ 课后练习题

一、思考题

1. 银行存款账户的种类有哪些？

2. 存款业务核算的基本要求是什么？

3. 单位活期存款的利息计算方法有哪些？

二、判断题

1. 一个单位只能在银行开立一个基本存款账户，工资、奖金等现金的支取只能通过本账户办理。（ ）

2. 单位定期存款到期支取时，本息既可以取现，也可以转存活期存款账户。（ ）

3. 单位活期存款一般按季结息，有余额表计息法和账页计息两种方法，存期一般按实际天数计算。（ ）

三、业务题

1. HL 商场存入银行一年期定期存款 100 000 元，月利率为 3.6‰，6 月 20 日到期，该单位于 7 月 5 日来行支取，支取日活期存款年利率为 0.72%，经审核无误，予以办理。要求计算存款利息，并编制支取存款本息的会计分录。

2. 储户王×于 2017 年 1 月 30 日持 2016 年 1 月 31 日存入的一年期定期储蓄存单金额 20 000 元来行支取利息，本金转存三年期定期储蓄存款。经审核无误，予以办理。要求计算存款利息，并编制支取利息、本金转存的会计分录。

3. 2017 年 1 月 20 日储户陈某持 2015 年 4 月 2 日存入的三年期定期储蓄存单，金额 20 000 元，来行要求提前支取，经查验证件相符，本息全部付现。已知活期储蓄存款的年利率为 0.72%，三年期定期储蓄存款的年利率为 2.25%。经审核无误，予以办理。要求计算存款利息，并编制支取存款本息的会计分录。

第四章　支付结算业务的核算

【学习目标】

◆ 了解支付结算的意义、原则、纪律和责任

◆ 掌握支付结算的种类

◆ 掌握银行各种票据、结算方式及信用卡的基本规定及业务核算手续

第一节　支付结算业务概述

一、支付结算的概念

支付结算又称转账结算，是指单位、个人在社会经济活动中使用票据、信用卡和汇兑、托收承付、委托收款等结算方式进行货币给付及资金清算的行为。其主要功能是完成资金从一方当事人向另一方当事人的转移，是国民经济活动中资金清算的中介。

随着社会主义市场经济的逐步建立，货币结算和商品交易发挥着日益重要的作用，在各种不同的经济成分之间，以及在国有经济各部门、各单位之间的经济往来都离不开货币结算。货币结算按照不同的支付方式分为现金结算和转账结算两种。现金结算是指直接用现钞支付，运用了货币流通手段的职能；转账结算是通过银行划账的方式，将款项从付款单位账户划转到收款单位账户，实现资金在银行账户上的转移，充分运用了货币支付手段的职能。

二、支付结算的意义

随着商品经济和货币信用的不断发展，转账结算已成为我国主要的结算形式，各企业单位之间经济往来的款项，除少数按照国家《现金管理暂行条例》的规定可以使用现金结算以外，其余都必须通过银行办理转账结算，银行成为支付结算和资金清算的中介，也成为连接国民经济各部门、各企业的纽带。各部门、单位之间的经济往来，通过银行办理转账结算具有重要的现实意义，在实际的结算业务中发挥着重要的作用。

1. 有利于促进和加速物资与资金的周转，履行经济合同，遵守结算纪律

银行利用现代化通信工具和遍及城乡的网点，通过转账结算，把各地区、各单位错综复杂的交易往来进行及时清算，以适应再生产资金周转的需要。同时，银行维护双方的权益，督促履约付款，执行结算纪律。

2. 节约现金使用，减少货币发行，稳定货币流通

转账结算代替现金收付，同样起到支付手段的作用，节约了现金的使用，从而有助于减

少货币投放，相应减少了现金流通费用，为稳定货币流通创造了有利条件。

3. 为综合反映和调节经济提供信息

通过转账结算，可以从中了解各单位产、销和资金周转情况以及财务管理等有关问题，把微观经济的信息汇集成全面反映国民经济活动的综合情况，发挥经济"寒暑表"的作用，为国家进行宏观经济调控提供信息和依据。

4. 利用结算过程中的在途资金，满足生产和流通的扩大

结算过程中存在着空间和时间差，银行可利用款项汇划中的联行资金，满足工、农企业扩大生产和流通的需要。

三、支付结算的原则

支付结算的基本原则是单位、个人和银行在进行支付结算活动时所必须遵循的行为准则。早在 1988 年 12 月由中国人民银行颁布的《银行结算办法》就根据社会经济发展的需要，在总结了中国改革开放以来结算工作经验的基础上，确立了以下原则：恪守信用，履约付款；谁的钱进谁的账，由谁支配；银行不垫款。

1. 恪守信用，履约付款

恪守信用就是讲信誉，守信用。信用是商品交易和办理结算的前提条件。履约付款的核心是协议合约的规定，也就是照章办事，依法办理。这一原则要求参与结算的各方必须诚实守信，严格履行经济合同中约定的各自的职责义务。具体来说就是，收款人要按照合同规定提供商品，付款人要按规定的付款金额和付款时间进行付款，银行依照客户的委托履约付款。这条原则是对办理支付结算业务的双方当事人的约束，是维护经济合同秩序和保障当事人权利的重要原则。

2. 谁的钱进谁的账，由谁支配

这是维护存款人权益的原则在支付结算过程中的体现。要求银行在办理支付结算时，要保证存款人对存款的所有权和使用权，其他单位和个人不得侵犯，此外，银行还应按规定为存户保密，并有权拒绝任何单位或个人查询、冻结、扣划款项（但法律、行政法规另有规定的除外）。

3. 银行不垫款

这条原则旨在划清银行资金和存款人资金的界限，保证银行资金的安全。银行在支付结算活动中处于中介人地位，只负责将结算款项从付款人账户划转到收款人账户，没有垫付资金的责任。如果银行为单位结算垫付资金，不仅影响信贷资金的合理使用，而且会助长单位的不良风气，套用银行信用。为此，在支付结算过程中，银行必须先借记付款人账户，后贷记收款人账户。付款人只能在其存款余额之内支用款项，收款人也只能在款项收妥进账后才能抵用，银行会计部门必须严格遵守这一规定。

四、支付结算纪律和责任

严格的支付结算纪律和责任是保证支付结算制度得以贯彻实施的重要条件，因此中国人

民银行历来十分重视此问题的制度建设。中国人民银行曾专门发布过《违反银行结算制度处罚规定》，并于 1994 年 9 月 26 日发布了《关于加强银行结算工作的决定》，对支付结算纪律和责任作了规定。

（一）支付结算纪律

1. 单位和个人的结算纪律

办理支付结算的单位和个人必须遵守下列结算纪律：

（1）不准签发没有资金保证的票据或远期支票，套取银行信用。

（2）不准签发、取得和转让没有真实交易和债权债务的票据，套取银行和他人资金；不准无理拒绝付款，任意占用他人资金。

（3）不准违反规定开立和使用账户。

2. 银行的结算纪律

银行是办理结算的主体。银行在办理支付结算时应当遵守下列纪律：

（1）不准以任何理由压票、任意退票、截留挪用客户和他行资金；

（2）不准无理拒绝支付应由银行支付的票据款项；

（3）不准无理拒付、不扣少扣滞纳金；

（4）不准违章签发、承兑、贴现票据，套取银行资金；

（5）不准签发空头银行汇票、银行本票和办理空头汇款；

（6）不准在支付结算制度之外规定附加条件，影响汇路畅通；

（7）不准违反规定为单位和个人开立账户；

（8）不准拒绝受理、代理他行正常结算业务；

（9）不准放弃对企事业单位和个人违反结算纪律的制裁。

（二）支付结算责任

1. 单位和个人办理结算的法律责任

单位和个人在办理结算业务过程中，应承担下列责任：

（1）自行负责。单位和个人办理支付结算时，因错填结算凭证致使银行错投结算凭证或对款项不能解付，影响资金使用或造成资金损失，由其自行负责；单位和个人对使用的支票、商业承兑汇票和银行签发的银行汇票、本票、银行承兑汇票以及预留银行印章，因管理不善造成丢失、被盗，发生款项冒领，造成资金损失的由其自行负责；付款人及其代理人以恶意或者重大过失付款的应当自行承担责任；单位和个人违反规定，银行停止其使用有关支付结算工具，因此造成的后果，由单位和个人自行负责。

（2）连带责任。允许背书转让的票据，由于付款人拒绝付款退回票据，持票人对出票人、背书人和其他债务人进行追索时，出票人、背书人和其他债务人（如保证人）要负连带责任。

2. 银行办理结算的责任

根据《支付结算办法》规定，银行办理结算违反规定，除银行承担有关责任（银行的责任包括：工作差错责任；违反结算规定责任），还要根据情节轻重追究有关工作人员的责任。除相关单位、个人、银行及其工作人员外，其他有关单位和人员违反支付结算规定，亦应承担相应的法律责任。

五、支付结算的种类

我国目前实行的是以票据为主体的支付结算制度。支付结算的种类有以下几种：支票、银行本票、银行汇票、商业汇票、信用卡、汇兑、托收承付和委托收款。这些结算方式还可以进行进一步的划分。

1. 按是否使用票据作为结算工具，可分为票据结算方式和非票据结算方式

票据结算方式具体有：支票、银行本票、银行汇票、商业汇票。

非票据结算方式具体有：信用卡、汇兑、托收承付和委托收款。

2. 按适用区域可以分为同城结算和异地决算

只能在同城范围内结算的方式有：支票、银行本票。

只能在异地结算的方式有：银行汇票、汇兑、托收承付。

同城异地均适用的结算方式有：商业汇票、委托收款、信用卡。

第二节 支票业务

一、支票的概念与基本规定

支票是出票人签发的，委托办理支票存款业务的银行在见票时无条件支付确定的金额给收款人或者持票人的票据。单位和个人在同一票据交换区域的各种款项结算，均可使用支票。支票是银行支付结算业务中常见的一种方式。

支票的基本规定：

（1）支票适用于单位之间在同一票据交换区域的各种款项的结算。个人支票实现全国互通使用，异地使用单笔上限 50 万元。

（2）支票可分为现金支票（见图 4-1）、转账支票（见图 4-2）、普通支票三种。票面上印有"现金"字样的为现金支票，现金支票只能用于支取现金；票面上印有"转账"字样的为转账支票，转账支票只能用于转账；票面上未印有"现金"或"转账"字样的为普通支票，普通支票可以用于支取现金，也可以用于转账。在普通支票左上角画两条平行线的，为画线支票。画线支票只能用于转账，不得支取现金。

（3）支票的出票人，为在经中国人民银行当地分支行批准办理支票业务的银行机构开立可以使用支票存款账户的单位和个人。

（4）签发支票必须记载下列事项：表明"支票"字样，无条件支付的委托，确定的金额，付款人名称，出票日期，出票人签章。欠缺记载上列事项之一的，支票无效。

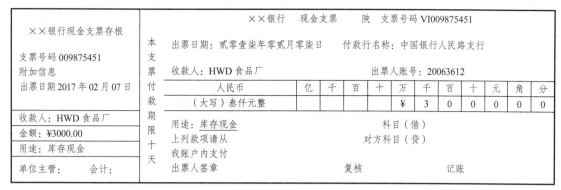

图 4-1　银行现金支票

图 4-2　银行转账支票

（5）支票的金额、收款人名称，可以由出票人授权补记。未补记前不得背书转让和提示付款。

（6）签发支票应使用碳素墨水或墨汁填写，大小写金额、日期和收款人不能更改，否则支票无效。对于票据上记载的其他事项，原记载人可以更改，但必须签章证明。

（7）支票金额无起点限制，提示付款期为 10 天，自出票之日算起，到期日遇法定节假日顺延。

（8）出票人签发空头支票、签章与预留银行签章不符的支票、使用支付密码地区，支付密码错误的支票，银行应予以退票，并按票面金额处以 5%但不低于 1000 元的罚款；持票人有权要求出票人赔偿支票金额 2%的赔偿金。对屡次签发的，银行应停止其签发支票。

（9）持票人可以委托开户银行收款或直接向付款人提示付款。用于支取现金的支票仅限于收款人向付款人提示付款。持票人委托开户银行收款时，应作委托收款背书，银行应通过票据交换系统收妥后入账。

（10）转账支票可背书转让。

（11）支票可以挂失止付，但失票人到付款行请求挂失时，应当提交挂失止付通知书。

（12）存款人领购支票，必须填写"票据和结算凭证领用单"并签章，签章应与预留银行的签章相符。存款账户结清时，必须将全部剩余空白支票交回银行注销。

二、转账支票的核算

有关现金支票的核算手续，已在本书第三章做了叙述，这里只介绍转账支票的核算手续。转账支票是在同一票据交换区域使用的，而在同一票据交换区域中，办理转账结算的收、付款人可能在同一行处开户，也可能不在同一行处开户。因此转账支票的核算分在同一银行开户和不在同一银行开户两种情况。

（一）持票人、出票人在同一银行机构开户的处理

1. 银行受理持票人送交支票的处理

使用转账支票办理结算，一般应由持票人根据转账支票的内容填制两联进账单（见图 4-3），连同支票一并提交银行。银行接到持票人送来的支票和两联进账单时，应认真审查：支票是否是统一印制的凭证，支票是否真实，提示付款期限是否超过；支票填明的持票人是否在本行开户，持票人的名称是否为该持票人，与进账单上的名称是否一致；出票人账户是否有足够支付的款项；出票人的签章是否符合规定，与预留银行的签章是否相符，使用支付密码的，其密码是否正确；支票的大小写金额是否一致，与进账单的金额是否相符；支票必须记载的事项是否齐全，出票金额、出票日期、收款人名称是否更改，其他记载事项的更改是否由原记载人签章证明；背书转让的支票是否按规定的范围转让，其背书是否连续，签章是否符合规定，背书使用粘单的是否按规定在粘接处签章；持票人是否在支票的背面作委托收款背书。经审核无误后，支票作借方凭证，第二联作转账贷方传票，第一联进账单加盖转讫章作收账通知交给持票人。其分录如下：

借：单位活期存款——出票人户（付款人户）

贷：单位活期存款——持票人户（收款人户）

中国××银行进账单（收账通知）

2017 年 02 月 08 日

收款人	全称	HWD 食品厂		付款人	全称		XJY 连锁超市										
	账号	20063612			账号		20187635										
	开户行	中国××银行人民路支行			开户行		中国××银行迎宾路支行										
金额	人民币（大写）叁仟伍佰元整			亿	千	百	十	万	千	百	十	元	角	分
								¥	3	5	0	0	0	0
票据种类	支票	张数	1	收款人开户行签章										
票据号码	0634													
复核		记账												

图 4-3 银行进账单

例 4-1：银行收到开户单位 DY 百货公司提交的转账支票和进账单一份，该转账支票是由在本行开户的 CG 文具店签发的，金额为 15 000 元。本行经审核无误后，予以转账。

借：单位活期存款——CG 文具店　　　　15 000

　　贷：单位活期存款——DY 百货公司　　　　15 000

2. 银行受理出票人送交支票的处理

银行接到出票人递交支票及三联进账单，应进行审查，审查内容同前持票人送交支票内容基本一致。经审查无误后，支票作借方凭证，第二联进账单作贷方凭证入账，其分录如下：

借：单位活期存款——出票人户（付款人户）

　　贷：单位活期存款——收款人户

第一联进账单加盖转讫章作回单交给出票人，第三联进账单加盖转讫章作收账通知交给收款人。

例 4-2：银行收到 TT 超市提交的转账支票和银行进账单一份，要求银行替其为 HWD 食品厂支付购货款，金额为 20 000 元，HWD 食品厂也在本行开户。银行审核无误后办理转账。

借：单位活期存款——TT 超市　　　　20 000

　　贷：单位活期存款——HWD 食品厂　　　　20 000

（二）持票人、出票人不在同一银行机构开户的处理

1. 持票人开户行受理持票人送交支票的处理

（1）持票人开户银行受理持票人送交的支票和两联进账单。由于支票的出票人不在本行开户，银行无法直接从其账户付款，为贯彻银行不垫款的结算原则，应按有关规定认真审查，无误后，在两联进账单上按票据交换场次加盖"收妥后入账"的戳记，将第一联加盖转讫章交给持票人。支票按照票据交换的规定及时提出交换。如果发生退票，出票人开户行须在约定时间内通知持票人开户行，若退票时间过后没有接到通知，持票人开户行即为持票人入账。第二联进账单作贷方凭证入账。其分录如下：

借：存放中央银行款项（支行辖内往来、同城票据清算等有关科目）

　　贷：单位活期存款——持票人户（收款人户）

（2）出票人开户行收到交换提入的支票。出票人开户行收到交换提入的支票，应按有关规定认真审查，无误后，对不予退票的，以支票作借方传票，其分录如下：

借：单位活期存款——出票人户（付款人户）

　　贷：存放中央银行款项（支行辖内往来、同城票据清算等有关科目）

支票发生退票时，出票人开户行应在 1 小时内用电话通知持票人开户行，同时编制特种转账借方、贷方传票各一张，以其中第一联作为转账借方传票记入其他应收款账户，会计分录为：

借：其他应收款——托收票据退票户

　　贷：存放中央银行款项（支行辖内往来、同城票据清算等有关科目）

待下场交换，出票人开户行将支票提出交换退还给持票人开户行，再以另一联特种转账传票作为记账凭证，冲销其他应收款账户，会计分录为：

借：存放中央银行款项（支行辖内往来、同城票据清算等有关科目）

　　贷：其他应收款——托收票据退票户

出票人开户行对于因出票人签发空头支票或签章与预留银行印章不符的支票，除办理退票外，同时还应按票面金额的 5%但每笔不低于 1000 元向出票人扣收罚金并如数上缴中国人民银行。

持票人开户行在规定的退票时间内，若收到出票人开户行电话退票通知，则应编制特种转账贷方传票，将款项记入其他应付款账户，进账单第二联暂时保存。会计分录为：

借：存放中央银行款项（支行辖内往来、同城票据清算等有关科目）

贷：其他应付款——托收票据户

待下次交换，收到出票人开户行退回的支票时，再编制特种转账借方传票冲销其他应付款账户，其会计分录为：

借：其他应付款——托收票据户

贷：存放中央银行款项（支行辖内往来、同城票据清算等有关科目）

持票人开户行转账后，在进账单第二联上注明退票原因并盖章后连同支票一起退还收款人。交易纠纷由双方单位自行解决。

例 4-3：本市工商银行城北支行收到开户单位市新华书店送交的支票及进账单，金额为 10 000 元，付款人为在本市农业银行城南支行开户的 NH 公司，支票提出交换后，下一场没有退票，工行为新华书店入账。请编制该支票业务中所涉各银行的会计分录。

（1）工商银行城北支行（收款人开户行）收到支票时会计分录如下：

借：存放中央银行款项　　　　　　　　10 000

贷：单位活期存款——新华书店　　　　　10 000

（2）农行城南支行（出票人开户行）从票据交换所提回支票，经审核，办理转账。

借：单位活期存款——NH 公司　　　10 000

贷：存放中央银行款项　　　　　　　　10 000

2. 出票人开户行受理出票人送交支票的处理

出票人开户行接到出票人交来的支票和一式三联进账单时，按有关规定认真审查，无误后，支票作为借方传票入账，会计分录如下：

借：单位活期存款——出票人户（付款人户）

贷：存放中央银行款项（支行辖内往来、同城票据清算等有关科目）

第一联进账单加盖转讫章作回单交给出票人，第二联进账单加盖业务公章连同第三联进账单按票据交换的规定及时提出交换。

收款人开户行收到交换提入的第二、三联进账单，经审查无误，第二联进账单作贷方传票，第三联进账单加盖转讫章作收账通知交给收款人。其会计分录如下：

借：存放中央银行款项（支行辖内往来、同城票据清算等有关科目）

贷：单位活期存款——收款人户

如收款人不在本行开户或进账单上的账号、户名不符，应通过其他应付款科目核算，然后将第二、三联进账单通过票据交换退回出票人开户行。

例 4-4：银行收到开户单位甲公司签发的转账支票和进账单一份，要求将 15 000 元款项付给在同城银行开户的收款人乙公司。

借：单位活期存款——甲公司　　　　　　　　　　　　15 000

贷：存放中央银行款项（支行辖内往来、同城票据清算等有关科目）　15 000

例4-5：承接例4-4，乙公司的开户行收到交换提入的进账单，审核无误后，为乙公司入账。

借：存放中央银行款项（支行辖内往来、同城票据清算等有关科目） 15 000

　　贷：单位活期存款——乙公司　　　　　　　　　　　　　　　　　　15 000

例4-6：第一场交换提回时，发现开户单位HT公司签发一张金额为5000元的支票，经审核无误，办理转账。

借：单位活期存款——HT公司　　　　　　　　　　　　　　　　　　5000

　　贷：存放中央银行款项（支行辖内往来、同城票据清算等有关科目）　5000

例4-7：收到开户单位JJ公司解进本行开户单位YC公司签发的支票一份，金额8000元，审核无误，办理转账。

借：单位活期存款——YC公司　　8000

　　贷：单位活期存款——JJ公司　　　8000

第三节　银行本票业务

一、银行本票的概念

银行本票是银行签发的、承诺自己在见票时无条件支付确定的金额给收款人或者持票人的票据。银行本票的申请人将款项交存银行，由银行签发给其凭以办理转账或支取现金的银行本票。单位、个人在同城范围的结算，可用本票办理，其特点是款随人到，当时抵用，特别适用于对付款人信用不了解不宜使用支票的商品交易。在同一票据交换区域内的单位和个人需要支付各种款项，均可使用银行本票。

二、银行本票的基本规定

（1）银行本票的出票人，为经中国人民银行当地分支行批准办理银行本票业务的银行机构。

（2）银行本票为不定额本票，无金额起点限制。

（3）签发银行本票必须记载下列事项：表明"银行本票"的字样，无条件支付的承诺，确定的金额，收款人名称，出票日期，出票人签章。欠缺记载上列事项之一的，银行本票无效。

（4）银行本票的提示付款期限自出票日起最长不得超过2个月，否则代理付款人不予受理（代理付款人是指代理出票银行审核支付银行本票款项的银行，一般情况下是指收款人的开户行）。

（5）银行本票见票即付，但注明"现金"字样的银行本票持票人只能到出票银行支取现金。注明"转账"字样的银行本票可以背书转让。申请人和收款人均为个人的，可以签发现金银行本票；申请人或收款人为单位的，不得签发现金银行本票。

（6）银行本票丧失，失票人可以凭人民法院出具的其享有票据权利的证明，向出票银行请求付款或退款。

三、银行本票的处理手续

（一）出票

申请人需要使用银行本票，应向银行填写"银行本票申请书"，申请书一式三联，第一联存根，第二联借方凭证，第三联贷方凭证。交现金办理本票的，第二联注销。

银行受理申请人提交的第二、三联申请书时，应认真审查其填写的内容是否齐全、清晰；申请书填明"现金"字样的，应审查申请人和收款人是否均为个人，经审核无误后，若转账支付的，以第一联申请书作借方凭证，第三联作贷方凭证。会计分录如下：

借：单位活期存款——申请人户

　　贷：本票

现金交付的，以第三联申请书作贷方凭证，分录如下：

借：库存现金

　　贷：本票

例 4-8：开户单位 JJ 百货填写"银行本票申请书"，来行要求签发金额为 10 000 元的银行本票一份，银行审核无误后予以办理。

借：单位活期存款——JJ 百货　　10 000

　　贷：本票　　　　　　　　　　　　　　10 000

例 4-9：李×持现金 10 000 元来行申请办理转账银行本票。银行审核无误后予以办理。

借：库存现金　　10 000

　　贷：本票　　　　10 000

办理转账或款项收妥后，签发银行本票。用于转账的，在本票上画去"现金"字样；用于支取现金的，在本票上划去"转账"字样。未画去"现金"或"转账"字样的，一律按转账办理。银行本票一式两联，第一联为卡片，第二联为本票联（见图 4-4）。填写的本票经复核无误后，在本票第二联加盖本票专用章并由授权的经办人签名或盖章，另用总行统一制作的压数机在"人民币大写"栏右端压印小写金额后交给申请人。第一联卡片上加盖经办人、复核员名章后留存，并用专夹保管。

（二）付款

1. 代理付款行兑付银行本票

代理付款行接到在本行开立账户的持票人直接交来的本票和两联进账单时，应认真审核本票是否真实、是否超过提示付款期、与进账单上内容是否相符等有关规定内容，无误后，第二联进账单作贷方传票入账。其会计分录为：

借：存放中央银行款项（支行辖内往来、同城票据清算等有关科目）

　　贷：单位活期存款——持票人户

第一联进账单加盖转讫章作收账通知交给持票人。本票加盖转讫章，通过票据交换向出票行提出交换。

××银行

本 票 2

出票日期：贰零壹柒年零伍月零捌日

收款人：高×	申请人：马×
凭票即付（人民币大写）伍仟元整	（压数机压印出票金额）

转账	现金	
备注：		
	出票行签章	出纳　　复核　　记账

图 4-4　本票联

例 4-10：开户单位 ZX 电子公司持本系统其他机构签发的本票一张，金额为 18 000 元，随进账单要求入账，银行审核无误后予以办理。

借：存放中央银行款项（支行辖内往来、同城票据清算等有关科目）　18 000

贷：单位活期存款——ZX 电子公司　　　　　　　　　　　　　　　　　　　18 000

2. 出票行兑付本行签发的银行本票

按规定，填写"现金"字样的银行本票，在提示付款时只能到出票行办理。出票行接到收款人交来的注明"现金"字样的本票时，抽出专夹保管的本票卡片，经核对，确属本行签发，同时审核本票上填写的申请人和收款人是否均为个人，查验收款人身份证件并留下复印件。一切审核无误后，以银行本票作借方传票，银行本票卡片作附件，办理付款手续。其会计分录为：

借：本票

贷：库存现金

出票行兑付本行签发的银行本票，就是结清银行本票，也就说兑付和结清同时进行。

（三）结清

出票行收到票据交换提入的本票时，抽出专夹保管的本票卡片，经核对相符，确属本行出票，以银行本票作借方传票，银行本票卡片作附件进行转账，会计分录如下：

借：本票

贷：存放中央银行款项（支行辖内往来、同城票据清算等有关科目）

出票行受理本行签发"转账"字样本票时，除不通过票据交换外，审核等手续如上，其会计分录为：

借：本票

贷：单位活期存款——持票人户

例 4-11：开户单位 ZS 公司持本行签发的本票一张，金额 15 000 元，随进账单要求入账，银行审核无误后予以办理。

借：本票   15 000

     贷：单位活期存款——ZS 公司   15 000

（四）银行本票退款和超过提示付款期付款的处理手续

1. 退款的处理

申请人因银行本票超过付款期限或其他原因要求退款时，应将本票提交出票行。申请人为单位的，应出具该单位证明；申请人为个人的，应出具本人的身份证明。按规定，出票行对在本行开立存款账户的申请人，其退款只能将本票款转入原申请人账户；对于现金本票和未在本行开户的申请人，才能退付现金。

申请人来行办理退款时，应根据本票金额填写一式两联进账单连同本票及有关证明交出票银行（如是个人申请现金本票退款的，免填进账单）。银行受理后，认真按规定审核，并与原存本票卡片核对无误后，在本票上注明"未用退回"字样，以进账单为贷方传票，本票为借方传票（卡片为附件）办理退款的处理。会计分录为：

借：本票

     贷：单位活期存款——申请人户

         或 库存现金

进账单第一联加盖银行业务公章后退交申请人，现金本票则由出纳将现款支付给申请人。

2. 超过提示付款期限的处理

持票人超过提示付款期限没收到付款的，在票据权利时效内请求付款时，应向出票行说明原因，并在票据权利时效内将本票交出票行。持票人为个人的，应交验本人的身份证件。出票行收到本票经与原存本票卡片核对无误后，即在本票上注明"逾期付款"字样，办理付款手续。

持票人在本行开立账户的，应填制一式两联进账单，连同本票交出票行（若持票人以现金本票要求付款的，免填进账单）。出票行审核无误以进账单为贷方传票，本票为借方传票（本票卡片为附件）办理付款。会计分录为：

借：本票

     贷：单位活期存款——持票人户

         或 库存现金

转账后，将进账单回单联加盖银行业务公章后退交持票人，支付现金的由出纳将现款交持票人。

第四节　银行汇票业务

一、银行汇票的概念

银行汇票是出票银行签发的，由其在见票时，按照实际结算金额无条件支付给收款人或者持票人的票据。银行汇票的出票银行为银行汇票的付款人。

银行汇票，适用范围广泛，单位和个人需要在异地支付的各种款项均可使用；票随人到，使用灵活；兑现性较强，是目前使用得最广泛的票据结算工具之一。

二、银行汇票的基本规定

（1）银行汇票主要适用于单位和个人需要在异地支付的各种款项。

（2）银行汇票可以用于转账也可以用于支取现金，注明"现金"字样的银行汇票只能用于支取现金。

（3）签发银行汇票必须记载下列事项：表明"银行汇票"的字样，无条件支付的承诺，出票金额，付款人名称，收款人名称，出票日期，出票人签章。欠缺记载上列事项之一的，银行汇票无效。

（4）银行汇票的提示付款期限自出票日起 1 个月，银行汇票持票人向银行提示付款时，必须同时提交银行汇票和解讫通知，缺少任何一联，银行不予受理。但持票人在票据权利时效内（自出票日起 2 年）向出票行作出说明，并提供本人身份证件或服务证明，持银行汇票和解讫通知，可以向出票行请求付款。

（5）申请人使用银行汇票，应向出票银行填写"银行汇票申请书"。申请人和收款人均为个人，需要使用银行汇票向代理付款人支取现金的，申请人须在"银行汇票申请书"上填明代理付款人名称，在"汇票金额"栏先填写"现金"字样，然后填写汇票金额。申请人或者收款人为单位的，不得在"银行汇票申请书"上填明"现金"字样。

（6）出票银行受理银行汇票申请书，收妥款项后签发银行汇票，并用压数机压印出票金额，将银行汇票和解讫通知一并交给申请人。签发转账银行汇票，票面上不得填写代理付款人名称；签发现金银行汇票，须在银行汇票"出票金额"栏先填写"现金"字样，后填写出票金额，并填写代理付款人名称。

（7）银行汇票的实际结算金额不得更改，否则银行汇票无效。

（8）银行汇票允许背书转让，但仅限于转账银行汇票。

（9）银行汇票丧失，失票人可以凭人民法院出具的其享有票据权利的证明，向出票银行请求付款或退款。

三、银行汇票的处理手续

（一）出票

申请人需要使用银行汇票，应向银行填写银行汇票申请书一式三联，第一联存根，第二联借方传票，第三联贷方传票。交现金办理汇票的，第二联注销。

出票行受理申请人提交的第二、三联申请书时，应认真审查其内容是否填写齐全、清晰，其签章是否为预留银行的签章；申请书填明"现金"字样的，申请人和收款人是否均为个人，并交存现金。经审查无误后，才能受理其签发银行汇票的申请。

转账交付的，以第二联申请书作借方传票，第三联作贷方传票，其会计分录为：

借：单位活期存款——申请人户

  贷：汇出汇款

现金交付的，以第三联申请书作贷方传票，即代替现金收入传票，第二联申请书注销，其会计分录为：

借：库存现金

  贷：汇出汇款

出票行在办好转账或收妥现金后，签发银行汇票。银行汇票一式四联（见图 4-5），第一联卡片，第二联汇票联，第三联解讫通知，第四联多余款收账通知。填写的银行汇票经复核无误后，在第二联上加盖汇票专用章并由授权的经办人签名或盖章，签章必须清晰；在实际结算金额栏的小写金额上端用总行统一制作的压数机压印出票金额，然后连同第三联一并交给申请人。第一联上加盖经办人员、复核人员名章，在逐笔登记汇出汇款账并注明汇票号码后，连同第四联一并专夹保管。

付款期限壹个月		银行汇票 2		汇票号码	

出票日期：贰零壹柒年零伍月壹拾捌日

代理付款行：						行号：			
收款人：西安市××公司				账号：×××-×××-××					
出票金额：人民币 （大写）壹拾贰万元整					（压数机压印出票金额）				
实际结算金额：人民币 （大写）	千	百	十	万	千	百	十	元	角	分
申请人：榆林市××公司				账号：×××-×××-××					
出票行：工行榆林市××办事处	密押：							复核： 记账：	
备注：购货款	多余金额								
凭票付款	千	百	十	万	千	百	十	元	角	分
出票行签章									

图 4-5 银行汇票

（二）付款

1. 持票人在代理付款行开户

代理付款行接到在本行开立账户的持票人直接交来的汇票联、解讫通知联和两联进账单时，应认真审查汇票是否真实，是否超过提示付款期，汇票联和解讫通知联是否齐全，与进账单有关内容是否一致，使用密押的，密押是否正确，压数机压印的金额同大写出票金额是否一致，实际结算金额是否填写，汇票多余金额结计是否正确等内容，无误后，第二联进账单作贷方传票，办理转账。会计分录为：

借：联行往账（或有关科目）

　　贷：单位活期存款——持票人户

第一联进账单上加盖转讫章作收账通知交给持票人，汇票和解讫通知作借方凭证附件，并按资金汇划系统规定交汇划发报员复核并发报。

例 4-12：开户单位上海 MS 公司提交进账单以及他行签发的银行汇票结算凭证一份办理转账，实际结算金额 8000 元，多余款 1000 元。

借：联行往账　　　　　　　　8000

　　贷：单位活期存款——上海 MS　　8000

2. 持票人未在代理付款行开户

代理付款行接到未在本行开户的持票人为个人交来的汇票和解讫通知及三联进账单时，除按上述有关规定认真审查外，还必须认真审查持票人的身份证件，并将身份证复印件留存备查。对现金汇票持票人委托他人向代理付款行提示付款的，代理付款行必须查验持票人和被委托人的身份证件，在汇票背面是否作委托收款背书，以及是否注明持票人和被委托人身份证件名称、号码及发证机关，并要求提交持票人和被委托人身份证件复印件留存备查。审查无误后，以持票人姓名开立应解汇款账户，并在该分户账上填明汇票号码以备查考，第二联进账单作贷方传票，办理转账。会计分录如下：

借：联行往账（或有关科目）

　　贷：应解汇款——持票人户

（1）原持票人需要一次或分次办理转账支付的，应由其填制支付凭证，并向银行交验本人身份证件。会计分录如下：

借：应解汇款——原持票人户

　　贷：单位活期存款——××户（或有关科目）

（2）原持票人需支取现金的，代理付款行经审查汇票上填写的申请人和收款人确为个人并按规定填明"现金"字样，以及填写的代理付款行名称确为本行的，可办理现金支付手续；未填明"现金"字样，需要支取现金的，由代理付款行按照现金管理规定审查支付，另填制一联现金借方传票。会计分录如下：

借：应解汇款——原持票人户

　　贷：库存现金

3. 兑付跨系统银行汇票

银行接到在本行开立存款账户的持票人交来的跨系统银行签发的汇票、解讫通知以及三联进账单时，应认真审查。经审查无误后，提供同城票据交换将汇票和解讫通知提交给同城有关的代理付款行审核支付后抵用，无退票时，其会计分录为：

借：存放中央银行款项（或同城票据清算科目）

　　贷：单位活期存款——持票人户

有关代理付款行收到通过票据交换提入的汇票和解讫通知时，认真审查无误后，其会计分录为：

借：联行往账（或有关科目）

贷：存放中央银行款项（或同城票据清算科目）

（三）结清

出票行接到代理付款行经资金汇划系统传输来的数据，打印联行报单。抽出原专夹保管的汇票卡片，经核对确属本行出票，借方报单与实际结算金额相符，多余金额结计正确无误后，分情况进行处理。

1. 汇票全额付款

银行汇票全额付款的，应在汇票卡片的实际结算金额栏填入全部金额，以汇票卡片作为借方传票，在多余款收账通知的多余金额栏填入"-0-"，连同解讫通知和多余款收账通知作借方传票的附件。其会计分录如下：

借：汇出汇款

贷：联行来账（或有关科目）

同时销记汇出汇款账。

2. 汇票有多余款

（1）申请人在本行开户的处理。

申请人在本行开户的，银行汇票有多余款的，应在汇票卡片和多余款收账通知上填写实际结算金额，结出多余金额，汇票卡片作借方传票，解讫通知作多余款贷方传票。其会计分录如下：

借：汇出汇款

贷：联行来账（或有关科目）

单位活期存款——申请人户

同时销记汇出汇款账，在多余款收账通知多余金额栏填写多余金额，加盖转讫章，通知申请人。

例 4-13：收到代理付款行经资金汇划系统传来的数据，本行开户单位 HL 装饰公司前申请签发银行汇票一份，金额 18 000 元，已经解付，实际结算金额为 16 000 元。

借：汇出汇款   18 000

贷：联行来账   16 000

单位活期存款——HL 装饰公司   2000

（2）申请人未在银行开立账户。

申请人未在银行开立账户的，以解讫通知代替其他应付款科目贷方传票，应先将多余金额转入其他应付款科目。其会计分录如下：

借：汇出汇款

贷：联行来账（或有关科目）

其他应付款——申请人户

同时销记汇出汇款账，并通知申请人持申请书存根及本人身份证件来行办理领取手续。领取时，以多余款收账通知代替借方传票，冲减其他应收款科目。其会计分录如下：

借：其他应付款——申请人户

贷：现金

（四）银行汇票退款和超过提示付款期付款

1. 退款

申请人由于汇票超过付款期限或其他原因要求退款时，应交回汇票和解讫通知，并按规定提交证明或身份证件。出票行经与原保管的汇票卡片核对无误，即在汇票和解讫通知的实际结算金额大写栏内注明"未用退回"字样，以汇票第一联为借方传票，汇票为附件，解讫通知为贷方传票（若是退付现金，即作为借方传票附件）办理转账。会计分录为：

借：汇出汇款

贷：单位活期存款——申请人户

或 库存现金

同时销记汇出汇款账，多余款收账通知的多余金额栏注明原汇票金额，加盖银行专用章后交申请人。

对于由于申请人缺少汇票解讫通知要求退款的，应当备函向出票行说明短缺原因，并交存汇票。出票行则按规定于提示付款期满1个月后比照退款手续办理退款。

2. 超过提示付款期限付款

持票人超过提示付款期限不获付款的，在票据权利时效内请求付款，应向出票银行说明原因，并交回汇票和解讫通知。持票人为个人的还应交验本人身份证件。出票人经与原保管的汇票卡片核对无误后，即在汇票和解讫通知的备注栏填写"逾期付款"字样，办理付款手续。并一律通过"应解汇款"科目，分别做如下处理。

（1）汇票全额付款。

应在汇票卡片和多余款项收账通知联上注明实际金额，多余金额处注明"-0-"，以汇票卡片为借方传票，解讫通知为贷方传票，多余款收账通知为贷方传票附件进行账务处理。会计分录为：

借：汇出汇款

贷：应解汇款——持票人户

同时销记汇出汇款账，由持票人填写银行汇票申请书或电（信）汇凭证，委托银行签发银行汇票或办理汇款。会计分录为：

借：应解汇款——持票人户

贷：汇出汇款（或有关科目）

若持票人提交的是现金汇票，其处理与上述相同，只是持票人在填写汇票申请书和汇兑凭证时应注明"现金"字样。

（2）汇票有余款的付款。

若持票人交来的汇票有余款，则应将余款注明在汇票卡片和多余款收账通知联上，以汇票卡片为借方传票，解讫通知为贷方传票，另编一联特种转账贷方传票为余款的记账传票进行转账。会计分录为：

    借：汇出汇款

        贷：应解汇款——持票人户

           单位活期存款——申请人户

           或 其他应付款（现金汇票余款）

    销记汇出汇款账后，将余款通知交申请人，向持票人办理付款按全额付款的处理办理。

    例 4-14：2016 年 5 月 7 日，XN 药店向开户银行工行上海虹口支行申请办理银行汇票，金额 20 000 元，收款人为在工行保定市支行开户的 SX 制药厂，经审核同意办理，款项从其存款账户中支付。5 月 13 日，SX 制药厂持汇票及进账单到其开户行要求兑付，实际用款 18 000 元，经审核无误收入 SX 制药厂存款账户，保定支行付款后通过资金汇划系统，向出票行结清汇票。请编制该汇票业务中出票、兑付、结清各环节的会计分录。

    工行上海虹口支行签发汇票：

    借：单位活期存款——XN 药店户　　　20 000

      贷：汇出汇款　　　　　　　　　　　　　20 000

    工行保定市支行兑付汇票：

    借：联行往账　　　　　　　　　　　18 000

      贷：单位活期存款——SX 制药厂户　　　18 000

    工行上海虹口支行结清汇票：

    借：汇出汇款　　　　　　　　　　　20 000

      贷：联行来账　　　　　　　　　　　　　18 000

          单位活期存款——XN 药店户　　　2000

第五节　商业汇票业务

一、商业汇票的概念

    商业汇票是出票人签发的、委托付款人在指定日期无条件支付确定的金额给收款人或者持票人的票据。商业汇票签发后必须经过承兑。承兑就是承兑人同意按汇票载明事项到期付款而在票据上做文字记载或签章的票据行为。商业汇票按承兑人的不同分为商业承兑汇票（见图 4-6）和银行承兑汇票（见图 4-7）。

二、商业汇票的基本规定

    （1）在银行开立存款账户的法人以及其他组织之间，只有具有真实的交易关系或债权债务关系，才能使用商业汇票。出票人不得签发无对价的商业汇票用以骗取银行或者其他票据当事人的资金。

商业承兑汇票2

出票日期 贰零壹柒年零贰月零玖日　　　　汇票编号：6107240156983

付款人	全称	HMT 超市		收款人	全称	HWD 食品厂						
	账号	20847364			账号	20063612						
	开户银行	中国建设银行人民路支行			开户银行	中国建设银行人民路支行						

汇票金额	人民币（大写）伍拾柒万肆仟捌佰伍拾柒元整	千	百	十	万	千	百	十	元	角	分
			¥	5	7	4	8	5	7	0	0

汇票到期日	贰零壹柒年零叁伍零玖日	付款行	行号	07135
交易合同			地址	人民路 28 号

本汇票已经本单位承兑，到期日无条件支付票款　　　　　承兑人签章　　承兑日期 2017 年 02 月 09 日	本汇票请予以承兑，到期日付款　　　　　出票人签章

图 4-6　商业承兑汇票

银行承兑汇票2

出票日期 贰零壹柒年壹零贰月壹拾日　　　　汇票编号：6127240176534

付款人	全称	HMT 超市			收款人	全称	HWD 食品厂		
	账号	20847364				账号	20063612		
	开户银行	中国建设银行人民路支行	行号	07135		开户银行	中国建设银行人民路支行	行号	07135

汇票金额	人民币（大写）伍拾柒万肆仟捌佰伍拾柒元整	千	百	十	万	千	百	十	元	角	分
			¥	5	7	4	8	5	7	0	0

汇票到期日（大写）	贰零壹柒年零伍月壹拾日	付款行	行号	07135
承兑协议编号			地址	人民路 28 号

本汇票请你行承兑，到期无条件支付	本汇票予以承兑，到期由本行付款　　　　　承兑行签章　　　　日期 2017 年 02 月 10 日	
		复核　　记账

图 4-7　银行承兑汇票

（2）商业汇票同城、异地均可适用，其按承兑人的不同可分为商业承兑汇票和银行承兑汇票两种。商业承兑汇票由银行以外的付款人承兑，银行承兑汇票由银行承兑，商业汇票的承兑人即为商业汇票的付款人。

（3）签发商业汇票必须记载下列事项：表明"商业承兑汇票"或"银行承兑汇票"的字样，无条件支付的委托，确定的金额，付款人名称，收款人名称，出票日期，出票人签章。欠缺记载上列事项之一的，商业汇票无效。

（4）商业汇票的付款期限，最长不得超过6个月。

（5）商业汇票的提示付款期限，自汇票到期日起10日。

（6）商业承兑汇票的付款人开户银行收到通过委托收款寄来的商业承兑汇票，将商业承兑汇票留存，并及时通知付款人。付款人收到开户银行的付款通知，应在当日通知银行付款。付款人在接到通知日的次日起3日内（遇法定休假日顺延）未通知银行付款的，视同付款人承诺付款，银行应于付款人接到通知日的次日起第4日（法定休假日顺延）上午开始营业时，将票款划给持票人。付款人若提前收到由其承兑的商业汇票，并同意付款的，银行应于汇票到期印将票款划给持票人。

（7）银行承兑汇票承兑行承兑时，应按票面金额向承兑申请人收取万分之五的手续费。

（8）银行承兑汇票的承兑申请人于汇票到期日未能足额交存票款时，承兑银行除凭票向持票人无条件付款外，对承兑申请人尚未支付的汇票金额每天按照逾期贷款规定利率计收利息。

（9）商业汇票允许贴现，并允许背书转让。

三、商业承兑汇票的处理手续

（一）出票及承兑

使用商业承兑汇票结算的交易双方按合同约定，由收款人或付款人出票，由银行以外的付款人承兑。该票一式三联，第一联承兑人留存，第二联由承兑人承兑后交收款人保留，第三联出票人留存。承兑时，承兑人应在第二联注明"承兑"字样，并加盖预留银行印鉴。

（二）持票人开户行受理汇票的处理手续

收款人或持票人对将要到期的商业承兑汇票，应估算票据发送至付款人开户行的邮程（如承兑人在同城，收款人应于汇票到期日通过开户行委托收款）提前填制委托收款凭证，并在"委托收款凭据名称"栏注明"商业承兑汇票"及汇票号码，连同汇票一并交开户银行。银行按有关规定审核无误后，在委托收款凭证各联加盖"商业承兑汇票"戳记，第一联委托收款凭证加盖业务公章作回单给持票人；第二联委托收款凭证登记"发出委托收款结算凭证登记簿"后，专夹保管；第三联加盖结算专用章连同四、五联委托收款凭证和商业承兑汇票邮寄付款人开户行，付款人如果在同城，则通过票据交换处理。

（三）付款人开户行收到汇票的处理手续

付款人开户行接到持票人开户行寄来的委托收款凭证及汇票时，应按有关规定认真审查，付款人确在本行开户，且承兑人在汇票上的签章与预留银行的签章相符，确认无误后，将第三、四联委托收款凭证登记"收到委托收款凭证的登记簿"后，专夹保管，第五联委托收款凭证交给付款人签收，通知其付款。

付款人审查同意付款的，应当填制付款通知及时通知开户银行。

1. 付款人同意付款

付款人在接到开户银行的付款通知次日起 3 日内没有任何异议，并且其银行账户内有足够票款支付的，开户银行应于第四日上午营业开始时划款。届时以第三联委托收款凭证作借方凭传票，汇票加盖转讫章作附件。销记"收到委托收款凭证登记簿"，第四联委托收款凭证作汇划发报凭证。会计分录如下：

借：单位活期存款——付款人户

贷：联行往账（或有关科目）

付款人在接到银行付款通知次日起 3 天内没有任何异议，但其银行账户内金额不足支付的，银行应在委托收款凭证和收到委托收款凭证登记簿上注明退回日期和"无款支付"字样，并填制三联付款人未付款项通知书，将第一联通知书和第三联委托收款凭证留存备查，将第二、三联通知书，第四联委托收款凭证连同汇票一起邮寄收款人开户行。

2. 付款人拒绝付款

银行在付款人接到通知次日起 3 日内收到付款人填制的四联拒绝付款理由书，经审核无误后，在委托收款凭证和收到委托收款凭证登记簿备注栏注明"拒绝付款"字样，然后将第一联拒付理由书加盖业务公章作为回单退给付款人，将第二联拒付理由书连同第三联委托收款凭证一并留存备查，将第三、第四联拒付理由书和第四、第五联委托收款凭证及汇票一起邮寄至持票人开户行转交持票人。

（四）持票人开户行收到划回票款或退回凭证的处理手续

（1）持票人开户行收到付款人开户行通过资金汇划系统汇来款项，打印资金汇划贷方补充凭证，与留存的委托收款第二联凭证进行核对，无误后注上转账日期，作为资金汇划贷方补充记账凭证附件。其会计分录为：

借：联行来账（或有关科目）

贷：单位活期存款——收款人户

然后在资金汇划贷方补充凭证回单上加盖转讫章作收账通知交给收款人，并销记发出委托收款凭证登记簿。

（2）持票人开户行接到付款人开户行发来的付款人未付票款通知书或拒绝付款证明和汇票及委托收款凭证，抽出留存的第二联凭证审核无误后，在该凭证备注栏及发出委托收款凭证登记簿上做相应记载后，将委托收款凭证、汇票及未付票款通知书或拒绝付款证明退给持票人，并由持票人签收。

四、银行承兑汇票的处理手续

（一）出票及承兑

银行承兑汇票的承兑人为银行，银行一经承兑，汇票到期就要负绝对付款责任，因此，承兑时必须经过银行的信贷部门。承兑申请人提交三联银行承兑汇票，该汇票一式三联，第一联卡片，第二联汇票联，第三联存根，按汇票上记载的承兑银行申请承兑时，承兑银行的信贷部门按规定审查同意后，与出票人签署银行承兑协议三联，一联留存，另一联及副本和第一、二联汇票交会计部门。

会计部门接到汇票和承兑协议，审核无误后，在第一、二联汇票上注明承兑协议编号，并在第二联汇票"承兑人签章"处加盖汇票专用章并由授权的经办人员签名或盖章，将一联承兑协议交给出票人，第二联汇票交给出票人并由其转交收款人。同时，按票面金额万分之五向出票人收取承兑手续费。会计分录为：

借：单位活期存款——承兑申请人户

贷：手续费收入——承兑手续费户

承兑银行根据第一联汇票卡片填制银行承兑汇票表外科目收入传票，登记表外科目登记簿，会计分录为：

收入：银行承兑汇票（表外科目）

同时将第一联汇票卡片和承兑协议副本专夹保管，并经常检查银行汇票的到期情况，以备付款。

（二）持票人开户行受理汇票的处理手续

持票人在提示付款期限内，凭汇票委托开户行向承兑银行收取票款时，应填邮划或电划委托收款凭证，在"委托收款凭据名称"栏注明"银行承兑汇票"及其汇票号码，连同汇票一并送交开户行。

银行按有关规定审查无误后，在委托收款凭证各联上加盖"银行承兑汇票"戳记。第一联委托收款凭证上加盖业务公章作回单给持票人；第二联登记"发出委托收款结算凭证登记簿"后，专夹保管；第三联加盖结算专用章，连同四、五联委托收款凭证和汇票邮寄承兑银行。

（三）承兑银行对汇票到期收取票款的处理手续

银行承兑汇票的申请人应该于汇票到期前将票款足额交存其开户银行。承兑银行应每天查看汇票到期情况，对到期的汇票，应于到期日（法定休假日顺延）根据以下承兑申请人账户存款情况分别进行处理。

1. 承兑申请人账户有足够款项支付的处理

承兑申请人账户有足够款项支付时，承兑银行填制两联特种转账借方传票、一联特种转账贷方传票，并在"转账原因"栏注明"根据××号银行承兑汇票划转票款"。会计分录如下：

借：单位活期存款——承兑申请人户（或出票人户）

贷：应解汇款——承兑申请人户（或出票人户）

另一联特种转账借方传票加盖转讫章后作支款通知交给出票人。

2. 承兑申请人账户不足支付的处理

承兑申请人账户无足够款项支付时，承兑银行应填制四联特种转账借方传票、一联特种转账贷方传票，在"转账原因"栏注明"××号银行承兑汇票划转部分票款"，并将不足款项转入承兑申请人的"逾期贷款"中，并按逾期贷款相关规定计收逾期利息。其会计分录如下：

借：单位活期存款——承兑申请人户

　　逾期贷款——承兑申请人户

　　贷：应解汇款——承兑申请人户

两联特种转账借方凭证加盖转讫章作支款通知和逾期贷款通知一并交给出票人。

例 4-15：工商银行虹口区支行在银行汇票承兑到期日向承兑申请人 SJ 公司收取票款 300 000 元，但 SJ 公司账户只能支付 180 000 元。

（1）借：单位活期存款——SJ 公司　　　　180 000

　　　　逾期贷款——SJ 公司逾期贷款　　120 000

　　　　　贷：应解汇款　　　　　　　　　　　　300 000

例 4-16：根据承兑协议，向承兑申请人××百货收取到期的银行承兑汇票款，金额 800 000 元，由于该单位账户资金不足，只能支付 700 000 元。

借：单位活期存款——××百货　　　　700 000

　　逾期贷款——××百货逾期贷款　　100 000

　　　贷：应解汇款　　　　　　　　　　　　800 000

3. 承兑申请人账户无款支付的处理

承兑申请人账户无款支付的，应填明两联特种转账借方传票，一联特种转账贷方传票，在"转账原因栏"注明"××号汇票无款支付转入逾期贷款户"。其会计分录为：

借：逾期贷款——承兑申请人户

　　贷：应解汇款——承兑申请人户

另一联特种转账借方凭证加盖业务公章交给出票人。

（四）承兑银行支付汇票款项的处理手续

承兑银行接到持票人开户行寄来的委托收款凭证及银行承兑汇票，抽出专夹保管的银行承兑汇票卡片和承兑协议副本，按有关规定认真审核，无误后，应于汇票到期日或到期日之后的见票当日，按照委托收款付款的手续处理。会计分录为：

借：应解汇款——承兑申请人户

　　贷：联行往账（或有关科目）

另填制银行承兑汇票表外科目付款凭证，销记表外科目登记簿。

例 4-17：收到委托收款凭证，并附由本行承兑的商业汇票一份，金额 100 000 元，经查已于到期日向承兑人收妥款项，当即予以转账。

借：应解汇款　　　100 000

　　贷：联行往账　　　　100 000

（五）持票人开户行收到汇票款项的处理手续

持票人开户行收到承兑银行通过资金汇划系统汇来款项，打印资金汇划贷方补充凭证，与留存的委托收款第二联凭证核对无误后，销记发出委托收款凭证登记簿，以资金汇划贷方补充记账凭证作贷方传票、委托收款第二联凭证作附件进行转账。会计分录为：

　　借：联行来账（或有关科目）

　　　贷：单位活期存款——持票人户（或收款人户）

　　在资金汇划贷方补充凭证回单上盖转讫章作收账通知给持票人（或收款人），并销记"发出委托收款凭证登记簿"。

　　商业汇票的贴现核算手续，将在本书第五章进行介绍。

第六节　汇兑业务

一、汇兑的概念

　　汇兑是汇款人委托银行将其款项支付给收款人的一种结算方式。这种结算方式便于汇款人向收款人主动付款。汇兑按其凭证传递方式不同，分为信汇和电汇两种，由汇款人选择使用。

二、汇兑的基本规定

　　（1）汇兑无金额起点限制，单位和个人异地的各种款项的结算，均可使用汇兑结算方式。

　　（2）汇款人填制汇兑凭证，必须记载下列事项：标明"信汇"或"电汇"字样；无条件支付的委托；确定的金额；收款人名称；汇款人名称；汇入地点，汇入行名称；汇出地点，汇出行名称；委托日期；汇款人签章。汇兑凭证上欠缺记载上列事项之一的，银行不予受理。汇兑凭证记载的汇款人名称、收款人名称，其在银行开立存款账户的，必须记载其账户，欠缺记载的，银行不予受理。

　　（3）汇兑凭证上记载的收款人为个人的，收款人需要到汇入银行领取汇款，汇款人应在汇兑凭证上注明"留行待取"字样。需要指定单位的收款人领取汇款的，应注明收款人的名称；信汇凭证收款人须签章支取的，应在信汇凭证上预留其签章。

　　（4）汇款人和收款人均为个人，需要在汇入银行支取现金的，汇款人应在汇兑凭证的"汇款金额"大写栏，先填写"现金"字样，后填写汇款金额。未填明"现金"字样需要支取现金的，由汇入银行按照国家现金管理的规定审查支付。

　　（5）汇款人确定不得转汇的，应在汇兑凭证备注栏注明"不得转汇"字样。

　　（6）汇款人对汇出银行已经汇出的款项可以申请退汇，由汇出银行通知汇入银行，经汇入行核实汇款确未支付，并将款项汇回汇出银行，方可办理退汇。

　　（7）汇入银行对于收款人拒绝接受的汇款，应立即办理退汇。汇入行对于向收款人发出取款通知，经过两个月无法交付的汇款，应主动办理退汇。

三、信汇的处理手续

　　信汇是汇款人委托银行以邮寄凭证的方式通知汇入行付款的一种结算方式。信汇结算方式手续费低，但汇款到账速度慢，现在实务中较少采用。

（一）汇出行的处理手续

汇款人委托银行办理信汇时，应向银行填制一式四联信汇凭证，第一联回单，第二联借方凭证，第三联贷方凭证，第四联收账通知或代取款收据。

信汇凭证第二联如图4-8所示。

×银行　信汇凭证　（借方凭证）　　　2

委托日期　2017年05月10日　　　　　　　　　　　单位：元

汇款人	全称	榆林市××百货商场	收款人	全称	北京市××商场											此联汇出行作借方凭证
	账号	××××××		账号	××××××											
	汇出地点	陕西省榆林市		汇入地点	北京市朝阳区××路××号											
汇出行名称		建行榆林市新建南路支行	汇入行名称		建行北京市××路支行											
金额	人民币（大写）	叁拾万伍仟元整	亿	千	百	十	万	千	百	十	元	角	分			
					¥	3	0	5	0	0	0	0	0			
此汇款支付给收款人 汇款人银行：			支付密码													
			附加信息及用途： 复核：　　记账：													

图4-8　信汇凭证第二联

汇款人派人到汇入行领取汇款，应在信汇凭证各联的"收款人账号或住址"栏注明"留行待取"字样。汇款人和收款人均为个人，需要在汇入行支取现金，汇款人应在信汇凭证"汇款金额"大写栏，先填写"现金"字样，后填写汇款金额。

汇出行受理信汇凭证时，按有关规定认真审核无误后，第一联信汇凭证加盖转讫章退给汇款人。汇款人转账交付的，第二联信汇凭证作借方传票。会计分录为：

借：单位活期存款——汇款人户

　　贷：联行往账（或有关科目）

现金交付的，填制一联特种转账贷方传票，第二联信汇凭证作借方传票，会计分录为：

借：库存现金

　　贷：应解汇款——汇款人户

借：应解汇款——汇款人户

　　贷：联行往账（或有关科目）

转账后，采用"信汇付款指令"方式的汇兑业务，应复印信汇凭证第三、四联，并经主管审批后作发报依据；第三联信汇凭证加盖结算专用章，与第四联邮寄汇入行。

（二）汇入行的处理手续

汇入行收到汇出行（或转汇行）邮寄来的第三、四联信汇凭证，应审查第三联信汇凭证上的联行专用章与联行报单印章是否一致（转汇的由转汇行代为审查），经核对相符后，再按不同情况分别处理如下：

1. 汇款直接入账的

收款人在汇入行开有存款账户，作为直接收账处理。以第三联信汇凭证作贷方传票，会计分录为：

借：联行来账（或有关科目）

 贷：单位活期存款——收款人户

第四联信汇凭证加盖转讫章作收账通知交给收款人。

2. 汇款不直接入账的

收款人未在汇入行开立存款账户，汇款无法直接解付给收款人，按照不直接收账处理。以第三联信汇凭证作贷方传票，将汇款先转入"应解汇款"科目。其会计分录为：

借：联行来账

 贷：应解汇款——收款人户

然后登记应解汇款登记簿，在信汇凭证上编列应解汇款序号，第四联信汇凭证留存保管，另以便条通知收款人来行办理取款手续。

收款人持便条来行办理取款，应抽出第四联信汇凭证，认真审查收款人的身份证件、信汇凭证上是否注明其证件名称、号码以及发证机关。按有关规定审核无误后，办理付款手续。如果是信汇留行交凭签章付款的，收款人签章必须同预留签章相符。

需要支取现金的，信汇凭证上填明"现金"字样的，应一次办理现金支付手续；未注明"现金"字样的，由汇入行按照现金管理规定审查支付，另填制一联现金借方传票，第四联信汇凭证作借方凭证附件。其会计分录为：

借：应解汇款——收款人户

 贷：库存现金

需要分次支付的，应凭第四联信汇凭证注销应解汇款登记簿中的该笔汇款，并如数转入应解汇款分户账内（该分户账以收款人姓名作为户名，不通过分录，使用销账式账页）。银行审核收款人填制的支款凭证，其预留签章和收款人身份证件无误后，办理分次支付手续。待最后结清时，将第四联信汇凭证作借方传票附件。

需要转汇的，应重新办理汇款手续，其收款人与汇款用途必须是原汇款的收款人和用途，并在第三联信汇凭证上加盖"转汇"戳记。会计分录如下：

借：应解汇款——收款人户

 贷：联行往账（或有关科目）

第三联信汇凭证备注栏注明"不得转汇"的，不予办理转汇。

四、电汇的处理手续

电汇是汇款人委托银行以拍发电报或通过计算机网络电子汇款的方式通知汇入行付款的一种结算方式。

(一) 汇出行的处理手续

汇款人委托银行办理电汇时，应填制一式三联的电汇凭证，汇出行受理电汇凭证时，按有关规定审核无误后，第一联电汇凭证加盖转讫章作为回单退给汇款人，第二联作借方传票，其分录与信汇相同，并以第三联电汇凭证作资金汇划发报凭证。电汇凭证上填明"现金"字样的，应在电报的金额前加拍"现金"字样。

电汇凭证第三联如图4-9所示。

××银行　电汇凭证　（汇款依据）　　3

委托日期　2017 年 05 月 10 日　　　　　单位：元

汇款人	全称	榆林市××超市	收款人	全称	沈阳市××批发商城										此联汇出行凭以汇出汇款
	账号	××××××		账号	××××××										
	汇出地点	陕西省榆林市		汇入地点	辽宁省沈阳市										
	汇出行名称	建行榆林市新建南路支行	汇入行名称		建行沈阳市××路支行										
金额	人民币（大写）	壹拾万伍仟元整	亿	千	百	十	万	千	百	十	元	角	分		
						¥	1	0	5	0	0	0	0	0	

支付密码

附加信息及用途：

复核：　　　　　　记账：

图 4-9　电汇凭证第三联

(二) 汇入行的处理手续

汇入行收到汇出行通过资金汇划系统汇来的款项，经审核无误后，应打印资金汇划贷方补充凭证，第一联代联行来账卡片，第二联代贷方传票，第三联加盖转讫章代收账通知，其余手续交给收款人或作借方传票附件，其余各项处理均与信汇相同。

五、退汇的处理手续

退汇是指汇出行已经汇出的款项，汇入行未经解付而退给原汇款人的做法。

退汇的原因主要有：汇款人因故退汇，收款人拒收汇款以及超过规定的期限无法支付的汇款。

（一）汇款人要求退汇的处理

按规定汇款人要求退汇，只限于不直接入账的汇款，对于收款人在汇入行开立存款账户且款项已经入账的，由汇款人与收款人自行联系退汇。

1. 汇出行

汇款人因故要求退汇时，应备函或本人身份证，连同原汇兑凭证回单联交汇出行。汇出行收到后，先以电报或电话方式通知汇入行，经汇入行证实汇款确未被支付方可受理。汇出行受理退汇后，应填制四联"退汇通知书"，并在第一联通知书上批注"×月×日申请退汇，待款项退回后再办理退款手续"字样后，加盖业务公章退交汇款人；第二、三联寄交汇入行。第四联与公函和回单一起保管。如汇款人要求以电报通知退汇时，只填两联退汇通知书，一联为回单，一联备查，另以电报通知汇入行。

2. 汇入行

汇入行收到第二、三联退汇通知书或通知退汇的电报后，应先查明款项是否已解付。对已转入"应解汇款"科目尚未解付的汇款，办理时应向收款人联系索回便条，并以第二联退汇通知书代转账借方传票进行转账。会计分录为：

借：应解汇款——收款人户

　　贷：联行往账（或有关科目）

转账后，通过资金汇划系统向汇出行划款。并把第三联退汇通知书寄送原汇出行。

如果这笔汇款已经解付，应在第二、三联退汇通知书或电报上注明解付情况及日期后，将第二联退汇通知书或电报留存，第三联退汇通知书拍发电报，通知汇出行。

3. 汇出行

汇出行收到汇入行通过资金汇划系统划来的退汇款和收到的第三联退汇通知书，与原留存的第四联退汇通知书进行核对，以第三联通知书和资金汇划补充凭证作为贷方传票，办理转账。会计分录为：

借：联行来账（或有关科目）

　　贷：单位活期存款——原汇款人户

转账后，在原汇款凭证上注明"汇款已于×月×日退汇"字样，并在汇款通知书第四联上注明"汇款退回，已代进账"字样，加盖业务公章后，作为收账通知交原汇款人。

如果汇款人未在汇出行开立存款账户，先将退汇款转入"其他应付款"科目，待汇款人取款时再另填制一联现金付出传票。会计分录为：

借：联行来账

　　贷：其他应付款——原汇款人户

借：其他应付款——原汇款人户

　　贷：库存现金

（二）汇入行主动退汇的处理

汇入行对收款人拒绝接受的汇款，应立即办理退汇；对向收款人发出取款通知，超过 2

个月无法交付的汇款，汇入行应主动办理退汇。

退汇时，由汇入行填写转账传票，通过资金汇划系统办理退汇手续，会计分录同上。不再详述。

第七节　托收承付业务

一、托收承付的概念

托收承付是收款人根据购销合同发货后，委托银行向异地付款人收取款项，付款人验单或验货后，向银行承认付款的结算方式。

托收承付结算方式在我国计划经济时期曾发挥过重要作用，但随着我国经济向社会主义市场经济转型，该结算中的某些规定已经不适应加速资金周转的需要，因此，目前在银行实际结算中已经很少使用这种估算方式。

使用托收承付结算方式的收款单位和付款单位必须是国有企业、供销合作社以及经营管理较好，并经开户行审查同意的城乡集体所有制的工业企业。

托收承付凭证如图 4-10 所示。

托收凭证　（贷方凭证）　2

委托日期　2017 年 05 月 10 日　　　单位：元

<table>
<tr><td colspan="2">业务类型</td><td colspan="4">委托收款（□邮划、□电划）</td><td colspan="13">托收承付（□邮划、☑电划）</td></tr>
<tr><td rowspan="3">汇款人</td><td>全称</td><td colspan="4">榆林市××工厂</td><td rowspan="3">收款人</td><td>全称</td><td colspan="11">北京市××批发商城</td></tr>
<tr><td>账号</td><td colspan="4">××××××</td><td>账号</td><td colspan="11">××××××</td></tr>
<tr><td>地址</td><td>陕西榆林</td><td>开户行</td><td colspan="2">工行人民路支行</td><td>地址</td><td>北京市</td><td>开户行</td><td colspan="9">工行朝阳区××路支行</td></tr>
<tr><td rowspan="2">金额</td><td>人民币（大写）</td><td colspan="5" rowspan="2">肆拾叁万捌仟元整</td><td>亿</td><td>千</td><td>百</td><td>十</td><td>万</td><td>千</td><td>百</td><td>十</td><td>元</td><td>角</td><td>分</td></tr>
<tr><td></td><td></td><td></td><td>¥</td><td>4</td><td>3</td><td>8</td><td>0</td><td>0</td><td>0</td><td>0</td><td>0</td></tr>
<tr><td colspan="2">款项内容</td><td colspan="2">货款</td><td colspan="2">托收凭证名称</td><td colspan="4">发货单</td><td colspan="3">附寄单证张数</td><td colspan="6"></td></tr>
<tr><td colspan="3">商品发运情况</td><td colspan="3"></td><td colspan="7">合同名称号码</td><td colspan="6"></td></tr>
<tr><td colspan="4">备注：
收款人开户银行收到日期
年　月　日</td><td colspan="6">上列款项随附有关债务证明，请予办理
收款人签章</td><td colspan="9">复核：　　记账：</td></tr>
</table>

此联汇出行凭以汇出汇款

图 4-10　托收承付凭证

二、托收承付的基本规定

（1）办理托收承付结算的款项，必须是商品交易以及因商品交易而产生的劳务供应的款项。代销、寄销、赊销商品的款项，不得办理托收承付结算。收付双方使用托收承付结算必须签有符合《合同法》的购销合同，并在合同上订明使用托收承付结算方式。

（2）收款人办理托收必须具有商品确已发运的证件（包括铁路、航运、公路等运输部门签发的运单、运单副本和邮局包裹回执）。没有发运证件需要办理托收承付的，必须是规定范围内的款项结算。

（3）托收承付结算每笔金额起点为1万元。新华书店系统每笔金额起点为1000元。款项划回的方式分为邮寄和电报两种，由收款人选用。

（4）付款人承付货款分为验单付款和验货付款两种。验单付款的承付期为3天，从付款人开户银行发出承付通知的次日算起（承付期内遇法定休假日顺延）。验货付款的承付期为10天，从运输部门向付款人发出提货通知的次日算起，对收付双方在合同中明确规定，并在托收凭证上注明验货付款期限的，银行从其规定。

（5）付款人在承付期内，未向银行提出异议，银行即视作同意付款，并在承付期满的次日（遇法定节假日顺延）上午银行开始营业时，主动将款项从付款人账户内划出，按收款人指定的划款方式，划给收款人。

（6）付款人在承付期满日银行营业终了时，如无足够资金支付货款，其不足部分，即为逾期付款。付款人开户银行对逾期支付的款项，应当根据逾期付款金额和逾期天数，每天按万分之五计算逾期付款赔偿金给收款人。

（7）付款人开户银行对逾期未付的托收凭证，负责进行扣款的期限为3个月（从承付期满日算起）。期满时，付款人仍无足够资金支付尚未付清的欠款，银行应于次日通知付款人将有关交易单证（单证已作账务处理或已部分支付的，可以填制应付款项证明单）在2天内退回银行（到期日遇例假日顺延），付款人逾期不退回单证的，银行于发出通知的第3天起，按照尚未付清欠款金额，每天处以万分之五但不低于50元的罚款，并暂停其向外办理结算业务，直至退回单证时止。

三、托收承付的处理手续

（一）收款人开户行受理托收承付的处理手续

收款人办理托收时，应填制一式五联邮划或电划托收承付凭证，并在业务类型一栏内的托收承付的邮划或者电划前的方框里打"√"。第一联回单，第二联贷方传票，第三联借方传票，第四联收账通知（电划第四联为发电依据），第五联承付通知。收款人应在第二联托收凭证上加盖单位印章后，将托收凭证和有关单证提交开户银行。

收款人开户行收到上述凭证后，应按规定认真进行审查，无误后，将第一联凭证加盖业务公章后退给收款人。对收款人向银行提交发运证件需要带回保管或自寄的，应在各联凭证和发运证件上加盖"已验发运证件"戳记。第二联托收凭证由银行专夹保管，并登记发出托收结算凭证登记簿。然后在第三联托收凭证上加盖带有联行行号的结算专用章，连同第四、五联凭证及交易单证一起寄交付款人开户银行。

收款人开户行如不办理全国联行或省辖联行业务，直接发出托收凭证的，均应在托收凭证的"备注"栏加盖"款项收妥请划收××行（行号）划转我行"戳记，以便付款人开户行向指定的转划行填发报单。

（二）付款人开户银行的处理手续

付款人开户银行接到收款人开户行寄来的第三、四、五联托收凭证及交易单证时，应严格审查，无误后，在凭证上填注收到日期和承付期。然后根据第三、四联托收凭证登记定期代收结算凭证登记簿，专夹保管，第五联托收凭证加盖业务公章后，连同交易单证一并及时送交付款人。

1. 全额付款的处理

付款人在承付期内没有任何异议，并且其在承付期满日营业终了前银行存款账户上有足够金额，银行便视作同意全额付款，开户行便于承付期满次日（遇法定节假日顺延）上午开始营业时，主动将款项从付款人账户中划出，按收款人指定的划款方式，划给收款人，以第三联托收凭证作借方传票办理转账，会计分录如下：

借：单位活期存款——付款人户

　　贷：联行往账（或有关科目）

转账后销记登记簿，并以第四联托收凭证作资金汇划发报凭证。

2. 提前承付的处理

付款人在承付期满前通知银行提前付款，银行划款的手续同全额付款，但应在托收凭证和登记簿备注栏分别注明"提前承付"字样。

3. 多承付的处理

付款人因商品的价格、数量或金额变动的原因，要求将大于本笔托收承付的款项一并划出时，付款人应填四联"多承付理由书"（以托收承付拒绝付款理由书改用）提交开户行，银行审查后，在托收凭证和登记簿备注栏注明多承付的金额，以第二联多承付理由书代借方传票，第三联托收凭证作附件办理转账。其会计分录为：

借：单位活期存款——付款人户

　　贷：辖内往来（或有关科目）

然后将第一联多承付理由书加盖转讫章作支款通知交给付款人，第三、四联多承付理由书寄收款人开户行。

4. 逾期付款的处理手续

付款人在承付期满日营业终了前，账户无足够的款项支付时，不足部分即为"逾期付款"，付款人开户行对于逾期支付的款项，应当根据逾期付款金额和逾期付款天数，每天按万分之五计算逾期付款赔偿金。

付款人在承付期满日营业终了前，账户无款支付时，付款人开户行应在托收凭证和登记簿备注栏分别注明"逾期付款"字样，并填制三联"托收承付结算到期未收通知书"，将第

一、二联通知书寄收款人开户行，第三联通知书与第三、四联托收凭证一并保管，等到付款人账户有款可以一次或分次扣款时，比照下面"部分付款"的有关手续办理，将逾期付款的款项和赔偿金一并划给收款人。

赔偿金的计算公式为：

$$赔偿金金额=逾期付款金额×逾期天数×5‰$$

逾期付款天数从承付期满日算起。承付期满日银行营业终了时，付款人如无足够资金支付，其不足部分，应当算作逾期一天，计算一天赔偿金。在承付期满的次日（如遇法定节假日，逾期付款赔偿金的天数计算也相应顺延，但以后遇例假日应当照算逾期天数）银行营业终了时，仍无足够资金支付，其不足部分，应当算作逾期两天，计算两天的赔偿金，依次类推。

每月单独扣付赔偿金时，付款人开户行应填制特种转账借方传票两联，并注明原托收号码及金额，在转账原因栏注明付款的金额及相应扣付赔偿金的金额。以一联特种转账借方传票作借方传票，会计分录如下：

借：单位活期存款——付款人户

　　贷：联行往账（或有关科目）

逾期付款期满（即扣款期满），付款人账户不能全额或部分支付托收款项，开户行应向付款人发出索回单证通知，付款人于银行发出通知的次日起两天内（到期日遇法定节假日顺延，邮寄加邮程）必须将全部单证退回银行，经银行核对无误后，在托收凭证和登记簿备注栏注明单证退回日期和"无法支付"的字样，并填制三联"应付款项证明单"，将一联证明单和第三联托收凭证一并留存备查，将两联证明单连同第四、五联托收凭证及有关单证一并寄收款人开户行。

付款人开户行在退回托收凭证和单证时，需将应付的赔偿金一并划给收款人。付款人逾期不退回单证的，开户行按前述规定予以罚款并将罚款作为银行营业外收入处理。

5. 部分付款的处理手续

付款人在承付期满日开户行营业终了前，账户只能部分支付的，付款人开户行应在托收凭证上注明当天可以扣收的金额；填制二联特种转账借方传票，并注明原托收号码及金额，以一联特种转账借方传票作借方传票，其会计分录为：

借：单位活期存款——付款人户（部分支付金额）

　　贷：联行往账（或有关科目）（部分支付金额）

转账后，另一联特种转账借方传票加盖转讫章作支款通知交给付款人，并在登记簿备注栏分别注明已承付和未承付金额，并批注"部分付款"字样。第三、四联托收凭证按付款人及先后日期单独保管。

待付款人账户有款时，再及时将未承付部分款项一次或分次划转收款人开户行，同时逐次扣收逾期付款赔偿金，其处理手续同"逾期付款"。

6. 全部拒绝付款的处理手续

付款人在承付期内提出全部拒付的，应填四联全部拒付理由书，连同有关的拒付证明、第五联托收凭证及所附单证送交开户行。银行严格审核，不同意拒付的，实行强制扣款，对无理拒付而增加银行审查时间的，银行应按规定扣收赔偿金。

对符合规定同意拒付的，经银行主管部门审批后，在托收凭证和登记簿备注栏注明"全部拒付"字样，然后将第一联拒付理由书加盖业务公章退给付款人，将第二联拒付理由书连同第三联托收凭证留存备查，其余所有单证一并寄给收款人开户行。

7. 部分拒绝付款的处理手续

付款人在承付期内提出部分拒绝付款，经银行审查同意办理的，依照全部拒付审查手续办理，并在托收凭证和登记簿备注栏注明"部分拒付"字样及部分拒付的金额，对同意承付部分，以第二联拒付理由书代借方凭证（第三联托收凭证作附件）。会计分录如下：

借：单位活期存款——付款人户（同意承付金额）

　贷：联行往账（或有关科目）（同意承付金额）

然后将第一联拒付理由书加盖转讫章交付款人，其余单证，如第三、四联部分拒付理由书连同拒付部分的商品清单和有关证明邮寄收款人开户行。

（三）收款人开户行收款结账的处理

1. 全额划回的处理

收款人开户行收到付款人开户行通过资金汇划系统汇来款项，应打印资金汇划贷方补充凭证，与留存的第二联托收凭证核对无误后，在第二联托收凭证上注明转账日期，进行转账，其中一联资金汇划贷方补充凭证作贷方传票，第二联托收凭证作其附件。会计分录如下：

借：联行来账（或有关科目）

　贷：单位活期存款——收款人户

在另一联资金汇划贷方补充凭证上加盖转讫章作收账通知交收款人，并销记登记簿。

2. 多承付款划回的处理

收款人开户行收到付款人开户行划来多承付款项及第三、四联多承付理由书后，在第二联托收凭证和登记簿备注栏注明多承付金额，为收款人及时入账，并将一联多承付理由书交收款人，其余手续与全额划回相同。

3. 部分划回的处理

银行收到付款人开户行部分划回的款项，在第二联托收凭证和登记簿上注明部分划回的金额，为收款人及时入账。其余手续与全额划回的相同。

4. 逾期划回、无款支付退回凭证或单独划回赔偿金的处理

收款人开户行收到第一、二联到期未收的通知书后，应在第二联托收凭证上注明"逾期付款"字样及日期，然后将第二联通知书交收款人，第一联通知书、第二联托收凭证一并保管。待收到一次、分次划款或单独划回的赔偿金时，比照部分划回的有关手续处理。

收款人开户行在逾期付款期满后接到第四、五联托收凭证（部分无款支付系第四联托收凭证）及两联无款支付通知书和有关单证，核对无误后，抽出第二联托收凭证注明"无款支付"字样，销记登记簿，然后将其余托收凭证及无款支付通知书及有关单证退交收款人。

5. 拒绝付款的处理

收款人开户行收到付款人开户行寄来的托收凭证、拒付理由书、拒付证明及有关单证后，抽出第二联托收凭证，在备注栏注明"全部拒付"或"部分拒付××元"字样，并销记登记簿，同时将托收凭证、拒付理由书及有关单证退回收款人。部分拒付的，对划回款项还要办理收款人入账的手续。

第八节　委托收款业务

一、委托收款的概念

委托收款是收款人向银行提供收款依据，委托银行向付款人收取款项的结算方式。收款单位或个人凭已经承兑的商业汇票、债券、存单等付款人债务证明办理款项结算，均可使用委托收款结算方式。

二、委托收款的基本规定

（1）委托收款不受金额起点限制，同城、异地均可使用，按结算款项的划回方式，分邮寄和电报两种，由收款人选用。

（2）收款人办理委托收款应向银行提交委托收款凭证和有关债务证明。

（3）银行接到寄来的委托收款凭证及债务证明，审查无误后办理付款。其中以银行为付款人的，银行应当在当日主动将款项支付给收款人；以单位为付款人的，银行应及时通知付款人，并将有关债务证明交给付款人并签收。付款人应于接到付款通知当日书面通知银行付款，若付款人在接到通知的次日起 3 日内未通知银行付款的，视同付款人同意付款，银行应于付款人接到通知日的次日起第 4 日上午开始营业时，将款项划给收款人；若付款人提前收到由其付款的债务证明，并同意付款的，则银行应于债务证明的到期日付款。

（4）银行在办理划款时，付款人存款账户不足支付的，应通过受托银行（收款人开户行）向收款人发出未付款项通知书并连同有关债务证明一起交收款人。

（5）付款人审查有关债务证明后，对收款人委托收取的款项需要拒付的，可以在接到付款通知日的次日起 3 日内办理拒绝付款。

（6）在同城范围内，收款人收取公用事业费或根据国务院的规定，可以使用同城特约委托收款，但必须具有收付双方签订的经济合同，由付款人向开户银行授权，并经开户银行同意，报经人民银行批准。

三、委托收款的处理手续

（一）收款人开户行受理委托收款的处理手续

收款人办理委托收款时，应填制邮划或电划一式五联委托收款凭证（同托收承付凭证），连同付款人的有关债务证明提交开户银行，开户行对各联次的处理比照托收承付进行。

（二）付款人开户行的处理手续

付款人开户行接到收款人开户行寄来的邮划或电划第三、四、五联委托收款凭证及有关债务证明时，审查是否属于本行受理的凭证，无误后，在凭证上填注收到日期，根据邮划或电划第三、四联凭证逐笔登记收到委托收款凭证登记簿，将邮划或电划第三、四联凭证专夹保管。

1. 付款人承认付款

（1）付款人为银行的，银行接到委托收款凭证和有关债务证明，按规定付款时，第三联委托收款凭证作借方传票，有关债务证明作其附件。会计分录如下：

借：应解汇款

　　贷：联行往账（或有关科目）

转账后，银行销记收到委托收款登记簿，并以第四联委托收款凭证作资金汇划发报凭证。

（2）付款人为单位的，银行将第五联委托收款凭证加盖业务公章，连同有关债务证明及时交给付款人，并由其签收。付款人应于接到通知的次日起 3 日内（期内遇法定节假日顺延）通知银行付款，付款期内未提出异议的，视同同意付款，银行应于付款期满次日上午开始营业时将款项划给收款人，第三联凭证作借方传票，会计分录如下：

借：单位活期存款——付款人户

　　贷：联行往账（或有关科目）

其余手续视同付款人为银行的处理。

如果付款人账户不足支付全部款项的，银行在委托收款凭证和收到委托收款凭证登记簿上注明退回日期和"无款支付"字样，并填制三联付款人未付款项通知书，将一联通知书和第三联委托收款凭证留存备查，将第二、三联通知书连同第四联委托收款凭证邮寄收款人开户行；留存债务证明的，其债务证明一并邮寄收款人开户行。

2. 付款人拒绝付款

若付款人拒绝付款的，应在接到付款通知的次日起 3 日内填制四联拒绝付款理由书，连同债务证明及第五联委托收款凭证一并交给开户银行，银行审核无误后，在委托收款凭证和委托收款凭证登记簿上注明"拒绝付款"字样，然后将第一联拒付理由书加盖业务公章退还付款人，第二联拒付理由书连同第三联委托收款凭证一并留存备查，第三、四联拒付理由书连同债务证明和第四、五联委托收款凭证一并寄收款人开户行。

3. 收款人开户行的处理手续

收款人开户行收到付款人开户行通过资金汇划系统汇来款项，应打印资金汇划贷方补充凭证，并与留存的第二联委托收款凭证核对，无误后，在第二联委托收款凭证上填注转账日期，以其中一联资金汇划贷方补充凭证作贷方传票，第二联委托收款凭证作其附件进行账务处理。会计分录如下：

借：联行来账（或有关科目）

　　贷：单位活期存款——收款人户

转账后，在另一联资金汇划贷方补充凭证上加盖转讫章作收账通知送交收款人，并销记发出委托收款凭证登记簿。

若收到无款支付而退回的委托收款凭证及有关单据时，应抽出第二联委托收款凭证，并在该联凭证备注栏注明"无款支付"字样，销记发出委托收款凭证登记簿，然后将第四联委托收款凭证、一联未付款项通知书及债务凭证退给收款人。收款人在未付款项通知书上签收后，收款人开户行将一联未付款项通知书及第二联委托收款凭证一并保管备查。

若收款人开户行收到第四、五联委托收款凭证及有关债务证明和第三、四联拒付理由书，抽出第二联委托收款凭证核对无误后，在该委托收款凭证上注明"拒绝付款"字样，销记发出委托收款凭证登记簿。然后将第四、五联委托收款凭证、有关债务证明和第四联拒付理由书一并退给收款人。收款人在第三联拒付理由书上签收后，收款人开户行将第三联拒付理由书连同第二联委托收款凭证一并保管备查。

第九节　信用卡业务

一、信用卡的概念

信用卡是指商业银行向个人和单位发行的，凭以向特约单位购物、消费和向银行存取现金，且具有消费信用的支付工具。信用卡按使用对象分为单位卡和个人卡，按信誉等级分为金卡和普通卡。

二、信用卡的基本规定

（1）商业银行（包括外资银行、合资银行）、非银行金融机构未经中国人民银行批准不得发行信用卡。非金融机构、境外金融机构的驻华代表机构不得发行信用卡和代理收单结算业务。

（2）凡在中国境内金融机构开立基本存款账户的单位可申领单位卡。凡具有完全民事行为能力的公民可申领个人卡。

（3）单位卡账户的资金一律从其基本存款账户转账存入，不得交存现金，不得将销货收入的款项存入其账户。单位卡一律不得支取现金，不得用于10万元以上商品交易、劳务供应款项的结算。

（4）个人卡账户的资金以其持有的现金存入或以其工资性款项及属于个人的劳动报酬收入转账存入。严禁将单位的款项存入个人卡账户。

（5）信用卡只限于合法持卡人本人使用，持卡人不得出租或转借信用卡。

（6）个人信用卡的透支额度根据持卡人的信用状况核定，每月一般不超过5万元（含等值外币），有些银行的白金卡可以享受更高的透支额度。贷记卡持卡人在非现金交易时进行透支，可享受免息还款期待遇，免息还款期最长为60天，但若超过发卡银行批准的信用额度用卡时，不再享受免息还款期待遇。准贷记卡透支不享受免息还款期待遇，透支期限最长为60天。两种卡的透支利率都是万分之五的日利率，透支按月计收单利。

（7）持卡人使用信用卡不得发生恶意透支。恶意透支是指持卡人超过规定限额或规定期限，并且经发卡银行催收无效的透支行为。

（8）信用卡丧失，持卡人应立即持本人身份证件或其他有效证明，并按规定提供有关情况，向发卡银行或代办银行申请挂失。发卡银行或代办银行审核后办理挂失手续。

三、信用卡发卡的处理手续

（一）单位卡发卡的处理手续

单位申请使用信用卡，应按规定填写申请表交发卡行，发卡行审核同意后，应及时通知申请人前来办理领卡手续。申请人接到通知，其在发卡行开户的，应填制支票及三联进账单交给银行，发卡行审查无误后，直接从其存款账户转存备用金和收取手续费，另填制一联特种转账贷方凭证作收取手续费凭证。其会计分录如下：

借：单位活期存款——××单位存款账户

贷：单位活期存款——××单位信用卡户

手续费收入——××手续费户

申请人不在发卡银行开户的，须填制转账支票及两联进账单交银行，发卡行审查无误后，并填制一联收取手续费的特种转账贷方传票，转账后，将支票通过票据交换交申请人基本存款账户的开户行。会计分录如下：

借：存放中央银行款项（或辖内往来等科目）

贷：单位活期存款——××单位信用卡户

手续费收入——××手续费户

（二）个人卡发卡的处理手续

个人申请使用信用卡，申请手续同单位卡一样。申请人交存现金的，银行收妥后，发给其信用卡。会计分录如下：

借：库存现金

贷：活期储蓄存款——××个人信用卡户

手续费收入——××手续费户

申请人转账存入的，银行接到申请人交来的转账支票及进账单，认真审核其个人资金来源无误后，比照单位卡的有关手续处理。

发卡行在办理信用卡发卡手续时，应登记信用卡账户开销户登记簿和发卡清单，并在发卡清单上记载领卡人身份证件号码，并由领卡人签收。

四、信用卡存取现金的核算

持卡人凭信用卡存取现金时，银行应认真审查信用卡的真伪及有效期限，核对信用卡号码是否是已付卡的号码，核对当面签字与预留签字是否一致。审查无误后，办理存取款手续。

（一）同城存取现金的核算

1. 信用卡存入现金的核算

持卡人凭信用卡存入现金时，银行经审核无误后，压制一式四联存款单，第一联回单，第二联贷方传票，第三联贷方传票附件，第四联存根。

（1）持卡人在发卡行直接存入现金的，由持卡人在存款单上签名，并应核对其签名与信用卡签名是否相符。如为持卡人的代理人交存现金的，应由代理人签名。审核无误后，办理收款手续，编制如下会计分录：

借：库存现金
　　贷：应解汇款

借：应解汇款
　　贷：单位活期存款——××单位信用卡户
　　　　（或活期储蓄存款——××个人信用卡户）

第一联存款单交持卡人，第四联存款单留存。

（2）持卡人如在非发卡行存入现金，则收存行收存现金后，编制如下会计分录：

借：库存现金
　　贷：应解汇款

记账后，应将第二联存款单提出票据交换交给发卡行。收存行编制如下会计分录：

借：应解汇款
　　贷：联行往账

发卡行收到划来款项，编制如下会计分录。

借：联行来账
　　贷：单位活期存款——××单位信用卡户
　　　　（或活期储蓄存款——××个人信用卡户）

2. 信用卡支取现金的处理手续

个人持卡人在银行支取现金时，应填制四联取现单（取现单第一联回单、第二联借方凭证、第三联贷方凭证附件、第四联存根）连同信用卡、身份证等一并交给银行，银行应认真审核信用卡真伪及有效期、该卡是否被列入止付名单等。会计处理与存入现金的相反。

对同一城市其他银行机构发行的信用卡支取现金的，第一联取现单加盖现金付讫章作回单连同信用卡交给持卡人；填制一联特种转账贷方凭证，第三联取现单作附件；将第二联取现单加盖业务公章向持卡人开户行提出票据交换，第四联取现单留存备查。会计分录如下：

借：存放中央银行款项（或辖内往来等及临时存款科目）
　　贷：应解汇款——持卡人户

支付现金时另填制一联现金借方凭证，会计分录为：

借：应解汇款——持卡人户
　　贷：现金
　　　　手续费收入——××手续费收入

对异地联行发行的信用卡支取现金的，比照同一城市支取现金有关手续处理。并将第二联取现单加盖转讫章作资金汇划发报凭证通知开户行，另填制一联特种转账贷方凭证作收取

116

手续费的贷方传票。会计分录如下：

借：联行往账（或有关科目）

  贷：应解汇款——持卡人户

借：应解汇款——持卡人户

  贷：库存现金

    手续费收入——××手续费收入

如果信用卡是异地跨系统银行发行的，应向本地跨系统发卡行的通汇行提出票据交换，由通汇行转入持卡人开户行。

（二）持卡人开户行的处理手续

持卡人开户行收到同城票据交换来的第二联签购单和第三联汇计单或第二联取现单，或联行通过资金汇划系统汇来款项，应认真审核无误后，第二联签购单或取现单作借方凭证，第三联汇计单留存，或根据打印的资金汇划借方补充凭证做如下会计分录：

借：单位活期存款——××单位信用卡户

  （或活期储蓄存款——××个人信用卡户）

  贷：存放中央银行款项（辖内往来等有关科目）

    手续费收入——××手续费收入

◆ 课后练习题

一、思考题

1. 支付结算的原则、纪律是什么？

2. 支付结算的种类有哪些？哪些适用于同城？哪些适用于异地？

3. 商业汇票按承兑人不同可分为哪两种？分别如何处理？它们之间的异同点是什么？

二、业务题（编制下列各项业务的会计分录）

1. 收到开户单位 YC 公司解进的 HS 房地产公司签发的支票一份，金额 263 000 元，当即于第一场提出交换，下一场没有退票。

2. 开户单位 JJ 百货签发现金支票提取备用金 7000 元。

3. 第一场交换提回时，发现开户单位 HT 公司签发的一张金额为 2000 元的支票，经审核无误，办理转账。

4. 开户单位 YZ 鞋业公司持本行签发的本票一份，金额 10 000 元，随进账单要求进账。

5. 开户单位上海 ST 公司持他行签发的本票一张，金额 15 000 元，随进账单要求进账，审核无误，当即予以办理。

6. 客户张×持本行签发的现金本票一份，金额 3000 元，来行要求取现，银行审核无误后予以办理。

7. 开户单位 YZ 鞋业公司由于交易未成功，持其前要求本行签发的银行本票一份，金额 35 000 元，来行要求退款，银行审核无误后，予以办理。

8. 收到代理付款行经资金汇划系统传来数据，本行开户单位 LL 服饰公司前开银行汇票一份，金额 15 000 元，已解付，实际结算金额 14 000 元。

9. 收到委托收款凭证，并附由本行承兑的商业汇票一份，金额 10 000 元，经查已于到期日向商业汇票承兑申请人收妥款项，当即予以转账。

第五章　贷款与贴现业务的核算

【学习目标】

◆ 了解商业银行贷款业务的种类

◆ 掌握商业银行贷款业务的会计核算

◆ 掌握商业银行贷款损失准备的会计处理

◆ 掌握商业银行贴现业务的会计处理

第一节　贷款业务概述

贷款是银行和其他信用机构以债权人地位，将货币资金贷给借款人，借款人按约定的利率和期限还本付息的一种信用活动。商业银行作为经营货币和货币资本的特殊企业，发放贷款是其重要的资金运用形式，也是商业银行取得收入的重要来源。贷款业务的会计核算是商业银行会计核算工作的重要内容。

一、贷款的种类

为了方便对贷款业务进行管理和会计核算，要按照一定的标准对贷款进行划分。

1. 按照贷款期限的不同，可分为短期贷款、中期贷款和长期贷款

短期贷款是银行发放的期限在 1 年以内的各种贷款；中期贷款是银行发放的期限在 1 年以上 5 年以下的各种贷款；长期贷款是银行发放的期限在 5 年以上的贷款。

2. 按照保证的方式的不同，可分为信用贷款、担保贷款、票据贴现贷款

信用贷款是指以借款人的经营和信用状况为基础而发放的贷款。这种贷款需逐笔申请，逐笔立据审核，约定还款期限，到期一次或分次归还。担保贷款按照担保的不同形式可以分为保证贷款、抵押贷款、质押贷款。票据贴现贷款是商业汇票的持票人在票据到期之前，为取得资金，向商业银行贴付一定的利息而将票据转让给商业银行，以此融通资金的行为。

3. 按照贷款的风险程度不同，可分为正常类贷款、关注类贷款、次级贷款、可疑贷款和损失贷款

这种分类法是商业银行在贷款风险管理时所进行的分类，即贷款五级分类法。其中，次级贷款、可疑贷款和损失贷款称为不良贷款。正常贷款是指借款人能够履行合同，有充分把握按时、足额偿还本息的贷款。关注贷款是指借款人目前有能力还本付息，但是存在一些可能对偿还产生不利因素的贷款。次级贷款是指借款人的还款能力出现了明显问题，依靠其正

常经营收入已无法保证足额偿还本息的贷款。可疑贷款是指贷款人无法足额偿还本息，即时执行抵押或担保也肯定造成一定损失的贷款。损失贷款是指在采取所有可能的措施和一切必要的法律程序后，本息仍无法收回或只能收回极少部分的贷款。

4. 贷款按照发放人所承担的责任不同，可分为自营贷款、委托贷款

自营贷款是贷款银行以合法方式筹集的资金，自主发放的贷款，风险由贷款银行承担，并由贷款银行收回本金和利息的贷款。委托贷款是指由委托人提供资金，由商业银行（受托人）根据委托人确定的贷款对象、用途、金额、期限、利率等代为发放、监督使用并协助收回的贷款。采用此种方式时，贷款风险由委托人承担，贷款银行只收取手续费，不承担贷款风险。

以上不同的划分方法的结果会存在重叠，从会计核算的角度而言信用贷款和担保贷款的核算存在比较大的差异，因此我们按照这两大类来讲述贷款业务的会计核算。

二、贷款业务核算的基本要求

贷款业务的会计核算必须遵循以下基本要求：

（一）准确及时地办理

商业银行的会计部门根据信贷部门与借款人签订的借款合同，办理贷款的发放手续。定期计算并收取利息，按照权责发生制的原则来核算贷款业务的利息收入，到期收回贷款并对逾期贷款按照规定收取逾期利息。

（二）加强会计监督

根据国家的法律和法规的规定以及银行监管部门的要求对贷款业务进行全过程的监督，确保贷款符合法律法规的规定，保证借款人按照合同的约定使用借款资金，确保信贷资金的安全。

（三）提供监管信息

银行监管部门为了了解金融运行的总体状况，需要商业银行提供有关贷款的信息，通过会计核算工作提供金融监管所需要的信息也是贷款会计核算的重要内容。

三、贷款业务会计科目的设置

商业银行办理贷款业务，主要设置"贷款""利息收入""应收利息""贷款损失准备""资产减值损失"等科目进行核算。

（一）"贷款"科目

该科目为资产类科目，核算商业银行按规定发放的各种客户贷款，包括质押贷款、抵押贷款、保证贷款、信用贷款等。商业银行按规定发放的具有贷款性质的银团贷款、贸易融资、协议透支、信用卡透支、转贷款以及垫款等，在该科目核算；也可以单设银团贷款、贸易融资、协议透支、信用卡透支、转贷款、垫款等科目核算。商业银行接受企业委托向其他

单位贷出的款项，应设置委托贷款科目。该科目可以按贷款类别、客户，分本金、利息调整、已减值等项目进行明细核算。

该科目期末余额在借方，反映商业银行按规定发放尚未收回贷款的摊余成本。

（二）"利息收入"科目

该科目为损益类科目，核算商业银行确认的利息收入，包括发放的各类贷款（银团贷款、贸易融资、贴现和转贴现融出资金、协议透支、信用卡透支、转贷款、垫款等）、买入返售金融资产等实现的利息收入。该科目可按业务类别进行明细核算。

资产负债表日，商业银行应按合同利率计算确定的应收未收利息，借记"应收利息"科目，按摊余成本和实际利率计算确定的利息收入，贷记"利息收入"科目，按其差额，借记或贷记贷款——利息调整等科目。实际利率与合同利率差异较小的，也可以采用合同利率计算确定"利息收入"和"应收利息"，不考虑利息调整问题。期末，应将该科目余额转入"本年利润"科目，结转后该科目无余额。

（三）"应收利息"科目

该科目为资产类科目，核算商业银行发放贷款、存放中央银行款项、交易性金融资产等应收取的利息。该科目可以按借款人或被投资单位进行明细核算。

商业银行发放的贷款，应于资产负债表日按贷款的合同本金和合同利率计算确定的应收未收利息，借记"应收利息"科目，按贷款的摊余成本和实际利率计算确定的利息收入，贷记"利息收入"科目，按其差额，借记或贷记贷款——利息调整科目。应收利息实际收到时，借记"单位活期存款"等科目，贷记"应收利息"科目。该科目期末余额在借方，反映商业银行尚未收回的利息。

（四）"贷款损失准备"科目

该科目为资产类科目，同时也是贷款科目的备抵科目，核算商业银行的贷款减值准备。该科目可按计提贷款损失准备的资产类别进行明细核算。

资产负债表日，贷款发生减值的，按应减记的金额，借记"资产减值损失"科目，贷记"贷款损失准备"科目。对于确实无法收回的各项贷款，按管理权限报经批准后予以转销，借记"贷款损失准备"科目，贷记"贷款""贴现资产""拆出资金"等科目。已计提贷款损失准备的贷款价值以后又得以恢复，应在原计提的贷款损失准备金额内，按恢复增加的金额，借记"贷款损失准备"科目，贷记"资产减值损失"科目。该科目期末余额在贷方，反映商业银行已计提但尚未转销的贷款损失准备。

（五）"资产减值损失"科目

该科目为损益类科目，核算商业银行计提各项资产减值准备所形成的损失。

该科目可按资产减值损失的项目进行明细核算。商业银行的贷款等资产发生减值的，按应减记的金额，借记"资产减值损失"科目，贷记"贷款损失准备"等科目。已计提减值准备的相关资产价值又得以恢复的，应在原已计提的差值准备金额内，按恢复增加的金额，借记"贷款损失准备"等科目，贷记"资产减值损失"科目。期末，应将该科目余额转入本年利润科目，结转后该科目无余额。

四、贷款业务的基本流程

贷款业务的基本流程包括借款人申请借款、信贷部门审核贷款申请、批准贷款并签订借款协议、计划部门核准贷款规模、会计部门发放贷款、定期计算并收取利息、信贷部门进行贷后管理并对贷款进行分类、到期通知收回、会计部门收回贷款本金和利息或者根据批准的核销通知核销无法收回的贷款。

第二节　信用贷款的核算

信用贷款是完全凭贷款申请人的信用发放的，不需要提供担保的贷款。信用贷款适用于具有良好信用等级且具有法人资格的企业单位。其会计核算主要采用逐笔核贷方式。借款人需要资金时逐笔向银行提出借款申请，经过银行批准以后逐笔签订借款合同，逐笔立据审查，逐笔发放，约定借款期限到期还款。

逐笔核贷，是借款单位根据借款合同逐笔填写借据，经银行信贷部门逐笔审核，一次发放，约定期限，一次或分次归还的一种贷款核算方式。逐笔核贷是目前我国商业银行发放贷款最常用的核算方式。发放时，贷款应一次转入借款单位的结算存款账户，转账后才能使用，不能在贷款账户中直接支付；收回时，由借款单位开具转账支票，从借款单位账户中归还或由银行从借款单位账户中直接扣收。贷款利息一般由银行按季计收，个别为利随本清。

一、贷款发放的会计处理

借款人需要借款时，首先应填写借款申请书，提出书面申请，并向银行信贷部门提供相关材料。信贷部门按审贷分离、分级审批的管理制度进行审批，经审批同意，银行（贷款人）与借款人签订借款合同，注明贷款种类、贷款用途、金融、利率、还款期限、还款方式、违约责任和双方认为需要约定的其他事项。

发放借款时由借款人填写一式五联的借款凭证（见图 5-1），第一联（借方传票）应加盖借款单位公章及预留印鉴；第二联为贷方传票；第三联为收账通知，退回给借款人；第四联为放款记录，由信贷部门留存备查；第五联为到期卡，连同申请书经信贷部门审批盖章后送会计部门。

会计部门收到借款凭证后应认真审查以下内容：凭证各栏内容填写是否准确完整；大小写金额是否一致；印章是否齐全，与预留印鉴是否一致；印鉴与借款单位的名称是否一致；是否有信贷部门和相关人员的审批意见。会计部门经审核后，为借款单位开立贷款分户账，并将存款转入借款单位存款账户。会计分录如下：

借：短期（或中长期）贷款——××单位贷款户

　　贷：单位活期存款——××单位存款户

例 5-1：甲公司于 2016 年 4 月 25 日申请一笔 200 000 元的一年期贷款，年利率 5.472%，经审核同意发放。

借：短期贷款——甲公司贷款户　　　200 000

贷：单位活期存款——甲公司户　　　　　200 000

（贷款）借款凭证（申请书贷借据）

单位编号：　　　　　　　日期：2016 年 3 月 15 日　　　　　银行编号：

借款单位	名称	ZM 集团	借款单位	名称	ZM 集团										
	放款户账户	1210021		往来户账号	2010021										
	开户银行	建行城南支行		开户银行	建行城南支行										
借款期限（最后还款日）		2017 年 3 月 15 日	借款指标		1 亿元										
借款申请金额		人民币（大写）：伍仟万元整			千	百	十	万	千	百	十	元	角	分	
					5	0	0	0	0	0	0	0	0	0	
借款原因及用途		购进设备	银行核定金额：		千	百	十	万	千	百	十	元	角	分	
					5	0	0	0	0	0	0	0	0	0	

期限	计划还款日期	√	计划还款金额	银行审批
1	2017 年 3 月 15 日		50 000 000	负责人　　信贷部门主管　　信贷员
2				
3				

兹根据你行贷款管理办法规定，申请办理上述贷款，请核定贷给 此致 　　　××银行 （借款单位预留往来户印鉴）	会计分录： 科目（借）：短期贷款 对方科目：单位活期存款 会计　　　　复核　　　记账

图 5-1　借款凭证

二、贷款到期收回的处理

收回贷款是贷款业务核算的重要环节，会计部门应经常查看贷款到期情况，在贷款到期前与信贷部门联系，提前通知借款单位准备资金，以便按期归还贷款。银行按照回收贷款的不同情况分别进行处理。

（一）到期借款人主动归还贷款

借款到期时借款人主动归还贷款时，填写一式四联还款凭证或签发转账支票送借款银行，办理还款手续。

银行会计部门收到还款凭证后与保管的贷款卡片核对，查看借款人账户中是否有足够的金额还款，审核无误后，以还款凭证一、二联作转账借贷方传票，办理转账。会计分录如下：

借：单位活期存款——××单位户

贷：短期（或中长期）贷款——××单位户

利息收入

转账后，还款凭证（见图 5-2）第三联交信贷部门，第四联退回借款人，原保管的借款凭证第五联加盖"注销"戳记后交借款人。

由于对贷款利息一般采用余额表按季计息办法，这样在贷款到期时，只办理贷款本金收回手续。借款单位如分次归还贷款，应在借据上登记本次还款金额，借据继续保管，到最后还清贷款时，再将注销的借据退换借款人。

银行（　贷款）还款凭证（申请书付出凭证）　　　1

2017 年 3 月 15 日　　　　原借款凭证银行编号：×××

借款单位	名　称	中贸集团	付款单位	名　称	同　左									
	往来户账号	2010021		放款户账号	121001									
	开户银行	建行城南支行		开户银行	建行城南支行									
计划还款日期	2017 年 3 月 15 日		还款次序			第　　次还款								
偿还金额	人民币			千	百	十	万	千	百	十	元	角	分	
	（大写）伍仟万元整			5	0	0	0	0	0	0	0	0	0	
还款内容	本金													

由借款单位存款户内转还上述借款

（盖借款单位预留存款户印章）

（银行主动扣收时免章）

会计分录：借　单位活期存款

对方科目：贷　短期贷款

会计　　　复核　　　记账

图 5-2　还款凭证

（二）到期银行主动扣收

贷款到期后，借款人未能主动归还借款而账户中又有足够余额还款时，会计部门征得信贷部门同意并出具"贷款收回通知单"，会计部门根据"贷款收回通知单"编制一式四联的"还款凭证"并扣收贷款，会计处理视同借款人主动归还贷款。

三、贷款逾期的处理

贷款到期前，如果借款人资金周转困难，不能按期归还贷款，可以填写"贷款展期申请书"向银行申请贷款展期，经信贷部门审批同意后送会计部门。会计部门抽出保管的原借款凭证第五联，批注新的到期日。到期后收回的处理同正常到期收回。展期期限按规定掌握：短期贷款的展期不得超过原贷款期限，中期贷款的展期不得超过原贷款期限的一半，长期贷款的展期不得超过三年，每笔贷款展期只限一次。

逾期贷款，是指借款人未按借款合同的约定期限返还给贷款人的款项。逾期贷款不含呆滞贷款和呆账贷款。在贷款到期日营业终了前，银行根据原借据，编制一红两蓝特种转账借方传票，按同方向办理转账，将原贷款转入逾期贷款账户。会计分录如下：

借：逾期贷款——××单位户

　贷：××贷款——××单位户

原借据批注"×年×月×日转入逾期贷款"字样另行保管，加强催收。另一联蓝字特种转账借方传票交借款人。同时，自转入逾期贷款账户之日起，按逾期贷款利率计算利息。

贷款本金逾期 90 天或者应收利息逾期超过 90 天不再计入利息收入，而应转作表外核算。对于逾期贷款，银行应组织力量查明原因，及时催收。

逾期贷款超过一定期限后转为呆滞贷款，经过批准以后及时核销，会计分录为：

借：呆滞贷款——××单位户

　贷：逾期贷款——××单位户

呆滞贷款指按财政部有关规定，逾期（含展期后到期）并超过规定年限以上仍未归还的贷款，或虽未逾期或逾期不满规定年限但生产经营已终止、项目已停建的贷款（不含呆账贷款）。

第三节　担保贷款的核算

担保贷款是贷款人为确保贷款的按时收回，以借款人以外的第三人或以财产担保而发放的贷款。在贷款到期前，如果借款人不能按期归还贷款，应由保证人履行债务偿还责任或以财产拍卖、变卖的价款偿付贷款。可见，担保贷款与信用贷款相比，风险相对较小，因而贷款收回保证性强。担保贷款按照贷款的不同形式，可以分为保证贷款、抵押贷款和质押贷款三种。

一、保证贷款

保证贷款是按照《中华人民共和国担保法》（简称《担保法》）规定的保证方式由第三人承诺在借款人无力还款时，按照约定的承诺承担一般保证责任或连带责任而发放的贷款。

（一）保证和保证人

保证是保证人和债权人的约定，当债务人不能偿还借款时，保证人按照约定履行债务或承担责任的行为。

广义上讲，保证人是对某项事务做出保证行为的人。再如，债务等项的担保方面，保证人是指具有代为清偿票据债务能力的法人、其他组织或者个人，是非票据债务人对于出票人、背书人、承兑人作出保证行为的人。国家机关不得作为保证人，但经国务院批准为使用外国政府贷款或者国际组织进行转贷的除外。学校、幼儿园、医院等以公益为目的的事业单位、社会团体不得作为保证人。企业的分支机构或部门不得作为保证人，但是分支机构经过授权可以在授权的范围内提供保证。

（二）保证合同和保证方式

保证人应与债权人签订书面保证合同。保证人可以就单个合同签订保证合同，也可以在协议的限额内就一定期间发生的借款合同签订一个保证合同。

保证的方式有一般保证和连带责任保证两种。

一般保证是指当事人在保证合同中约定，债务人不能履行债务时，由保证人承担保证责任。一般保证的保证人和债权人未约定保证时间的，保证期间为主债务履行期届满之日起六个月。

连带责任保证是指当事人在保证合同中约定保证人与债务人对债务承担连带责任，即债务人在主合同规定的债务履行期届满没有履行债务的，债权人可以要求债务人履行，也可以要求保证人在其保证范围内承担保证责任。连带责任保证的保证人与债务人未约定保证期间的，债权人有权在债务履行期届满之日起六个月内要求保证人承担保证责任。

（三）保证贷款的发放和收回

借款人申请借款时应向银行提供由保证人签署的保证书，经银行审查同意后与保证人签订保证合同，填制借款凭证，由会计部门发放贷款，会计分录如下：

借：××贷款——××单位户

　　贷：单位活期存款——××单位户

贷款到期后，借款人主动归还或由银行主动扣收款项，会计分录如下：

借：单位活期存款——××单位户

　　贷：××贷款——××单位户

　　　　利息收入

如果借款人无力还款时，按照保证合同的约定向保证人收取贷款本金和利息。

二、抵押贷款

抵押贷款指按《担保法》规定的抵押方式，以借款人或第三人的财产作为抵押物而发放的贷款。当借款人于到期日不能归还贷款本息时，银行根据贷款合同有权处置该抵押物作为补偿。抵押贷款与信用贷款的区别在于增加了抵押物作为担保。

（一）抵押物的种类

按照《担保法》的规定借款人申请抵押贷款时可以充当抵押物的必须是借款人所有的、有价值的、可保存的、易变现的财产。按照《担保法》第四条的规定，以下财产可以充当抵押物：

（1）抵押人所有的房屋及其地上附着物；

（2）抵押人所有的机器、交通运输工具和其他财产；

（3）抵押人依法有处分权的国有土地使用权、房屋和其他地上附着物；

（4）抵押人依法有处分权的国有机器、交通运输工具和其他财产；

（5）抵押人依法承包并经发包人同意抵押的荒山、荒沟、荒丘、荒滩等荒地的土地使用权；

（6）依法可以抵押的其他财产。

借款人可以以其中一种、几种或全部财产做抵押，但是土地所有权、集体所有的土地使用权、公益事业单位的社会公益设施、所有权或者使用权不明或有争议以及被查封、扣押、监管的财产不能作为抵押物。

（二）抵押贷款的申请和审批

抵押贷款由借款人向商业银行提出申请，并向银行提供以下资料：借款人的法人资格证明；抵押物清单及符合法律规定的所有权证明；需要审查的其他资料。收取抵债资产应当按照规定确定接收价格，核实产权。

商业银行收到借款申请后要对贷款人的资格、贷款目的和抵押物进行审查。审批同意后可签订抵押借款合同，按照抵押物价值的 50%～70%发放贷款。

$$贷款额度=抵押物作价金额×抵押率$$

每笔贷款的抵押率的高低要根据具体的情况确定，要考虑贷款风险、借款人的信用和抵押物的性质而定。抵押贷款应到期归还，一般不得展期。

办理抵押贷款的各种费用由借款人承担。

（三）抵押贷款的发放和收回

抵押贷款申请人向银行提交"抵押贷款申请书"，写明借款用途、金额、还款日期，抵押品名称、数量、价值、存放地点等有关事项。经信贷部门审批同意后，签订抵押贷款合同。同时，借款人应将抵押品产权证明、抵押品的估价报告等提交商业银行。由商业银行提交相关部门进行抵押登记，待办妥抵押登记，并经银行审核无误后，商业银行信贷部门应填制一式五联借款凭证，送会计部门凭以办理贷款的发放手续。会计部门收到借款凭证，审核无误后进行账务处理。会计分录如下：

借：抵押贷款——××单位户

　　贷：单位活期存款——××单位户

同时对抵押物进行表外登记。

收入：待处理抵押品——××户

贷款到期时，借款人主动向银行归还贷款时，银行根据还款凭证收回贷款本息，会计分录如下：

借：单位活期存款——××单位户

　　贷：抵押贷款——××单位户

　　　　利息收入

贷款本息收回后，注销表外科目，同时将抵押物及有关单据退回借款人。

付出：待处理抵押品——××户

（四）抵押贷款逾期

抵押贷款逾期的，银行于到期日将贷款转入逾期贷款科目，并按逾期贷款有关规定办理。如逾期 1 个月仍不能偿还贷款本息的，根据合同协议，银行有权处置抵押物，以偿还贷款本息。抵押物的处置方式有：拍卖、变卖和作价入账。

处置抵债资产应当按照公开、透明的原则，聘请资产评估机构评估作价。一般采用公开拍卖的方式进行处置。采用其他方式的，应当引入竞争机制选择抵债资产买受人。抵押物一般要变卖后才能抵偿贷款。抵债资产不得转为自用。因客观条件需要转为自用的，应当履行规定的程序后，纳入相应的资产进行管理。

作价入账的会计分录为：

借：××资产

    贷：逾期贷款——××单位户

        利息收入（或应收利息）

变卖的会计分录为：

借：有关科目

    贷：逾期贷款——××单位户

        利息收入（或应收利息）

三、质押贷款

质押贷款是指贷款人按《担保法》规定的质押方式以借款人或第三人的动产或权利为质押物发放的贷款。质押贷款的发放，必须以质物为基础。质物可以是出质人的动产，也可以是出质人的权利。

以动产做质押的必须将动产移交发放贷款的银行占有，并订立质押合同。可以做质押的财产权利包括：汇票、支票、本票、债券、存款单、仓单、提单；依法可以转让的股份、股票；依法可以转让的商标专用权、专利权、著作权中的财产权。以汇票、支票、本票、债券、存款单、仓单、提单作为质物的，应当在合同约定的期限内将权利凭证交付发放贷款的银行；以依法转让的股份、股票作为质物的，应向证券登记机构办理出质登记；依法可以转让的商标专用权、专利权、著作权中的财产权应向出质人的管理机构办理出质登记。

质押贷款的发放和收回与抵押贷款基本相同，贷款到期不能收回时银行可以以所得质物的价款来偿还贷款本息及其他相关费用。

第四节　个人消费贷款的核算

个人消费贷款是具有的职业和经济收入、信用良好、有偿还贷款本息能力、具有完全民事行为能力的自然人由于购买消费品或由于教育、旅游等个人消费需求向银行提出贷款申请，经审核后发放的个人贷款。消费贷款须以借款人或第三人具有所有权或依法有权处分的财产、权利作为抵押物或质物，或由第三人提供保证并承担连带责任。

一、一般规定

住房按揭贷款是商业银行向自然人发放的用于购买自用普通住房的贷款。

（1）申请住房按揭贷款的个人必须有稳定的收入来源并在贷款银行开立活期储蓄存款账户，用于归还贷款本息。

（2）按揭贷款发放后，一次划转到售房单位的银行存款账户中，该售房单位必须在合同中明确指定开户行。

（3）各行按照购房价款的一定比例，规定发放贷款的最高额（一般规定为房款的 70%～80%）。

（4）贷款期限由银行根据借款人的还款能力，与借款人商定，一般最长为 20 年并不得超过借款人的法定退休年龄。

（5）住房按揭贷款的归还采取分期付款的方式，一般按月归还当期应归还的本息。分期归还有"等额本息偿还法"和"等额本金偿还法"两种方法。

等额本息是把借款人的借款总额与利息总额相加，然后平均分摊到还款期限的每个月中。每个月的还款额是固定的，因为每月借款利息是按月初剩余借款本金计算的，所以每月还款额中的本金比重逐月递增、利息比重逐月递减，是目前比较常见的还款方式。每月归还贷款本金和利息的计算公式为：

每月还款额
=[贷款本金×月利率×（1+月利率）还款总期数]÷[（1+月利率）还款总期数−1]

采用等额本金偿还法，在还款期内把贷款数总额等分，每月偿还同等数额的本金和剩余贷款在该月所产生的利息。这样由于每月的还款本金额固定，而利息越来越少，借款人起初还款压力较大，但是随时间的推移每月还款数也越来越少。每期归还贷款本金和利息的计算公式为：

每月还款金额=（贷款本金/还款月数）+（本金−已归还本金累计额）×每月利率

例 5-2：20 万元的贷款，期限 20 年，假设年利率为 6.12%。分别按照等额本息还款法和等额本金还款法计算第 1 个月至第 5 个月的还款额如表 5-1 所示。

表 5-1　还款额

还款月次	等额本息还款			等额本金还款		
	本息合计	其中：本金	其中：利息	本息合计	其中：本金	其中：利息
第 1 月	1446.74	426.74	1020.00	1853.33	833.33	1020.00
第 2 月	1446.74	428.92	1017.82	1849.33	833.33	1015.75
第 3 月	1446.74	431.11	1015.64	1845.08	833.33	1011.75
第 4 月	1446.74	433.30	1013.44	1840.58	833.33	1007.25
第 5 月	1446.74	435.51	1011.23	1836.33	833.33	1003.00

（6）借款人可以提前部分或全部归还本息，但不得间断归还。

二、贷款发放的核算

借款人需用按揭贷款，应当向银行提出借款填制申请，经信贷部门审查后签订借款合同和"还款计划明细表"。借款人按规定开立活期储蓄存款账户。

贷款发放时，借款人填制借款凭证，信贷部门签署审批意见并出具"借款人向售房单位划款通知书"交会计部门。会计部门将贷款金额一次性划转到售房单位存款账户。会计分录如下：

借：个人住房贷款——××借款人户

　　贷：活期储蓄存款——××借款人存款户

借：活期储蓄存款——××借款人存款户

　　贷：单位活期存款——××售房单位活期存款户

借款凭证的处理与单位贷款相同。

三、按期归还贷款的核算

借款人应当在合同规定的贷款归还日以前或当日，将当期应归还的贷款本息足额存入活期储蓄存款账户。

还款日，银行会计人员找出借据和"还款计划明细表"与信贷部门核对无误后，填写"还款凭证"和一式三联利息清单。利息清单第一联作活期储蓄存款借方传票，第二联代利息收入科目贷方传票，第三联交借款人。会计分录如下：

借：活期储蓄存款——××借款人存款户

　　贷：个人住房贷款——××借款人户

　　　　利息收入——个人贷款利息收入户

四、逾期还款的核算

若在合同中规定还款日，借款人活期储蓄存款账户没有资金归还本期应归还的本金和利息，应当转入逾期贷款科目，还款计划明细表备注栏注明"逾期"字样。逾期贷款利息按规定的逾期贷款利率计收并计收复息。

五、提前还款的核算

借款人可以全额或部分提前还款。一次性全部提前还款的，应当计算并收取从贷款发放至还款日的利息。部分提前还款的，对于剩余部分的贷款应当根据还款期数，重新计算每期还款额。

第五节　贷款利息的核算

银行发放的各种贷款，除国家有特殊规定外，均应按规定计收利息，贷款利息是商业银行重要的收入来源。准确地核算贷款利息是商业银行会计核算的重要内容。贷款利息的计算有定期结息和利随本清两种方式。在实际工作中，大多采用定期结息。

一、定期结息

定期结息是指按规定的结息期（一般为每季末月 20 日）结计利息，采用计息余额表或者在贷款分户账上按实际天数，计算累计计息积数，再乘以日利率得到当期的利息，其计算公式和方法计息同活期存款。利息计算公式为：

$$利息=累计计息积数×日利率$$

计算利息后，按借款人分别编制一式三联的"贷款利息清单"办理转账，其中第一联为借方传票，第二联为支款通知，第三联为贷方传票。会计分录为：

借：单位活期存款——借款单位存款户

贷：利息收入——短期（中长期）贷款利息收入户

如果借款人账户无款支付或存款资金不足，不足支付的部分作为应收利息，其会计分录为：

借：应收利息——借款单位户

贷：利息收入——短期（中长期）贷款利息收入户

已计提的贷款应收利息，在贷款到期 90 天仍未收回的，以及自结息日起贷款利息逾期90 天（不含 90 天）以上没有收回的，不论其本金是否逾期，都应冲减原已计入损益的利息，转入表外核算。其会计分录为：

借：利息收入——短期（中长期）贷款利息收入户

贷：应收利息——借款单位户

收：应收利息——××单位户

对于表外核算的"应收利息——××单位户"应按期计复息，但不计入损益，而在表外核算，实际收到时再计入损益。

例 5-3：某行于 5 月 2 日发放一笔短期贷款，金额为 20 万元，假定月利率为 4‰，期限4 个月，则：

（1）6 月 20 日银行按季结息时，该笔贷款应计利息为：

200 000 元×50×4‰÷30=1333.33（元）

（2）6 月 21 日至 9 月 2 日还款时，该笔贷款应计利息为：

200 000×73×4‰÷30=1946.67（元）

（3）若 6 月 20 日银行未能收到 1333.33 元利息，则到期日还款时，该笔贷款应计利息为：

1333.33+（200 000+1333.33）×73×4‰÷30=3292.97（元）

例 5-4：某笔短期贷款金额 500 000 元，6 月 1 日贷出，9 月 1 日归还，月利率 3‰。

（1）6 月 20 日结息时，应计利息为：

500 000×20×（3‰÷30）=1000（元）

（2）6 月 21 日至 9 月 1 日之间的应计利息为：

500 000×72×（3‰÷30）=3600（元）

二、利随本清

利随本清是按规定在收回贷款的同时逐笔计收利息。贷款的起讫时间，算头不算尾，贷款期限一般按实际天数计算。贷款满年的按年利率计算，满月的按月利率计算，有整年（月）又有零头天数的可全部化成天数计算，整年按 360 天计算，整月按 30 天计算，零头按实际天数计算，算至还款前一天为止。计算公式为：

（1）全是整年整月的：

$$利息=本金×时期（年或月）×年或月利率$$

（2）全部化成天数的：

$$利息=本金×时期（天数）×日利率$$

银行计算出利息后，应编制利息清单，再根据转账支票或还款凭证进行转账。其会计分录为：

借：单位活期存款——借款单位户

　　贷：短期（中长期）贷款——借款单位户

　　　　利息收入——短期（中长期）贷款利息收入户

对逾期贷款，在利息计算上，首先按照合同利率计算到期利息，然后按逾期天数和规定的逾期利率计算逾期贷款利息。逾期贷款利息可以采用在合同利率的基础上加收一定比例的方法确定。例如，合同利率6.3%，合同订明逾期贷款加收30%，则逾期贷款利率为8.19%。

例 5-5：某公司于 2015 年 8 月 3 日向银行申请借款 50 万元，批准发放日为 8 月 10 日，期限 1 年，利率为月息 4‰，双方约定采用利随本清的方法计算利息，公司于 2016 年 8 月 10 日签发转账支票归还贷款，利息为：

$$500\ 000×4‰/30×360=24\ 000（元）$$

例 5-6：某银行于 5 月 3 日发放短期贷款一笔，金额为 50 万元，到期日为当年 11 月 3 日，月利率为 5.1‰，该笔贷款于当年 11 月 18 日归还，采用利随本清的计息方法，假设逾期贷款利率在合同利率的基础上加收 20%。

$$到期利息=500\ 000×6×5.1‰=15\ 300（元）$$

$$逾期利息=500\ 000×15×[5.1‰×（1+20\%）÷30]=1530（元）$$

$$贷款利息=15\ 300+1530=16\ 830（元）$$

第六节　贷款损失准备的核算

由于贷款具有一定的风险，为了提高商业银行抵御和防范风险的能力，正确核算其经营损益。《金融企业会计制度》规定，要求商业银行在期末分析各项贷款的可收回性，并预计可能产生的贷款损失，如有客观证据表明该贷款发生减值的，应计提贷款损失准备，这是稳健性原则在银行业的具体表现。

一、提取范围

《金融企业会计制度》规定贷款损失准备的计提范围为商业银行承担风险和损失的资产，具体包括贷款（含抵押、质押、保证等贷款）、银行卡透支、贴现、银行承兑汇票垫款、信用证垫款、担保垫款、进出口押汇、拆出资金等。由银行转贷并承担对外还款责任的国外贷款，如国际金融组织贷款、外国买方信贷、外国政府贷款等，也要计提损失准备。对银行不承担风险和还款责任的委托贷款不计提损失准备。

二、贷款损失准备金的种类及提取方法

银行应当按照谨慎性会计原则，合理估计贷款可能发生的损失，及时计提贷款损失准备。贷款损失准备应根据借款人的还款能力、贷款本息的偿还情况、抵押品的市价、担保人的支持力度和商业银行内部信贷管理情况，分析贷款的风险和回收的可能性，合理提取。

贷款损失准备包括一般准备、专项准备和特种准备。

一般准备是根据全部贷款余额的一定比例从净利润中计提的、用于弥补尚未识别的可能性损失的准备，该项准备作为利润分配处理，并作为所有者权益的组成部分。一般准备是根据全部贷款余额的一定比例按季计提，年末一般贷款准备余额不应低于年末贷款余额的1%。

专项准备是指根据《贷款风险分类指导原则》，对贷款进行风险分类后，按每笔贷款损失的程度计提的，用于弥补专项损失的准备。不同风险类别的贷款计提比例不同。关注贷款的计提比例为 2%；次级贷款的计提比例为 25%；可疑贷款的计提比例为 50%；损失贷款的计提比例为100%。其中，次级贷款和可疑贷款的损失准备，计提比例可以上下浮动20%。

特种准备是指针对某一国家、地区、行业或某一类贷款风险计提的准备，计提比例根据特殊风险情况、风险损失概率和历史经验等确定，并按季提取。

大多数国家要求商业银行同时计提普通呆账准备金和专项呆账准备金。贷款损失准备由银行总行统一计提，并根据贷款风险程度足额提取，损失准备提取不足的，不得进行税后利润分配。我国《金融企业会计制度》要求提取三种准备金。目前大部分上市银行只提取一般准备金和专项准备金。

三、贷款损失准备金的会计核算

（一）贷款损失准备金的提取

1. 一般准备金的提取

商业银行根据应提取贷款损失准备的贷款期末余额和规定的比例，计算一般准备金的期末应有余额，与现有的一般准备金的余额进行比较（或者按照现金流量贴现法提取贷款损失准备）。如果现有余额不足时，应按照差额补提一般准备金，会计分录为：

借：利润分配——提取一般风险准备金

　　贷：一般风险准备——一般准备金

如果原有余额高于本期期末应有余额，则应按照差额冲减，会计分录与补提时相反。

2. 专项准备金的提取

商业银行在会计期期末，按照贷款五级分类的结果和本行制定的提取比例，计算本期专项准备金的应有余额，与期末已有余额比较，如果现有余额不足时，应按照差额补提专项准备金，会计分录为：

借：资产减值损失——计提贷款损失准备

　　贷：贷款损失准备——专项准备金

如果原有余额高于本期期末应有余额，则应按照差额冲减，会计分录与补提时相反。特种准备金的提取方法和会计处理与一般准备金的提取方法和会计处理相同。

（二）呆账贷款的核销

1. 呆账贷款的认定条件

为了恢复贷款的流动性、效益性，提高经济效益，应对确认无法收回的贷款及时核销，但贷款核销并不意味着银行主动放弃债权。对于符合规定的核销范围、条件、办法和审批权限的贷款损失，在按法定程序审批后，应进行核销。根据《贷款通则》的规定，呆账贷款是指：

（1）借款人和担保人依法宣告破产，经法定清偿后，仍未能还清的贷款；

（2）借款人死亡或者依照《中华人民共和国民法通则》的规定，宣告失踪或宣告死亡，以其财产或者遗产清偿后，未能还清的贷款；

（3）借款人遭到重大自然灾害或意外事故，损失巨大且不能获得保险补偿，确定无力偿还的部分或全部贷款，或者以保险清偿后，未能还清的贷款；

（4）贷款人依法处置贷款抵押物、质物所得价款不足以补偿抵押、质押贷款的部分；

（5）经国务院专案批准核销的贷款。

符合规定条件的呆滞贷款应转入呆账贷款，会计分录为：

借：呆账贷款——××单位

　　贷：呆滞贷款——××单位

2. 呆账贷款的核销

商业银行根据本行制定的呆账贷款核销规定，经过相应的授权或批准以后，可以进行核销。由于《金融企业会计制度》规定不再针对应收利息提取坏账准备，核销时应包括该笔贷款的本金和应收利息，同时报财政部门备案。会计分录为：

借：贷款损失准备——专项准备金

　　贷：呆账贷款——××单位

对于已经核销的呆账贷款，商业银行应贯彻"账销实存"的原则，保留对贷款的追索权。

（三）已核销贷款的收回

对于已经核销的贷款，如果以后又收回的话，商业银行仍然应通过"贷款损失准备——专项准备金"科目进行核算，会计分录为：

借：呆账贷款——××单位

　　贷：贷款损失准备——专项准备金

然后再转销呆账贷款，根据收回的形式借记相关科目，会计分录为：

借：相关科目

　　贷：呆账贷款——××单位

第七节　票据贴现的核算

票据贴现是商业汇票的持票人在汇票到期日前，为了取得资金而将票据转让给银行，银行按票面余额扣除从贴现日到票据到期日的利息后，以其差额支付给收款人的一种信用活动。它是一种票据转让行为，是商业银行发放贷款的一种方式，也是商业信用与银行信用相结合的融资手段。通过办理贴现，持票人可提前收回垫支于商业信用的资金，用于生产或流通过程之中。贴现银行买入未到期票据的债权，使商业信用转化为银行信用，从而有利于加强对商业信用的疏导和管理，充分发挥商业信用的积极作用。

商业汇票的贴现必须具备以下条件：在银行开立存款账户的企业法人及其他组织，与出票人或其直接前手有真实的商品贸易关系，提供与其直接前手交易的增值税专用发票和发运单据的复印件。

一、商业汇票贴现的处理

商业汇票的持票人办理贴现时应根据汇票的金额填制一式五联的贴现凭证（见表 5-3）。填妥凭证后，贴现申请人应在第一联上加盖预留印鉴连同商业汇票提交银行信贷部门（如果是银行承兑汇票办理贴现，应将解讫通知一并送交银行）。贴现汇票作转让背书，同时提供贴现申请人与其直接前手之间的增值税发票和商品发运单据复印件。信贷部门审核同意后在汇票第一联"银行审批栏"上签注"同意"字样，加盖名章后交会计部门。

会计部门收到汇票和贴现凭证后要审查汇票是否真实、内容填写是否完整外，还应审查贴现凭证与汇票是否相符。审核无误后计算贴现利息和实付贴现金额。两者关系如下：

贴现利息＝汇票金额×贴现天数×（月贴现率/30）

实付贴现金额＝汇票金额－贴现利息

贴现天数是从贴现日到票据到期日前一日为止，如承兑人在异地，贴现期应另加 3 天的划款期。

计算完毕后将结果填入贴现凭证中的贴现利息和实付贴现金额栏内，以贴现凭证的第一联作为贴现科目的转账借方传票，第二、三联作为转账贷方传票办理转账，会计分录为：

借：贴现资产——商业承兑汇票或银行承兑汇票

　　贷：单位活期存款——××单位户

利息收入——贴现利息收入

转账后，第四联加盖银行业务公章后连同有关单证退还贴现申请人，第五联及汇票按照到期日顺序专夹保管。

表 5-2 贴现凭证（代申请书）   1

申请日期：××年 7 月 3 日　　　　　　第　　　号

贴现汇票	种类	商业承兑	号码	×××××	持票人	名称	某企业									
	发票日	××年 6 月 7 日				账号	2010018									
	到期日	××年 11 月 7 日				开户行	沙河口支行									
汇票承兑人		名称：HMT公司		账号：2010014		开户银行：山西省太原市××支行										

汇票金额	人民币 （大写）：叁拾万元整		千	百	十	万	千	百	十	元	角	分
					¥ 3	0	0	0	0	0	0	0

贴现率	4.2‰	贴现利息	千	百	十	万	千	百	十	元	角	分	实付贴现金额	千	百	十	万	千	百	十	元	角	分
						¥ 5	3	3	4	0	0					¥ 2	9	4	6	6	6	0	0

附送承兑汇票申请贴现， 请审核 持票人签章	银行审批		科目：（借）贴现资产 对方科目：（贷）单位活期存款
	负责人　信贷员	复核	记账

例 5-7：2017 年 5 月 18 日，乙企业持 4 月 25 日签发的商业承兑汇票 300 000 元向银行申请贴现，汇票到期日为 2017 年 5 月 25 日。经审核同意，当天办理贴现手续。月贴现率为 4.2‰。

贴现利息=300 000×7×（4.2‰÷30）=294（元）

借：贴现资产——商业承兑汇票　　300 000

　　贷：单位活期存款——乙企业　　　　299 706

　　　　利息收入——贴现利息收入　　　294

二、汇票到期收回的处理

贴现的汇票到期后，贴现银行作为汇票新的持票人应及时收回票款，防止资金被占用。银行应根据不同的情况分别处理。

（一）商业承兑汇票贴现到期收回

商业汇票到期，贴现银行作为收款人，在汇票背面背书栏加盖结算专用章并由授权的经办人员签名或盖章，注明"委托收款"字样，提前填制委托收款凭证，在"委托收款凭证名称"栏注明"商业承兑汇票"及其汇票号码，连同汇票向付款人收取款项。对于同城的商业汇票在到期日办理收款；对于异地的商业汇票应匡算邮程，提前填制委托收款凭证连同汇票寄交承兑人开户银行向承兑人收取票款。

承兑人开户银行收到委托收款凭证和汇票后，于到期日将票款从承兑人账户划转贴现银行，会计分录为：

借：单位活期存款——承兑人户

贷：联行往账

如果承兑人存款账户资金不足，则将凭证与汇票退回贴现银行，并按照规定向承兑人收取罚金；付款人拒绝付款的，将拒付理由书、托收凭证以及汇票退回贴现银行。

贴现银行收到划回的款项后，以第二联托收凭证代转账贷方传票，以第五联贴现凭证作为附件办理转账，转销贴现资产科目，会计分录为：

借：联行来账

贷：贴现资产——商业承兑汇票户

如果承兑人的账户资金不足或者拒绝付款的，收到退回的有关凭证后，商业银行对已贴现的汇票款项向贴现申请人收取款项。若贴现申请人账户余额足以支付票款，直接从其账户中扣收，然后填制两联特种转账借方传票，在"转账原因"栏注明"未收回××号汇票款，贴现款已从贴现申请人账户收取"，一联代借方传票，第五联贴现凭证代贷方传票，办理转账。会计分录为：

借：单位活期存款——贴现申请人户

贷：贴现资产——商业承兑汇票户

如果贴现申请人账户无足够资金，则将不足部分转为逾期贷款处理。

借：单位活期存款——贴现申请人户

逾期贷款——贴现申请人逾期贷款户

贷：贴现资产——商业承兑汇票户

例 5-8：本行为开户单位 ZK 食品公司贴现的一张商业承兑汇票到期，金额 60 000 元，经托收，发现该汇票付款人账面资金不足，而 ZK 食品公司账户余额仅为 40 000 元，即按规定处理。要求做出相关会计分录。

借：单位活期存款——ZK 食品公司　　40 000

逾期贷款——ZK 食品公司　　20 000

贷：贴现资产——商业承兑汇票　　　　　60 000

（二）银行承兑汇票贴现到期收回

由于银行承兑汇票的承兑银行于汇票到期日从出票人的账户中扣收汇票款专户储存，即使出票人账户资金不足也由承兑银行承担付款责任，所以银行承兑汇票一般不会发生退票。贴现银行的具体会计处理手续参照商业承兑汇票，分同城和异地进行处理。

承兑银行收到委托收款凭证和汇票后，经审查无误，从汇票专户将款项转出，划转贴现银行，会计分录为：

借：应解汇款

贷：联行往账

贴现银行收到划回的款项后，按照委托收款的手续办理，会计分录为：

借：联行来账

贷：贴现资产——银行承兑汇票

◆ 课后练习题

一、思考题

1. 什么是信用贷款？信用贷款的申请和发放有何特殊要求？

2. 什么是保证贷款？保证贷款有哪些种类？

3. 贷款损失准备可以分为哪几种？如何提取？

二、业务题

1. 甲公司与 2017 年 5 月 23 日申请一笔 200 000 元的半年期贷款，年利率为 5.472%，经审查同意发放。要求做出贷款发放的会计分录。

2. 商业银行 2011 年 1 月 1 日应提取贷款损失准备的贷款余额为 200 亿元，贷款损失准备余额为 2 亿元。2011 年 1—6 月，该行核销呆账 5000 万元。6 月 30 日，该行应提取贷款损失准备的贷款余额为 220 亿元。6—12 月收回已核销呆账 1000 万元，2011 年 12 月 31 日，应提取贷款损失准备的贷款余额为 240 亿元。试计算该行在 6 月底和 12 月底应该计提的贷款损失准备，并编制会计分录。

3. 开户单位 YX 电子 2017 年 5 月 12 日持一张面值为 30 000 元的银行承兑汇票来行申请办理贴现。该汇票的出票日为 2017 年 3 月 8 日，承兑日 3 月 8 日，期限 6 个月，银行审核无误，当即按月贴现率 4.2‰办理贴现。要求计算贴现利息并做出贴现时的会计分录。

4. 收到重庆通过资金汇划系统划来的由本行数月前贴现的商业汇票款 15 000 元。要求做出本行收到贴现款的会计分录。

第六章　联行往来及资金汇划清算的核算

【学习目标】
◆ 了解联行往来及资金汇划清算的意义、管理体制
◆ 了解全国联行往来的基本做法和日常账务处理
◆ 掌握资金汇划清算的基本做法和账务处理

第一节　联行往来及资金汇划清算概述

一、联行往来及资金汇划清算的意义

联行往来是指同一银行系统内所属各行处间因发生国内外支付结算业务，或内部资金调拨而引起的资金账务往来。它是办理结算业务和资金划拨的重要工具。

银行是国民经济各部门资金活动的枢纽，承担着为社会各部门、各单位商品交易、劳务供应进行货币结算以及财政预算款项的上缴与下拨进行划拨清算的责任。办理这些业务的时候，如果收、付款人在同一银行开户，那么资金的划拨转账在一个行处内在就可以完成；如果收、付款人不在同一银行开户，结算资金就需要在同一地区或不同地区的两个行处之间进行；若这些行处属于同一系统，这就需要通过银行的联行账务来完成。因此，联行往来是银行会计核算的重要组成部分。做好联行往来工作对于便利结算和资金划拨，加速国民经济资金周转，提高资金使用效率，维护结算纪律，保证汇路畅通，保护资金安全和收付双方的经济利益，促进社会主义市场经济的发展都具有十分重要的意义。

联行往来按照信息传递媒体的不同，分为手工联行和电子联行。手工联行核算体制按照"统一领导，分级管理"的原则，划分为全国联行往来、分行辖内往来和支行辖内往来，分别由总行、分行和支行管理和监督，各商业银行要根据自身业务的特点和需要，建立适应本系统的联行核算体系和资金清算办法。随着电子计算、网络和卫星通信技术的迅速发展，中国人民银行和各商业银行相继开办了联行电子汇划与清算业务。联行电子资金汇划清算是对传统手工联行往来做法的重大改革，是异地划拨资金的发展方向。

为了适应经济金融体制改革，加速社会资金周转，商业银行自 1999 年起正式以资金汇划清算系统取代了原来的手工联行往来制度。目前，各商业银行都分别有各自的电子资金汇划系统和制度，这对提高资金汇划速度，加强资金管理，提高集约化经营水平和资金使用效益，确保汇划信息准确、快捷、安全，进一步提高服务水平，发挥银行的职能作用，都有着

十分重要的意义。

本章将对手工联行往来及新的资金汇划清算的基本做法分别进行介绍。

二、联行往来及资金汇划清算的管理体制

（一）联行往来的管理体制

银行分支机构遍布全国，涉及资金汇划量大，仅凭现代通信手段难以做到合理全面的管理。为了保证资金汇划的效率，联行往来采取"统一领导、分级管理、集中监督、分别核算"的办法，在同一系统银行内划分总行、分行、支行三级管理的联行往来体制，分别采取全国联行往来、分行辖内往来、支行辖内往来三种核算方式。

1. 全国联行往来

全国联行往来适用于总行与所属各级分支之间以及不同省、自治区、直辖市各机构之间的资金账务往来。凡参加全国联行往来的行处，经总行核准，由总行发给全国联行行号和联行专用章，按总行规定的全国联行往来制度办理联行账务，并由总行负责监督结清。

2. 分行辖内往来

分行辖内往来适用于省、自治区、直辖市分行与所辖各分支机构之间以及同一省、自治区、直辖市辖内各银行机构之间的资金账务往来。凡参加分行辖内往来的行处，经管辖分行核准，发给分行辖内往来行号和专用章，按分行辖内往来制度办理联行账务，并由管辖分行负责监督和结清。

3. 支行辖内往来

支行辖内往来适用于县（市）支行与所属各机构之间以及同一县（市）支行内各机构之间的资金账务往来。凡参加支行辖内往来的行处，由管辖支行核准，发给支行辖内往来行号和专用章，按支行辖内往来制度办理联行账务，并由管辖支行负责监督和结清。

（二）资金汇划清算的管理体制

资金汇划清算系统是利用先进的计算机网络系统，将发、收报行之间的横向资金往来转换成纵向的资金汇划，资金汇划快捷，清算及时，防止相互存欠。目前，我国各商业银行大都在该系统上自成体系，但是为了加速资金周转，便于联行往来账务的监督和结算，联行业务均以"统一管理，分级负责"为原则。本章以中国工商银行资金汇划清算系统为例来讲述。中国工商银行的资金汇划清算系统，一般都由汇划业务经办行（以下简称为经办行）、清算行、省区分行和总行清算中心通过计算机网络组成。

经办行是具体办理结算资金和内部资金汇划业务的行处。汇划业务的发生行是发报经办行，汇划业务的接收行是收报经办行。

清算行是在总行清算中心开立备付金存款账户，办理其辖属行处汇划款项清算的分行，包括直辖市分行、总行直属分行及二级分行（含省分行营业部）。

省区分行在总行开立备付金户，只办理系统内资金调拨和内部资金利息汇划。

总行清算中心是办理系统内各经办行之间的资金汇划、各清算行之间的资金清算及资金拆借、账户对账等账务的核算和管理的部门。

第二节　全国联行往来的核算

全国联行往来是指商业银行系统内核准发有全国联行行号的各级行之间通过邮电部门邮寄联行报单或拍发电报方式办理资金划拨的账务往来。

一、基本做法

1. 直接发报、分账核算

联行往来是在两个银行之间进行的，当联行往来业务发生时，直接由发生资金划拨的行处（发报行）填发联行往来借（贷）记报单，寄接受联行报单的行处（收报行），同时发报行和收报行及时通知总行对账中心。这样，通过联行报单把发报行、收报行和监督行三方贯穿起来，形成一个有机的整体，使他们都能根据同一内容的报单进行核算和监督。

在具体处理联行账务时，又统一将其划分为往账和来账两个系统。发报行处理联行往账，记载发出报单的内容，收报行处理联行来账，记载收到报单的内容。按往账、来账划分联行账务，对于每笔资金划拨，双方银行都要依据相同的金额、相反的方向分别在往账、来账中进行记载，因而就构成了联行账务的对应关系。但具体对某一行处来说，由于每天的联行业务是川流不息的，因此它既是发报行，又是收报行，既要处理往账业务，又要处理来账业务，这就要求往账和来账必须严格划分清楚，并分别进行核算。

2. 往来双向报告，分行录磁传输

联行往来账务的分散进行，决定了必须设立一个联行往来的监督部门，以监督发报行的往账与收报行的来账。因此，各发报行和收报行应于营业终了，根据当天的全国联行往账和来账业务分别填制联行往账报告表和联行来账报告表，并附报告卡报告自己的管辖分行（有的行处由联行业务经办行直接把报告表寄总行）。管辖分行收到所辖行处的报告表及报告卡后，应及时通过计算机录磁并传送总行对账中心。总行根据管辖分行发送的联行往来数据，集中起来进行逐笔对账。

3. 查清未达，年度上划结平

总行对账中心收到各管辖分行传输的全国联行往账、来账数据信息，按月设户，将往账与来账报告卡进行逐笔配对核销，并通知各管辖分行查清该月度联行未达。联行往来账务以年度为界，分年度查清未达和结平往来账务。新年度开始，应对联行账务划分上年户和本年户，分别处理上年未清账务和本年新发生的账务，不得混淆。当上年全国联行账务全部查清后，各行则将上年度联行账务余额逐级上划，由总行汇总结平上年度联行账务。

二、会计科目、联行报单和报告表

（一）会计科目

联行往来会计科目，是核算联行间往来款项，明确反映全国联行往来账务的工具。全国联行往来一般设置下列科目：

1. 联行往账

本科目由发报行使用。发有全国联行行号的行处，办理异地款项划拨业务，向省、自治区、直辖市以外全国联行单位填发报单时，其联行款项的收付用本科目核算。填发借方报单，记入本科目借方；填发贷方报单，记入本科目贷方。本科目属资产负债共同类性质科目，余额应借贷双方轧差反映。

2. 联行来账

本科目由收报行使用。发有全国联行行号的行处，接到异省、自治区、直辖市全国联行单位寄来的报单，其联行款项的收付，用本科目核算。收到借方报单，记入本科目贷方；收到贷方报单，记入本科目借方。本科目属资产负债共同类性质科目，余额应借贷双方轧差反映。

3. 上年联行往账

本科目为上年全国联行未达清查前使用的科目。新年度开始，将上年度"联行往账"科目余额，不通过会计分录，转入本科目。本科目在新年度开始后，除办理冲账外，不得再有发生额。待联行未达查清，上级行通知办理余额上划时，结清本科目余额。本科目属资产负债共同类性质科目，余额应借贷双方轧差反映。

4. 上年联行来账

本科目为上年全国联行未达查清前使用的科目。新年度开始，将上年度"联行来账"科目余额，不通过会计分录，转入本科目。收报行在新年度接到发报行寄来上年度填发的报单时，应通过本科目办理转账。待联行未达查清，上级行通知办理余额上划时，结清本科目余额。本科目属资产负债共同类性质科目，余额应借贷双方轧差反映。

（二）联行报单

联行报单是联行往来的专用凭证，是联行间办理资金划拨和账务核算的重要依据。联行报单按照业务性质和传递方式的不同，分为邮划借方报单、邮划贷方报单、电划借方报单、电划贷方报单、电划借方补充报单和电划贷方补充报单六种。其中，除电划借方、贷方补充报单是由收报行根据发报行的电报译制外，其余均由发报行填制。联行报单均一式四联，各联均规定了用途。

（三）报告表

报告表有全国联行往账报告表和全国联行来账报告表两种。全国联行往账报告表由发报行编制，全国联行来账报告表由收报行编制。两种报告表均一式两份，一份上报管辖分行，一份留存。

三、日常账务处理

（一）发报行的处理

发报行是联行往来账务的发生行，其日常账务处理是保证联行账务正确进行的基础，对整个联行工作质量起着重要作用。其具体包括：报单的编制、报单的审查与寄发、联行往账报告表的编制、联行往账的日终处理。

1. 报单的编制

联行往来业务发生时，发报行应当根据代收或代付业务的有关凭证（如各种结算凭证）编制报单。根据联行往来方法填制一式三联邮划报单或者一式两联电划报单（见表 6-1）。发报行编制报单必须一式四联一次套写，保证报单日期、发（收）报行的行名、行号、金额以及收（付）款单位账号或名称等内容准确，做到字迹清楚、工整、易于识别。对于填写错误的报单，不得更改，也不得撕毁，而应盖"作废"戳记与当天联行往账报告表留存联一并装订保管，并重新编制报单。

表 6-1 ××银行电划借方报单 （往账报告片）3※

<table>
<tr><td rowspan="2">发报行</td><td>行号</td><td>×××</td><td colspan="2">2017 年 5 月 10 日编制</td><td rowspan="2">收报行</td><td>行号</td><td>×××</td><td colspan="2">转账日期</td></tr>
<tr><td>行名</td><td colspan="3">中国××银行××支行</td><td>行名</td><td colspan="3">中国××银行××支行</td></tr>
<tr><td colspan="5">付款 账号或地址 <u>2010055</u></td><td>亿</td><td>千</td><td>百</td><td>十</td><td>万</td><td>千</td><td>百</td><td>十</td><td>元</td><td>角</td><td>分</td></tr>
</table>

付款　账号或地址　2010055
单位　名　称　甲单位
收款单位名称　乙单位
事　　由

亿	千	百	十	万	千	百	十	元	角	分
				¥ 3	6	0	0	0	0	0

备注： 借报	管辖分行	输入 复核
		传送日期　年　月　日

联行报单应按照每笔业务进行编制，但对于发往同一收报行的多笔邮划凭证，可合并编制，以减少报单份数。报单的性质是根据联行往账科目的记账方向来确定的。即：联行往账记借方，应编制借方报单；联行往账记贷方，则应编制贷方报单。如办理信汇、电汇、托收、商业承兑汇票、银行承兑汇票等代收业务，填制贷方报单，会计分录如下：

借：单位活期存款——付款人户

　贷：联行往账

如办理银行汇票款项划拨，填制借方报单，会计分录如下：

借：联行往账

　贷：单位活期存款——收款人户

第一联联行报单加盖联行专用章与有关业务凭证直接寄收报行。电划报单缺少第一联，

143

应该向收报行拍发电报。

例 6-1：工商银行榆林市城南支行 5 月 4 日收到开户单位 YL 面粉厂提交的两联进账单及四川省成都市工商银行火车北站支行 4 月 2 日签发的银行汇票及解讫通知，汇票金额 60 000 元，实际结算金额 56 000 元，经审核无误，办理转账。

借：联行往账　　　　　　　　56 000

　　贷：单位活期存款——YL 面粉厂　56 000

根据这笔业务，联行往账在借方，工商银行城南支行应编制邮划借方报单一份。

例 6-2：工商银行榆林市城南支行 5 月 17 日划出信汇款两笔：开户单位 XX 百货汇往工商银行上海黄浦支行开户的 ZS 集团货款 30 000 元，开户单位 DY 百货公司汇往工商银行上海黄浦支行开户的 MM 纸业货款 20 000 元。其会计分录为：

借：单位活期存款——XX 百货厦　30 000

　　单位活期存款——DY 百货公司　20 000

　　贷：联行往账　　　　　　　　　50 000

这笔业务，联行往账在贷方，工商银行榆林市城南支行应编制邮划贷方报单，因收报行为同一银行，可合并编制报单。

若上述例 6-2 为电汇款两笔，则工商银行榆林市城南支行应编制电划贷方报单两份。

2. 报单的审查与寄发

为了防止差错的发生，联行报单在发报之前必须进行复核。复核的内容是：日期填制是否正确；发、收报行的行号与行名是否正确；收（付）款单位的账号或名称以及金额与附件是否一致；合并填制的报单各笔金额相加是否与合计金额一致；应编密押的，密押是否齐全正确；第一联报单是否已加盖联行专用章等。

对邮划报单复核无误后，将第一、二联报单及有关结算凭证一并装入联行专用信封，信封上要填明内装借方、贷方报单笔数，及时交邮局挂号寄发。对电划报单，应根据第四联填写电稿，经复核无误后，据此拍发电报。

联行专用信封及电报在寄发前，必须逐份记载"联行信件、电报出口登记簿"。为确保安全，应指定专人投送。

3. 联行往账报告表编制

联行往账报告表是反映当日联行往账科目发生额和余额的综合记录。它是管辖分行和总行监督联行往账的工具。

每日营业终了，将第二联报单分借方、贷方各自按收报行顺序排列并分别加计笔数和金额，据以编制联行往账报告表一式两份（见表 6-2），一份连同第二联报单寄交电子计算中心，另一份与第三联报单一并留存。

联行往账报告表的作用，一是控制发报行的往账发卡，便于发报行核对联行往账；二是作为第二联报单的汇总表，向电子中心报告联行往账的发生情况，便于电子计算中心收到后与第二联报单核对；三是电子计算中心凭以监督各行联行往账。

例 6-3：某工商银行分行营业部 2017 年 5 月 12 日共发出电划借方报单 5 笔，共 27 万元，邮划借方报单 3 笔共 6 万元；电划贷方报单 10 笔，共 59 万元，邮划贷方报单 2 笔，共 4 万元，5 月 11 日该营业部联行往账报告表贷方余额为 18 万元，编制 5 月 12 日联行往账报告表如表 6-2 所示。

表 6-2　××银行（行号××××××）

联行往账报告表

2017 年 5 月 12 日

摘　要		借方										贷方									
		笔数		金额								笔数		金额							
		电寄	邮寄	十	万	千	百	十	元	角	分	电寄	邮寄	十	万	千	百	十	元	角	分
5 月 11 日余额														1	8	0	0	0	0	0	0
本日发生额		5	3	3	3	0	0	0	0	0	0	10	2	6	3	0	0	0	0	0	0
本日余额		…	…											4	8	0	0	0	0	0	0
自年初累计发生额		…	…									…	…								
附件		借方报单 8 笔										贷方报单 12 笔									
备注																					
分行	输入	联行专用章										经办行	会计主管		复核			制表				
	复核																				

往账报告表一式两联，复核后，经会计主管审核签章，在第二联上加盖联行专用章，并附第三联报单寄管辖分行。第一联附第四联报单一并留存保管。

4. 联行往账的日终处理

每日营业终了，发报行应根据第四联借方、贷方报单汇总编制联行往账科目的转账借、贷方传票，并据以编制联行往账科目的科目日结单，登记联行往账科目总账，结出余额，与当日联行往账报告表的发生额和余额核对相符。第四联报单附在留存的联行往账报告表之后定期装订保管。

（二）收报行的处理

收报行处在联行往来的关键环节，负责联行来账的处理，在收受报单后要认真审核，并迅速办理联行来账的转账，切实核对服务，及时清查未达账项，按规定要求向管辖分行编报联行来账报告表。收报行是保证联行往来正常进行的关键，也是保证结算汇路畅通的重要环节。

1. 审查报单

收报行在收到发报行寄来的联行专用信封后，应该仔细检查信封上所记载的笔数与信封内实际装的分数是否一致；如果不一致，应该在信封上注明实际收到的报单数，并及时与发报行取得联系，核实情况。

对收到的邮划报单，应重点审查收报行的行号、行名是否是本行，收（付）款单位是否在本行开户，报单与附件上所列的收、付款单位名称、账号及金额是否一致，联行专用章有无遗漏，密押是否正确等。

对收到电划款项的电报，经审核电报挂号、行号和收（付）款单位名称、账号以及金额、密押等无误后，编制电划借方或贷方补充报单。

2. 办理转账

审核报单无误后，应根据邮划报单附件和电划补充报单及时办理转账手续，并在报单转账日期栏注明转账日期。

对于收到划来的信汇、电汇款，划回的托收款项以及商业承兑汇票、银行承兑汇票款项等，收到的贷方报单，收报行实则为代发报行付款。其会计分录为：

借：联行来账——借方户

　　贷：单位活期存款——收款人户

收报行收到借方报单，实则为代发报行收款。其会计分录为：

借：单位活期存款——付款人户

　　贷：联行来账——贷方户

例 6-4：接例 6-1，四川省成都市工商银行火车北站支行收到工商银行榆林市城南支行的邮划借方报单及附件，经审核，系开户单位 CH 电器公司数日前来行申请签发的银行汇票，现需结清。其会计分录如下：

借：汇出汇款　　　　　　　　　60 000

　　贷：联行来账　　　　　　　　　56 000

　　　　单位活期存款——CH 电器公司　4000

例 6-5：接例 6-2，工商银行上海黄浦支行收到工商银行榆林市城南支行的邮划贷方报单及附件，经审核无误后，办理转账。其会计分录如下：

借：联行来账　　　　　　　　　50 000

　　贷：单位活期存款——ZS 集团　　　30 000

　　　　单位活期存款——MM 纸业　　　20 000

3. 编制联行来账报告表

联行来账报告表是反映当日联行来账科目发生额和余额的报告表，是管辖分行和总行，监督联行来账的工具。

每日营业终了，收报行应根据第二联联行报单编制联行来账报告表。编制时，先将第二联联行报单按电借、邮借、电贷、邮贷分类，再按发报行行号的顺序排列，然后将借方、贷方报单分别加计总的笔数及金额，分别填在"本日发生额"的贷方栏和借方栏，并结出本日余额。

例 6-6：5 月 13 日，工行城南支行共收到邮划借方报单 5 笔，金额 35 000 元；邮划贷方报单 12 笔，金额 150 000 元；编制电划贷方补充报单 10 笔，金额 32 700 元。5 月 12 日，该支行联行来账报告表为借方余额 173 580 元，编制 5 月 13 日联行来账报告表如表 6-3 所示。

联行来账报告表一式两份，经复核后，一份附第二联报单寄管辖分行，另一份连同第一联报单一并留存保管。

表 6-3　××银行（行号×××××××）

联行来账报告表

2017 年 5 月 13 日

摘　要	借方											贷方									
	笔数		金额									笔数		金额							
	电寄	邮寄	十	万	千	百	十	元	角	分		电寄	邮寄	十	万	千	百	十	元	角	分
5 月 12 日余额			1	7	3	5	8	0	0	0											
本日发生额	10	12	1	8	2	7	0	0	0	0			5		3	5	0	0	0	0	0
本日余额	…	…	3	2	1	2	8	0	0	0											
自年初累计发生额	…	…											…	…								
附件	借方报单 22 笔											贷方报单　5 笔									
备注																					
分行　输入 / 复核	联行专用章									经办行		会计主管			复核			制表			

4. 联行来账的日终处理

每日营业终了，收报行应对所有转账后的来账卡片按借方、贷方分别汇总，编制"联行来账"科目的转账借方、贷方传票，登记"联行来账分户账"借方报单和贷方报单，并结出余额。同时根据传票编制"联行来账"科目日结单，登记"联行来账"科目总账，结出余额。联行来账的分户账应设置借方户和贷方户，收报行收到贷方报单，记入联行来账借方户的借方，账户余额在借方；收到借方报单，记入联行来账贷方户的贷方，账户余额在贷方；两个账户余额分别反映未核对的贷方、借方报单的笔数与金额。

与联行来账报告表的发生额和余额核对相符后，第一联报单附在留存的联行来账报告表之后，定期装订保管。

（三）管辖分行录磁传输的处理

管辖分行的主要任务是审查辖内各行处报来的联行往来账报告表及报告卡，然后运用电子计算机录磁，并通过专用通信线路向总行对账中心传输数据信息。全国联行往来通过分行录磁传输，有利于加强管辖分行对全国联行往来账务的监督管理，使联行往来中存在的问题能够及时得到解决，并相应减轻总行对账的工作量。

管辖分行的主要工作内容如下：

1. 报告表的登记审核

管辖分行收到所辖联行机构上报的全国联行往来账报告表及所附报告卡，应逐户登记"联行往账（来账）报告表登记簿"，然后按下列内容对报告表进行审核：本期报告表的顺序号、上期余额与上期报告表是否衔接；报告表借、贷方笔数、金额与所附报告卡的合计数是否相符；本日余额轧计是否正确；报告表及报告卡日期、行号是否正确，有无遗漏等。经查有误的，应立即查明原因，按规定处理。

2. 准确输入

管辖分行对联行往来账报告表及报告卡要认真审核，并输入计算机。具体输入内容如下：

（1）报告表：审查行号、日期、编号、上日余额、借贷方发生额及本日余额。其借、贷方（电及邮）笔数不需输入，由计算机根据报单发生数自动生成。

（2）往来账报告卡：审查发（收）报行行号、日期、报单种类、报单号码、报单金额。其报单的本方行号不需输入，由计算机根据报告表行号自动生成。

报告表及所附报告卡进出计算机房，必须履行交接手续，严防遗漏、丢失等差错发生。

3. 复核传输

管辖分行对输入报告表及报告卡的各项数据必须换人复核无误后，才能通过专用通信线路向总行传送。为了保证数据传送准确、完整与安全，管辖分行应分别汇总所辖往账、来账借方、贷方总发生额与余额，同时传送总行核对。

对录磁后的报告表及报告卡，应按规定装订保管，以备查询。

（四）总行对账中心的处理

总行对账中心负责全辖范围的账务监督与账务核对工作，根据各管辖分行传输的往来账报告表及所附报告卡信息，进行逐笔配对核销，以监督全国联行往账和全国联行来账。总行对账中心运用电子计算机核算，有严密的账务组织、账务处理和账务核对系统。

1. 账务组织

建立全国联行往账、全国联行来账两大计算机对账体系。对账体系内部按往账、来账分别以管辖分行和经办行为对象，设立报告表登录系统和报告卡登录系统。根据逐日配对，分月查清的要求，往来报告卡登录系统均按报告卡的日期分月设置"未配对""已配对""待查对"三个账户进行核算。同时，分别设置相应的"全国汇总总账""管辖分行汇总分户账""经办行明细账"，三者之间相互制约、相互控制和保持平衡，而且总账、分户账按月打印保管，明细账可不打印，只将软盘或磁带定期保存。

2. 账务处理

总行接收各管辖分行传输的往账、来账报告表以及所附报告卡信息，经检查核对无误，转入相应的总账、分户账、明细账，经过核算平衡后，方可进行往账与来账报告卡的逐笔配对，并根据配对的情况调整"未配对""已配对""待查对"三个账户，核对发生额、余额。对往账、来账六要素均相符的报告卡转入"已配对"账户；对未配对的错误报单或超过正常邮程的未达报单转入"待查对"账户，次日按规定向管辖分行查询。

3. 账务核对

总行的账务核对包括每日核对和定期核对。每日核对包括：每天必须将全国汇总、管辖分行汇总、经办行的往来账报告表登录系统与报告卡登录系统的借贷方发生额和余额核算平衡；每天必须将接收的报告表及报告卡，按管辖分行分累计往账、来账借贷方发生额和余额的总额，与各管辖分行传输的总额核对相符。定期核对指定期检查往来账按月分设的"未配对""已配对""待查对"三个账户的核算情况，当"未配对"和"待查对"已经销平全部转入"已配对"账户时，则通知各管辖分行该月联行未达业已查清。

（五）年度结平

由于发报行办理联行往账的时间和收报行处理联行来账的时间、地点不同，当发报行办理联行往账、发出报单时，收报行往往还没有收到报单或报单已收到，但因报单有问题而无法进行转账。这样就产生了联行间的未达账项，使联行账务出现暂时的不平衡。联行的未达账项大部分是资金划拨过程中不可避免的正常现象，也有一部分是由于联行间的工作差错引起的。因此，为了保证全国联行账务顺利进行，除了需总行进行日常电子计算机逐笔配对外，还须以每年 12 月 31 日为界线，划分年度进行核算，以便于彻底清理联行往来的未达账项。

1. 上年与本年联行账务的划分与处理

新年度开始后，各级行处既要处理新年度发生的联行账务，又要处理上年度的账务，为了防止新旧年度联行往来账务混淆，影响上年未达账项的查清，所以应将上年联行往来账务结转，即以每年的 12 月 31 日为界线划分上、下年度，并将联行往账、联行来账两科目的年末余额不通过分录直接转入上年联行往账、上年联行来账科目。

2. 查清上年全国联行往来账务的标志

联行往来经划分年度，进行账务处理，其查清未达账项的标志主要如下：

（1）全国联行往账与来账两大账务体系的总账余额与全年累计发生额已平衡一致；

（2）联行往账与联行来账报告卡已全部配对，联行往账与联行来账"已配对"总账的余额与累计发生额平衡一致，"未配对""待查对"两个账户已无余额；

（3）全国汇总的"上年联行往账"和"上年联行来账"与"上年全国联行汇差"科目余额轧抵相平。

3. 上年联行账务的上划及结平

年终未达查清后，总行将各经办行的"往账与来账余额核对通知单"传送各管辖分行，由分行打印寄发给辖内经办行核对。经办行接到管辖分行上划上年各联行科目余额通知后，即办理上划手续。

（1）经办行的上划。经办行接到其管辖分行上划上年各联行科目余额通知时，应根据"上年联行往账""上年联行来账"的余额，分别反其方向编制转账传票和联行报单，通过本年联行科目上划管辖分行。

如上划上年联行往账贷方余额时，会计分录为：

借：上年联行往账（不编报单）

149

贷：分行辖内往来（编制报单）

如上划上年联行往账借方余额时，则会计分录相反。

如上划上年联行来账借方余额时，会计分录为：

借：分行辖内往来（编制报单）

贷：上年联行来账（不编报单）

如上划上年联行来账贷方余额时，则会计分录相反。

（2）管辖分行的上划。管辖分行收到所辖经办行上划的报单，经审核无误，办理转账。

收到上划上年联行往账贷方余额时，会计分录为：

借：分行辖内往来

贷：上年联行往账

如收到上划上年联行往账借方余额时，则会计分录相反。

收到上划上年联行来账借方余额时，会计分录为：

借：上年联行来账

贷：分行辖内往来

如收到上划上年联行来账贷方余额时，则会计分录相反。

管辖分行俟各经办行全部余额上划收齐，并接总行的上划通知后，即将全辖上年联行科目余额分别通过本年联行往账上划总行，其上划的会计分录与经办行上划的会计分录相同。

（3）总行结平上年全国联行往来账务。总行收到各管辖分行上划上年联行往来账科目余额的转账会计分录与管辖分行收到经办行上划上年联行往来账科目余额的转账会计分录相同。

待总行收齐各管辖分行上划余额的报单后，其上年联行往账与上年联行来账科目余额相等，方向相反。这时即可反方向编制传票，结平上年联行往来的各类总账、分户账、明细账。至此，全国上年联行往来账务即告结清。

四、联行往来差错的处理

联行往来的账务组织，是一个相互联系、相互制约的有机整体，任何错误都会影响整个账务处理的顺利进行，影响资金周转和银行信誉。因此，各级行必须认真负责地处理联行账务，尽量防止发生差错；一旦发生差错，必须按照联行往来制度统一规定的办法，及时处理，不得自行其是，以免造成账务错乱。联行往来差错发生的情况比较复杂。下面仅就联行往来核算中经常遇到的差错处理做重点说明。

1. 可以转账的错误报单的处理

可以转账的错误报单是指收报行接到发报行寄来的报单或拍发的电报，经审查，发现其中某项内容有错误，但不影响转账的联行报单。其类型一般有以下几种：

（1）报单的收报行行名、行号是本行，报单的内容和附件是他行的；或行号是本行，行名和报单内容及附件是他行；或行名是本行，行号和报单内容及附件是他行；但以上根据附件能确定正确收报行的。对这类报单收报行收到后一方面办理转账，一方面向正确收报行办理转划手续，并通知原发报行。

若收到的是借方报单，会计分录为：

借：联行往账

　　贷：联行来账——贷方户

若收到的是贷方报单，则会计分录相反。

办理转划时，报单备注栏应注明"××行报单误划本行，现转划你行"，原附件作转划报单附件。如用电报转划时，应在电文后加拍"代××行转划"字样，同时在原报单上加注转划情况。

例6-7：榆林市分行营业部收到北京支行寄来贷方报单1份，金额为20 000元，经审查报单行号是本行的，但行名和附件内容是延安支行的。会计分录如下：

借：联行来账——借方户　　20 000

　　贷：联行往账　　　　　　　　20 000

根据会计分录，填制邮划贷方报单，发报行为榆林市分行营业部，收报行为延安市分行营业部，原附件与编制的转账报单一并寄往延安市分行营业部。

（2）报单的附件、行名是本行的，行号是他行，则应将附件留存凭以转账。并向报单所列的收报行（以行号为准）填发反方报单冲转，同时将发报行寄来的报单作转划报单附件寄有关收报行办理冲账手续。如果收到的是贷方报单，其会计分录为：

借：联行往账

　　贷：××科目——××户

如收到的为借方报单，则会计分录相反。

例6-8：榆林市分行营业部收到山东省济南市支行邮划借方报单一份，系划回本签发的银行汇票，金额40 000元（没有剩余款），经审查报单行名与附件是本行的，而行号是延安市分行营业部，榆林市分行营业部当即按规定办理划转手续。

借：汇出汇款　　40 000

　　贷：联行往账　　40 000

根据会计分录，填制邮划贷方报单，其中发报行为榆林市分行营业部，收报行为延安市分行营业部。将山东省济南市支行的借方报单与编制的邮划贷方报单一并寄往延安市分行营业部。

延安市分行营业部收到榆林市分行营业部的贷方报单与借方报单，以联行来账与联行来账对转。其会计分录为：

借：联行来账——借方户　　40 000

　　贷：联行来账——贷方户　　40 000

同时编制查询查复书，随来账报告表抄报管辖分行，注明"请按解付行行号××对账"字样。

（3）报单上的收报行行名非本行，但行号和附件均是本行，收报行可以更正行名办理转账。

（4）收到的报单内容清楚具体，仅缺附件，收报行如根据报单内容能补附件的，可以代为补制后办理转账。

2. 暂不能转账错误报单的处理

收报行收到的报单，行名、行号正确，但有下列差错，以至于无法办理转账的错误报单：

（1）收（付）款单位账号、名称不清，无法确定应记入的账户；

（2）报单与附件金额不符；

（3）属于编押范围的，漏编密押或错编的；

（4）漏盖联行专用章或所盖的联行专用章模糊不清的报单。

对这类报单，一经审核发现，应登记"未转账错误报单登记簿"，将错误报单及附件专夹保管，并立即向发报行查询，待发报行查复后再按正常手续转账，并销记"未转账错误报单登记簿"。

第三节　资金汇划与清算的核算

资金汇划清算是各商业银行系统内办理结算和内部资金调拨所采用的联行往来核算办法。该种核算充分运用先进的计算机网络技术，提高了资金的调拨效率，能够及时进行资金清算，大大降低了金融风险，能够在很大程度上防止行与行之间的资金欠存，是对传统手工联行做法的重大改革。

一、资金汇划清算的业务范围和基本做法

（一）资金汇划清算系统的业务范围

资金汇划清算系统是由社会支付、银行内部资金调拨与清算引起的，主要包括汇兑、托收承付、委托收款（含商业汇票、国内信用证、储蓄委托收款等）、银行汇票、银行卡、储蓄旅行支票、内部资金划拨、其他经总行批准的款项汇划及其资金清算，对公、储蓄、银行卡异地通存通兑业务的资金清算，同时办理有关的查询查复业务。

（二）资金汇划清算的基本做法与业务处理流程

1. 基本做法

资金汇划清算的基本做法：实存资金，同步清算，头寸控制，集中监督。

（1）实存资金。实存资金是指以清算行为单位在总行清算中心开立备付金存款账户，用于汇划款项时的资金清算。

（2）同步清算。同步清算是指发报经办行通过其清算行经总行清算中心将款项汇划至收报经办行，同时，总行清算中心办理清算行之间的资金清算。

（3）头寸控制。头寸控制是指各清算行在总行清算中心开立的备付金存款账户，保证足

额存款，总行清算中心对各行汇划资金实行集中清算。清算行备付金存款不足，二级分行可向管辖省区分行借款，省区分行和直辖市分行、直属分行头寸不足可向总行借款。

（4）集中监督。集中监督是指总行清算中心对汇划往来数据发送、资金清算、备付金存款账户资信情况和行际间查询查复情况进行管理和监督。

2. 业务处理流程

资金汇划清算系统处理的汇划业务，其信息从发报经办行发起，经发报清算行、总行清算中心，收报清算行，至收报经办行止。业务处理流程如图 6-1 所示。

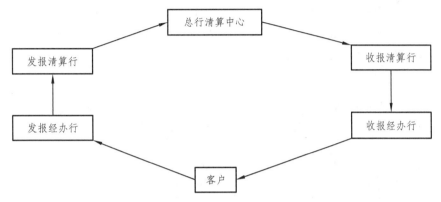

图 6-1　资金汇划清算系统处理汇划业务流程图

经办行是办理结算和资金汇划业务的行处，发报经办行是汇划业务的发生行，收报经办行是汇划业务的接受行。

清算行是在总行清算中心开立备付金存款账户的行处，各直辖市分行和二级分行（包括省区分行营业部）均为清算行，清算行负责办理辖属行处汇划款项的清算。

省区分行也在总行清算中心开立备付金存款账户，但不用于汇划款项清算，只用于办理系统内资金调拨和内部资金利息汇划。

总行清算中心主要是办理系统内各经办行之间的资金汇划、各清算行之间的资金清算及资金拆借、账户对账等账务的核算与管理。

资金汇划清算的基本操作程序：发报经办行根据发生的结算等资金汇划业务录入数据，全部及时发送至发报清算行→发报清算行将辖属各发报经办行的资金汇划信息传输给总行清算中心→总行清算中心将发报清算行传来的汇划数据及时传输给收报清算行→收报清算行当天或次日将汇划信息传输给收报经办行，从而实现资金汇划业务。

二、会计科目和账户的设置

1. "系统内上存款项"科目

该科目属于资产类科目，是下级行用以核算其存在上级行的资金的科目。也就是反映各清算行存放在总行的清算备付金、省区分行存放在总行的备付金和二级分行存放在省区分行的调拨资金。该科目为省区分行、直辖市分行、总行直属分行、二级分行使用，余额反映在借方。

省区分行、直辖市分行、总行直属分行在"系统内上存款项"科目下设"上存总行备付金户",用以核算资金调拨和清算辖属行处的汇划款项;二级分行还需设"上存省区分行调拨资金"明细科目,用以核算在辖内集中调拨的资金。

2. "系统内款项存放"科目

该科目属于负债类科目,与"上存系统内款项"相对应,是上级行用以核算下级行上存备付金存款和调拨资金的账户。也就是反映各清算行在总行的清算备付金存款、省区分行在总行的备付金存款以及二级分行在省区分行的调拨资金存款。总行在"系统内款项存放"账户下按清算行和省区分行设"××行备付金",用以核算各清算行和省区分行在总行的备付金存款的增减变动情况;省区分行在该账户下按二级分行设置"××行调拨资金",用以核算二级分行调拨资金存款的增减变动情况。

3. "辖内往来"科目

该科目属于资产负债共同类,用以反映各经办行与清算行往来款项及清算情况,余额轧差反映。

4. "上存辖内款项"科目

该科目属于资产类科目,用以核算各支行、网点存放在上级行的备付金存款的账户。

5. "辖内款项存放"科目

该科目属于负债类科目,用以核算各分行、支行所辖支行、网点上存的备付金存款的账户。

三、汇划款项与资金清算的核算

(一)汇划款项业务的核算

汇划款项业务包括划收款业务和划付款业务。

划收款业务是发报经办行发起的,代收报经办行向付款客户收取款项的汇划业务,主要包括汇兑、委托收款划回、托收承付等结算业务及系统内资金划拨等。发报经办行发起划收款业务应记入"辖内往来"科目的贷方,因此,也称为贷方报单业务(简称贷报业务)。

划付款业务是发报经办行发起的代收报行向收款客户支付款项的汇划业务,主要包括银行汇票的解付、信用卡的解付业务等。发报经办行发起划付款业务,应记入"辖内往来"科目借方,因此,又称为借方报单业务(简称借报业务)。

1. 发报经办行的处理

发报经办行是资金汇划业务的发生行。业务发生后,业务经办人员首先要根据客户提供的原始凭证用计算机录入汇划凭证内容,经复核人员全面审查、复核,然后经授权人员授权后,产生有效汇划数据,由系统按规定时间发送至清算行。贷报业务(如托收承付、委托收款、汇兑等)的会计分录为:

借:单位活期存款(或相关科目)——付款人户
　　贷:辖内往来

借报业务（如银行汇票、信用卡等）的会计分录相反。

例 6-9：榆林市工商银行城南支行开户单位 HWD 食品厂提交山东省工商银行威海支行签发的银行汇票一份，金额 80 000 元，要求全额兑付，经审核无误，办理转账手续。会计分录为：

借：辖内往来　　　　　　　　　　　80 000

　　贷：单位活期存款——HWD 食品厂　　80 000

例 6-10：榆林市工商银行广济支行开户单位 GM 商厦提交电汇凭证一份，要求向上海工商银行徐家汇支行开户单位 LL 服装厂汇出货款 120 000 元，经审核无误办理转账手续。会计分录为：

借：单位活期存款——GM 商厦　120 000

　　贷：辖内往来　　　　　　　　　　120 000

每日营业终了，对"辖内往来"科目轧差，若为贷方余额，则表示本行应付汇款，清算时应减少本行在上级清算行的备付金存款。会计分录为：

借：辖内往来

　　贷：上存辖内款项——存××行备付金

若"辖内往来"科目为借方余额，则表示本行应收汇款，清算时应增加本行在上级清算行的备付金存款，会计分录为：

借：上存辖内款项——存××行备付金

　　贷：辖内往来

每天营业终了，发报经办行根据当天向发报清算行发出的汇划业务信息打印辖内往来汇总记账凭证、资金汇划业务清单，资金汇划业务清单及有关原始凭证作为汇总记账凭证的附件。

2. 发报清算行的处理

发报清算行收到辖属各经办行传输来的汇划业务后，对于金额在 1 亿元以上（含）特大额汇款应由会计主管授权后进行处理，同时汇划清算系统自动加编密押，然后传输汇划业务信息并处理账务。

（1）跨清算行的汇划业务。

发报清算行收到发报经办行传输来的跨清算行汇划业务，系统自动进行账务处理，更新在总行清算中心的备付金存款账户，并将汇划数据加押后传输至总行清算中心。贷报业务的会计分录如下：

借：辖内往来——××行

　　贷：上存系统内款项——上存总行备付金户

借报业务会计分录相反。

例 6-11：承前例 6-9，陕西省分行营业部收到榆林市工商银行城南支行传输来的跨清算行汇划业务报文后，系统自动进行账务处理，并将汇划数据加押后传输至总行清算中心。会计分录为：

借：上存系统内款项——上存总行备付金户　　　80 000

　　贷：辖内往来　　　　　　　　　　　　　　　　　　　80 000

每日营业终了，对"辖内往来"科目按经办行轧差，若为借方余额，则表示本行应收汇款，清算时应减少该经办行在本行的备付金存款。会计分录为：

借：辖内款项存放——××行

　　贷：辖内往来——××行

若为贷方余额，则表示本行应付汇款，清算时应增加该经办行在本行的备付金存款。会计分录为：

借：辖内往来——××行

　　贷：辖内款项存放——××行

（2）同一清算行辖内的汇划业务。

若发报清算行收到发报经办行传输来的本清算行辖内汇划业务，系统直接将汇划数据加押后传输至收报经办行，并分别更新发报经办行和收报经办行在本行清算中心的备付金存款。贷报业务的会计分录为：

借：辖内款项存放——××发报经办行

　　贷：辖内款项存放——××收报经办行

如为借报业务，会计分录相反。

每日营业终了，发报清算行应打印"清算行辖内汇总记账凭证""清算行备付金汇总记账凭证""汇划收发报情况汇总""资金汇划业务清单""系统内资金汇划（清算行）业务量统计表"等凭证或清单，并核对有关数据。数据核对正确后，系统会自动更新各科目有关账户发生额、余额。

3. 总行清算中心的处理

总行清算中心收到各发报清算行上送的汇划业务报文，系统自动登录后，传输至收报清算行。每日营业终了，系统自动更新更发报清算行在本行的备付金存款。如为贷报业务，其会计分录为：

借：系统内款项存放——发报清算行备付金户

　　贷：系统内款项存放——收报清算行备付金户

如为借报业务，会计分录相反。

例 6-12：承前例 6-11，工商银行总行清算中心收到陕西省分行营业部上送的汇划业务报文，系统自动登录后，传输至工行山东省分行。日终，系统自动更新陕西省分行营业部和山东省分行在总行的备付金账户。会计分录为：

借：系统内款项存放——收报清算行备付金户　　　80 000

　　贷：系统内款项存放——发报清算行备付金户　　　80 000

每日营业终了，系统自动生成总行清算中心的资金汇划日报表和相应的对账信息，下发清算行和经办行对账。

4. 收报清算行的处理

收报清算行收到总行清算中心传来的汇划业务报文，系统自动更新在总行清算中心的备付金存款账户，并自动进行账务处理。实时或批量传输至收报经办行。如为贷报业务，会计分录为：

借：上存系统内款项——上存总行备付金

贷：辖内往来——××行

若为借报业务，会计分录相反。

例6-13：承前例6-12，山东省分行收到总行清算中心传来的汇划业务报文，系统自动更新在总行清算中心的备付金账户，并进行账务处理，会计分录为：

借：辖内往来 80 000

贷：上存系统内款项——上存总行备付金 80 000

每日营业终了，收报清算行打印"清算行辖内汇总记账凭证""清算行备付金汇总记账凭证""汇划收发报情况汇总""资金汇划业务清单""系统内资金汇划（清算行）业务量统计表"等凭证或清单并核对有关数据。

5. 收报经办行的处理

收报经办行收到收报清算行传来的批量、实时汇划信息，经确认无误后，由汇划系统自动记账，并打印"资金汇划补充凭证"。若为贷报业务，其会计分录为：

借：辖内往来

贷：单位活期存款（或相关科目）——收款人户

借报业务的会计分录相反。

例6-14：承前例6-13，山东省工商银行威海支行收到清算行转来电子汇划信息，榆林市工商银行城南支行已兑付本行签发的银行汇票，金额80 000元，经审核无误，办理汇票结清手续。会计分录为：

借：汇出汇款 80 000

贷：辖内往来 80 000

例6-15：承前例6-10，上海工商银行徐家汇支行收到清算行转来电子汇划信息，榆林市工商银行广济支行电汇本行开户单位LL服装厂货款120 000元，经审核无误，办理转账手续，会计分录为：

借：辖内往来 120 000

贷：单位活期存款——LL服装厂 120 000

每日营业终了，对"辖内往来"科目轧差，若为借方余额，则表示本行应收汇款，清算时应增加本行在上级清算行的备付金存款。会计分录为：

借：上存辖内款项——××行

贷：辖内往来——××行

若为贷方余额，则表示本行应付汇款，清算时应减少本行在上级清算行的备付金存款。会计分录为：

借：辖内往来——××行

　　贷：上存辖内款项——××行

每日营业终了，收报经办行打印辖内往来汇总记账凭证、资金汇划业务清单并进行数据核对。

（二）联行备付金上存及调整的核算

联行资金调拨是商业银行系统内上下级之间因日常结算、资金清算和经营管理需要而存放、缴存各种款项的业务，是商业银行系统内资金往来业务内容之一。

各级清算行用于清算汇划款项汇差的资金应通过"上存系统内款项"和"系统内款项存放"科目进行核算。

1. 向上级行上存备付金的核算

清算行在总行清算中心开立备付金存款账户时，可通过人民银行将款项直接存入总行清算中心。具体处理手续：存入时，依据资金营运部门的资金调拨单，填制人民银行电（信）汇凭证，送交人民银行汇至总行清算中心。清算行待接到总行清算中心借记信息后，由系统自动进行账务处理。其会计分录为：

借：上存系统内款项——上存总行备付金户

　　贷：存放中央银行款项——准备金存款

例 6-16：5 月 10 日，工商银行榆林分行通过人民银行向工商银行总行存入备付金 1 000 000 元。

借：上存系统内款项——上存总行备付金户　　1 000 000

　　贷：存放中央银行款项——准备金存款　　　　　1 000 000

总行清算中心收到各清算行上存的备付金后，当日通知有关清算行，并进行账务处理。其会计分录为：

借：存放中央银行款项——准备金存款

　　贷：系统内款项存放——××行备付金存款户

2. 调整备付金的核算

清算行可根据资金的使用情况，在确保汇划的前提下通过人民银行账户随时调整备付金。

调增备付金处理与上存备付金处理相同。

调减备付金时，清算行应向总行资金营运部发出调款申请，总行清算中心根据总行资金营运部的调拨通知办理划款，并进行相应的账务处理。其会计分录为：

借：系统内款项存放——××行备付金存款户

　　贷：存放中央银行款项——准备金存款

清算行收到总行调回资金通知的会计分录为：

借：存放中央银行款项——准备金存款

　　贷：上存系统内款项——上存总行备付金户

例6-17：5月20日，工商银行榆林分行通过人民银行从工商银行总行调回备付金100 000元。

借：存放中央银行款项——准备金存款　　　　　100 000

　　贷：上存系统内款项——上存总行备付金户　　　　100 000

3. 备付金存款利息的核算

总行清算中心按季计付各清算行和省区分行存入总行的备付金存款利息。按季计付利息时，由系统自动生成各清算行和省区分行利息报文，于次日营业开始时下送各行。会计分录为：

借：利息支出——系统内往来支出

　　贷：系统内款项存放——××行备付金存款户

清算行和省区分行次日收到总行下送的利息报文，系统自动进行账务处理。会计分录为：

借：上存系统内款项——上存总行备付金

　　贷：利息收入——系统内往来收入

◆ 课后练习题

一、思考题

1. 什么是联行往来？当前银行以资金汇划清算系统取代原来的联行往来制度有何意义和特点？

2. 简述资金汇划清算系统的业务范围和基本做法。

3. 汇划款项与资金清算的核算内容包括哪三个部分？

4. 分行汇差资金清算的会计核算手续如何？

5. 资金汇划清算查询、查复的基本原则是什么？

二、业务题（编制下列业务中银行的会计分录）

1. 某总行清算中心收到某清算行或省区分行上存的备付金，金额为100 000元，当日通知有关清算行。

2. 接上题，清算行接到总行清算中心通知的处理。

3. 发报清算行A收到经办行B发来的借方汇划业务360 000元。

4. 发报清算行B收到经办行C发来的贷方汇划业务690 000元。

5. 经办行榆林市工商银行广济支行开户单位甲公司提交浙江省工行B行签发的银行汇票一份，金额180 000元，要求全额兑付，经审核无误，办理转账。

6. 接上题，浙江省工行B行收到清算行转来电子汇划信息，榆林市工商银行广济支行已经兑付本行签发的银行汇票，金额180 000元，经审核无误，办理汇票结清手续。

第七章　金融机构往来业务的核算

【学习目标】

◆ 了解金融机构往来的概念、内容与核算要求

◆ 了解商业银行与中央银行往来业务的主要内容

◆ 掌握商业银行缴存财政性存款和缴存一般存款的规定、核算内容

◆ 熟悉票据交换的基本做法

◆ 掌握提出行的处理、提入行的处理、清算差额的处理

◆ 了解商业银行与商业银行往来业务的主要内容

◆ 了解商业银行相互间转汇的基本做法、核算程序

◆ 掌握同业拆借的要求、拆出行的核算、拆入行的核算

第一节　金融机构往来概述

银行是国民经济中资金活动的枢纽，国民经济各部门、各单位间资金的划拨与清算，必须通过银行才能完成。由于我国的金融机构体系以中央银行为核心，商业银行为主体，其他金融机构并存。因而国民经济各部门、各企事业单位之间的货币结算除一部分在同一银行系统间发生外，还有一部分则经常会涉及两个不同系统的银行，进而引起商业银行间资金账户往来，同时各商业银行之间也经常进行资金融通，相互拆借。而且中央银行货币政策工具如公开市场操作、存款准备金、中央银行再贷款、再贴现的运用，也必然会形成中央银行与商业银行之间的资金账务往来，从而形成商业银行与中央银行之间的往来。所以，金融机构往来既是实现银行间资金划拨与资金清算的手段，又是中央银行行使职能所必需的。

一、金融机构往来的概念

金融机构往来有广义和狭义之分。广义的金融机构往来包括中央银行与商业银行的往来、各商业银行之间的往来、中央银行与各金融机构之间的往来、商业银行与各金融机构之间的往来、各金融机构之间的往来等，范围较广。狭义的金融机构往来主要包括中央银行与商业银行的往来、各商业银行之间的往来等。本章所涉及的金融机构之间的往来核算，主要指狭义的金融机构往来，主要介绍中央银行与商业银行之间以及各商业银行之间，由于资金的调拨与缴存、款项的汇划与结算、资金的融通与拆借等原因引起的资金账务往来。

二、金融机构往来的核算要求

金融机构往来是各银行之间的资金账务往来，体现了银行之间的债权债务关系，其核算要求如下：

（1）要坚持"资金分开、独立核算"的原则。各商业银行与中央银行、各商业银行之间的资金界限要严格分开并独立核算。

（2）各商业银行在中央银行的存款账户要严格管理，不得透支，要求保留足够的备付金存款便于清算使用，不得透支。如果备付金不足要及时调入资金，计划内借款不得超过中央银行核定的贷款额。商业银行之间的拆借，应通过双方在中央银行的存款账户办理，不得支取现金。

（3）各商业银行之间临时性的资金占用应及时清算。如果遇到临时资金不足，可相互融通资金，进行资金拆借，到期应及时还本付息；相互代收、代付款项的汇划和票据交换的差额应及时办理资金划拨手续。

（4）要体现汇路畅通的要求，核算时必须做到及时、正确、快捷，要迅速传递结算凭证，及时办理转账手续，加速社会资金周转。

第二节　商业银行与中央银行往来的核算

商业银行与中央银行往来进行处理的业务主要有：各商业银行向中央银行发行库领取现金和缴存现金；各商业银行吸收的国家金库款以及财政性存款全部缴存中央银行；各商业银行吸收的一般存款按比例缴存中央银行；各商业银行营运资金不足时，向中央银行申请再贷款、再贴现等。

一、向中央银行存取款项的核算

（一）会计账户的设置

1. 商业银行核算的会计科目

各商业银行在中央银行开立账户，并设置"存放中央银行款项"科目。该科目属于资产类科目，核算商业银行存放在中央银行的各种款项，包括业务资金调拨、办理同城票据交换和异地跨系统资金汇划、提取和缴存现金等。商业银行按规定缴存的法定准备金和超额准备金存款，也通过该科目核算。

商业银行增加中央银行的存款时，借记本科目，贷记"吸收存款""清算资金往来"等科目；减少在中央银行的存款做相反的分录。该科目期末余额在借方，反映银行存放在中央银行的各种款项。该科目可按存放款项的性质设置"准备金存款户""缴存财政性存款户"等进行明细核算。

2. 中央银行核算的会计科目

为加强对金融机构往来的管理，满足各商业银行通过中央银行办理资金划拨清算和适应资金营运的需要，中央银行为各商业银行设置了"××银行准备金存款"科目，用于核算各商业银行存放中央银行的准备金以及用于领缴现金、资金调拨、资金清算和日常支付的款项。该科目是中央银行的负债类科目，商业银行在中央银行的存款减少时，借记本科目；商业银行在中央银行的存款增加时，贷记本科目。

（二）向中央银行存取现金的核算

根据货币发行制度的规定，商业银行需核定各行处业务库必须保留的现金限额，并报开户中央银行发行库备案。当现金超过规定的库存现金限额时，需缴存中央银行发行库；当需用现金时，签发现金支票到开户中央银行发行库提取。

1. 存入现金的处理

商业银行向中央银行缴存现金时，填制现金缴款单一式两联，连同现金一并送缴中央银行发行库，中央银行发行库经点收无误后，在现金缴款单上加盖现金收讫章和经办员名章一联退回给商业银行。商业银行根据退回的缴款单联，填制现金付出传票进行账务处理。会计分录如下：

借：存放中央银行款项

　贷：库存现金

中央银行凭商业银行现金缴款单和发行基金入库凭证填制发行基金往来科目现金付出传票，其现金缴款单和入库凭证作为附件。会计分录如下：

借：发行基金往来

　贷：××银行准备金存款——××行

2. 支取现金的处理

商业银行向中央银行支取现金时，填制现金支票经中央银行审核后办理取款手续。商业银行取回现金后，填制现金收入传票，原现金支票存根作附件，进行账务处理。会计分录如下：

借：库存现金

　贷：存放中央银行款项

中央银行凭商业银行的现金支票和发行基金出库凭证填制发行基金往来科目现金收入传票，其现金支票和出库凭证作为附件，会计分录如下：

借：××银行准备金存款——××行

　贷：发行基金往来

发行库填制出库凭证，凭以出库并登记发行基金库存簿。发行库记账如下：

付出：发行基金——本身库户

例7-1：6月28日工商银行某中心支行填制现金支票向中央银行支取现金100 000万元。

工商银行处理的会计分录为：

借：库存现金　　　　　　　　100 000
　　贷：存放中央银行款项　　　　　　100 000
中央银行处理的会计分录为：
借：工商银行准备金存款——×中心支行户　100 000
　　贷：发行基金往来　　　　　　　　　　100 000
付出：发行基金——本身库户　　100 000

（三）向中央银行转账划拨的核算

除向中央银行存取现金外，商业银行由于办理其他业务而向中央银行存取款项的业务主要有商业银行系统内资金调拨、异地跨系统结算资金清算、同城票据交换差额清算、再贷款与再贴现、同业拆借、缴存财政性款项等。商业银行由于办理这些业务而向中央银行存入或支取款项，均需通过其在中央银行开立的"准备金存款账户"核算。

1. 向中央银行存入款项

商业银行由于经办有关业务，将资金存入中央银行准备金存款账户时，根据有关凭证，办理转账。商业银行的会计分录如下：
借：存放中央银行款项
　　贷：单位活期存款（或其他相关科目）
中央银行收到商业银行存入款项时，根据有关凭证，处理账务。会计分录如下：
借：××银行准备金存款（或其他相关科目）
　　贷：××银行准备金存款

2. 向中央银行支取款项

商业银行从准备金存款账户拨付资金时，根据有关凭证，办理转账。商业银行的会计分录如下：
借：单位活期存款（或其他相关科目）
　　贷：存放中央银行款项
中央银行受理商业银行支拨资金时，根据有关凭证，处理账务。会计分录如下：
借：××银行准备金存款
　　贷：××银行准备金存款（或其他相关科目）
例 7-2：工行广济支行收到开户单位 HRZ 公司提交的支票和两联进账单要求入账，票面金额为 20 000 元。工行审核发现该支票是在建行新建南路支行开户的 JJ 公司签发的，无误后将支票提出交换，无退票。

工行的会计分录：
借：存放中央银行款项　　　　　　　20 000
　　贷：单位活期存款——HRZ 公司　　　20 000
中央银行的会计分录：
借：建行银行准备金存款——新建南路支行　20 000
　　贷：工行银行准备金存款——广济支行　　20 000

二、向中央银行缴存存款的核算

缴存存款包括缴存财政性存款和缴存一般性存款，它们之间的性质不同，应注意严格划分，不得混淆。

（一）缴存财政性存款的核算

1. 缴存存款的范围

商业银行吸收的财政性存款是中央银行的信贷资金，商业银行不能使用，应及时缴存中央银行。商业银行缴存财政性存款的范围：商业银行代办的中央预算收入、地方金库存款和代理发行国债款项等财政性存款，属于中央银行的资金来源，应全额就地划缴中央银行。

2. 缴存存款的比例

由于财政性存款是商业银行代中央银行收取的，属于中央银行信贷资金，要全额即100%缴存当地中央银行，商业银行不得占用。

3. 缴存财政性存款的核算

（1）初次缴存财政性存款的核算。商业银行营业机构开业后，第一次向中央银行缴存财政性存款时，应根据有关科目余额，填制缴存财政性存款科目余额一览表一式两份，并按比例 100%计算出应缴金额，填制"缴存财政性存款划拨凭证"一式四联。第一联商业银行代转账贷方传票，第二联商业银行代转账借方传票，第三联中央银行代转账贷方传票，第四联中央银行代转账借方传票。其会计分录如下：

借：存放中央银行款项——缴存财政性存款

　　贷：存放中央银行款项——准备金存款

转账后，商业银行将缴存款划拨凭证的第三、四联连同缴存财政性存款科目余额表一份，一并交中央银行，另一份余额表留存。

中央银行收到商业银行送来的缴存款划拨凭证和科目余额表，经审查无误，以第三、四联划拨凭证分别代转账贷方、借方传票办理转账。会计分录如下：

借：××银行准备金存款

　　贷：××银行财政性存款

转账后，对送来的缴存财政性存款科目余额表妥善保存备查。

（2）调整缴存财政性存款的核算。商业银行初次缴存财政性存款后，还应根据其吸收的财政性存款余额的增减变动，对缴存中央银行的财政性存款按旬调整。即每旬末根据缴存余额，按比例100%计算出应缴金额，与"存放中央银行款项——缴存财政性存款"账户余额进行比较。若"存放中央银行款项——缴存财政性存款"账户余额小于应交余额，则应按差额调整增补缴，否则应该差额调减退回。

初次缴存金额以及调整缴存金额以千元为单位，千元以下四舍五入。调整缴存金额应于旬后 5 日内办理，如遇调整日最后一天为节假日，则可顺延。调整缴存处理手续与初次缴存基本相同，调增补缴的会计分录与初次缴存一致，调减退回的会计分录与初次缴存相反。

例 7-3：中国工商银行陕西省分行营业部 6 月 20 日财政性存款科目余额为 98 766 000

元。经查，该行 6 月 20 日在中央银行的缴存财政性存款账户余额为 96 879 000 元。

本旬应缴金额=98 766 000-96 879 000=1 887 000（元）

则本旬应调增财政性存款 1 887 000 元，会计分录如下：

借：存放中央银行款项——缴存财政性存款　　1 887 000

　　贷：存放中央银行款项——准备金存款　　　　　　1 887 000

例 7-4：接例 7-3，若中国工商银行陕西省分行营业部 6 月 20 日的财政性存款科目余额为 98 766 000 元，经查，该行 6 月 20 日在中央银行的缴存财政性存款账户余额为 99 877 000 元。

本旬应缴金额为=98 766 000-99 877 000=-1 111 000（元）

则本旬应调减财政性存款 1 111 000 元，会计分录如下：

借：存放中央银行款项——准备金存款　　　　1 111 000

　　贷：存放中央银行款项——缴存财政性存款　　　　1 111 000

（3）欠缴存款的核算。

商业银行在调整应缴存款时，如果在中央银行存款账户余额不足，又没有按规定及时调入资金，其不足部分即为欠缴。对欠缴存款应按如下有关规定进行处理：对本次能实缴的金额和欠缴的金额要分开填制凭证；对欠缴金额待商业银行调入资金后应一次全额收回，中央银行不予分次扣收；对欠缴金额每日按规定比例扣收罚款，中央银行随同扣收的存款一并收取。

① 发生欠缴的核算。

商业银行发生欠缴存款时，亦应填制各科目余额表，对本次能实缴的金额，按正常调增的核算手续办理，填制财政性存款划拨凭证，但应注意将"划拨凭证"的"本次应补缴金额"栏改填为"本次能实缴金额"，并在凭证备注栏内注明本次欠缴金额数。对实缴金额和欠缴金额应分别进行账务处理，实缴部分的会计分录与调增补缴相同。

对欠缴的存款，编制财政性存款欠缴凭证一式四联（各联用途与缴存凭证相同）和"待清算凭证"表外科目收入传票，逐笔记入待清算凭证登记簿。会计分录如下：

收入：待清算凭证——中央银行户

然后将各科目余额表、第三、四联划拨凭证以及第三、四联欠缴凭证一并送交中央银行；第一、二联欠缴凭证留存专夹保管。

中央银行收到商业银行送来的本次实缴存款的划拨凭证及各科目余额表时，按正常的缴存手续办理，会计分录与调增补缴时相同。

对收到的欠缴凭证，应通过"待清算凭证"表外科目核算，记载登记簿，对欠缴凭证第三、四联妥善保管。会计分录如下：

收入：待清算凭证——××银行户

② 扣收欠缴款项的核算手续。

对商业银行的欠缴存款，中央银行采取一次性主动扣收的方法办理。待商业银行在中央银行的准备金存款账户中有足够款项时，中央银行应抽出原保管的欠缴凭证第三、四联代转账贷方、借方传票，将欠缴金额全额收回。会计分录如下：

借：××银行准备金存款

　　贷：××银行财政性存款

转账后，填制"待清算凭证"表外科目付出传票，销记表外科目和登记簿，会计分录如下：

付出：待清算凭证——××银行户

同时，中央银行对商业银行超过期限的欠缴存款，应按规定每天处以 6‰的罚款，罚款的计算自旬后第 5 天或月后第 8 天起至欠款收回日止的实际天数，算头不算尾。计算后，填制特种转账借、贷方传票各两联，以其中特种转账借、贷方传票各一联进行账务处理。会计分录如下：

借：××银行准备金存款

　　贷：业务收入——罚款收入户

转账后，将另两联特种转账借、贷方传票盖章后转交商业银行。

商业银行收到中央银行转来的扣收欠缴存款的特种转账借、贷方传票后，与原保证的欠缴凭证第一、二联一起办理转账，会计分录如下：

借：存中央银行款项——缴存财政性存款

　　贷：存放中央银行款项——准备金存款

借：营业外支出——罚款支出户

　　贷：存放中央银行款项

转账后，填制"待清算凭证"表外科目，销记表外科目登记簿，会计分录如下：

付出：待清算凭证——中央银行户

（二）缴存一般性存款的核算

1. 缴存存款的范围

商业银行吸收的一般存款，由商业银行按中央银行存款准备金制度的规定缴存存款准备金。其缴存范围：单位存款、个人储蓄存款、农村存款、部队存款、基建单位存款、机关团体存款、财政预算外存款和其他一般存款等。

2. 缴存存款的比例

一般性存款属于商业银行的信贷资金来源，缴存一般性存款也称缴存法定存款准备金。中央银行为了控制贷款规模和限制派生存款，扩大商业银行的提存准备，规定商业银行应将吸收的一般性存款按规定的比例即法定存款准备金率向中央银行缴存法定存款准备金。法定存款准备金率由中央银行规定，中央银行根据货币政策的运用，可适时加以调整，通过变动存款准备金率，影响货币乘数，进而调控货币供应量和社会信用规模。目前，大型金融机构的准备金率为 16.5%，中小型金融机构的准备金率为 13%。

3. 缴存款的核算

各商业银行缴存的准备金存款，现行规定，即由各商业银行总行（法人）集中向中央银行缴存。商业银行下属机构向上级行缴存法定存款准备金。各商业银行的基层行每旬末编制"一般存款余额表"（格式与"缴存财政性存款科目余额表"相同）报上级行，并按规定的比例计算出应存放的金额，然后与上旬存放的金额进行比较，得出本旬增加（或减少）数。各商业银行总行将汇总全行旬末"一般存款科目余额表"报所在地中央银行，根据汇总的"一般存款科目余额表"的合计数，按规定的比例计算出应存放的金额，即为全行应存放在中央银行的法定准备金的余额。

（1）商业银行的会计处理。

应该调增法定存款准备金时，会计分录如下：

借：存放中央银行款项——法定准备金存款

　　贷：联行往账

应该调减法定准备金时，会计分录如下：

借：联行往账（或同城清算或其他科目）

　　贷：存放中央银行款项——法定准备金存款

各商业银行由于未按中央银行规定的比例、时间存放一般存款及报送有关一般存款科目余额的，中央银行将对其不足部分进行处罚。当收到处罚的特种转账借、贷方传票时商业银行对属于少交或迟交存款的罚款，则应通过"营业外支出"科目进行处理。会计分录如下：

借：营业外支出

　　贷：存放中央银行款项

（2）中央银行的会计处理。

中央银行会计部门根据商业银行的汇划款凭证办理准备金存款账户的收支。

存款增加的会计分录如下：

借：联行来账（或同城清算或其他科目）

　　贷：××银行准备金存款——准备金存款××行户

存款减少的会计分录如下：

借：××银行准备金存款——准备金存款××行户

　　贷：联行来账（或同城清算或其他科目）

每日日终、旬后 5 日内，商业银行未按规定比率存入准备金和未及时向中央银行报送有关报表的，中央银行会计部门将填制特种转账借、贷方传票，办理处罚手续，会计分录如下：

借：××银行准备金存款——准备金存款行户

　　贷：业务收入——罚款净收入户

三、再贷款的核算

商业银行在经营中发生营运资金不足，可向中央银行借款。中央银行通过对商业银行发放再贷款，一是用以弥补商业银行因向企业发放贷款而发生的计划内或临时性资金短缺，以支持商业银行的业务发展；二是通过放松或缩紧再贷款规模，以调节社会信用规模，影响市场货币供给量，实现对信贷资金的宏观调控。

（一）再贷款账户的开立

中央银行对商业银行的贷款实行期限管理，因此，中央银行按贷款种类为商业银行开立贷款账户，通过"××银行贷款"科目进行核算；商业银行为反映向中央银行取得和归还贷款情况，使用"向中央银行借款"科目进行核算。目前，商业银行根据再贷款的种类设置如下账户：

1. 向中央银行借款——年度性借款

各商业银行因经济合理增长，引起年度性信贷资金不足，而向中央银行申请的贷款，用此账户核算。年度性贷款期限为 1 年或 1 年以上，最长不超过 2 年。

2. 向中央银行借款——季节性借款

各商业银行因信贷资金先支后收或存款季节性下降，贷款季节性上升等原因引起暂时资金不足，而向中央银行申请的贷款，用此账户核算。季节性贷款的期限一般为 2 个月，最长不超过 4 个月。

3. 向中央银行借款——日拆性借款

各商业银行因汇划款项未达和清算资金不足等原因发生临时性资金短缺，而向中央银行申请的贷款，用此账户核算。日拆性贷款期限一般为 7 至 10 天，最长不超过 20 天。

（二）再贷款发放的核算

商业银行根据资金营运情况向中央银行申请再贷款时，应填制一式两份再贷款申请书，经中央银行计划部门批准后，办理借款手续。借款时，商业银行会计部门按照批准的再贷款申请书上有关内容及资金调拨通知单，填制一式五联借款凭证，在借款凭证上加盖预留印鉴后，提交中央银行。

1. 中央银行的处理

借款凭证经中央银行计划部门签订后，留存第四联贷款记录卡，其余四联转送会计部门。会计部门收到四联借款凭证并审查手续齐全，以借款凭证第一、二联分别做转账借方和贷方传票，办理转账，登记借款商业银行的存、贷款分户账。会计分录如下：

借：××银行贷款——××行贷款户

　贷：××银行准备金存款——准备金存款

第三联借款凭证盖章后，退还借款的商业银行。第五联借款凭证按到期日顺序排列妥善保管，并定期与贷款分户账核对，以保证账据一致。

2. 商业银行的处理

商业银行会计部门收到中央银行退回的第三联借款凭证，以此代转账借方传票，另编制转账贷方传票，办理转账，会计分录如下：

借：存放中央银行存款

　贷：向中央银行借款——××借款户

（三）再贷款到期收回的核算

1. 中央银行的处理

中央银行会计部门应经常检查借据的到期情况，以监督商业银行按期偿还贷款。贷款到期，商业银行应主动办理贷款归还手续。由会计部门填制一式四联还款凭证，加盖预留印鉴后提交中央银行。

中央银行会计部门审查还款凭证上的印鉴无误，抽出原借款凭证第五联核对内容一致后，以第一、二联还款凭证分别代转账借方、贷方传票，原借款凭证第五联做贷方传票附件，办理转账。会计分录如下：

借：××银行准备金存款——准备金存款

　贷：××银行贷款——××行贷款户

　　利息收入——金融机构利息收入户

转账后，分别登记借款的商业银行的存、贷款分户账，并将第四联还款凭证退还借款的商业银行，第三联还款凭证送计划部门保管。

再贷款到期，如借款的商业银行未主动办理还款手续，而存款账户又有足够余额归还贷款时，中央银行会计部门在征得商业银行同意后也可主动填制特种转账借、贷方传票各两联，收回贷款。特种转账借、贷方传票的使用与还款凭证相同。

2. 商业银行的处理

商业银行收到中央银行退回的还款凭证第四联，以其代存放中央银行存款账户的贷方传票，同时另编制贷款账户的转账借方传票办理转账。会计分录如下：

借：向中央银行借款——××借款户

　　金融企业往来支出——中央银行往来支出户

　贷：存放中央银行款项

例7-5：2016年10月8日，工商银行向中央银行申请日拆性贷款3 000 000元，期限为20天，利随本清，日拆性贷款的日利率为0.16‰。

（1）发放贷款。

商业银行的会计处理：

借：存放中央银行款项——准备金存款　3 000 000

　贷：向中央银行借款——日拆性借款　　　　　　3 000 000

中央银行的会计处理：

借：工商银行贷款　　　　　3 000 000

　贷：工商银行准备金存款　　　　　3 000 000

（2）贷款到期归还。

贷款利息=3 000 000×20×0.16‰=9600（元）

工商银行的会计处理：

借：向中央银行借款——日拆性借款　　　　　3 000 000

　　金融机构往来支出——中央银行往来支出户　9600

　贷：存放中央银行款项——准备金存款　　　　　　3 009 600

中央银行的会计处理：

借：工商银行准备金存款　　　　　3 009 600

　　贷：工商银行贷款　　　　　　　3 000 000

　　　　利息收入　　　　　　　　　　　　9600

四、再贴现的核算

再贴现是指商业银行由于办理企业票据贴现引起资金短暂不足，而将未到期的已办理贴现的商业汇票向中央银行办理贴现的行为。它是商业银行融通资金的一种方式，是中央银行对商业银行再贷款的形式之一。中央银行通过办理再贴现，可以促进商业银行票据贴现业务的开展，搞活资金，引导资金流向，提高资金使用效益。

（一）受理再贴现的核算

商业银行持未到期的商业汇票向中央银行申请再贴现时，应根据汇票填制一式五联再贴现凭证，在第一联上按照规定签章后连同已贴现的商业汇票一并送交中央银行计划部门审查。

1. 中央银行的处理

中央银行会计部门接到计划部门转来审批同意的再贴现凭证和商业汇票，应审查再贴现凭证与所附汇票的面额、到期日等有关内容是否一致，确认无误后，按规定的贴现率计算出再贴现利息和实付再贴现金额，将其填入再贴现凭证之中，以第一、二、三联再贴现凭证代传票，办理转账。会计分录如下：

借：再贴现——××银行汇票户

　　贷：××银行准备金存款——准备金存款户

　　　　利息收入——再贴现利息收入户

再贴现凭证第四联退还商业银行，第五联到期卡按到期日顺序排列妥善保管，并定期与再贴现科目账户余额核对。

例 7-6：中国工商银行陕西省榆林市支行于 2016 年 4 月 15 日持已贴现尚未到期的商业承兑汇票，向中央银行申请再贴现，汇票面额为 200 000 元，7 月 8 日到期，再贴现率为 2.97%。

再贴现利息=200 000×84×2.97%÷360=1386（元）

实付再贴现金额=200 000−1386=198 614（元）

借：再贴现——工商银行再贴现　　　200 000

　　贷：工商银行准备金存款——榆林市支行　　198 614

　　　　利息收入——再贴现利息收入　　　　　　1386

2. 商业银行的处理

商业银行收到中央银行第四联再贴现凭证，即填制特种转账借、贷方传票，办理转账。会计分录如下：

借：存放中央银行款项

　　金融企业往来支出——中央银行往来支出户

　　贷：向中央银行借款——再贴现户

例 7-7：承接例 7-6，中国工商银行陕西省榆林市支行于 2016 年 4 月 15 日持已贴现尚未到期的商业承兑汇票，向中央银行申请再贴现，汇票面额为 200 000 元，7 月 8 日到期，再贴现率为 2.97%。

借：存放中央银行款项——准备金存款　　　　　　198 614

　　金融机构往来支出——中央银行往来支出户　　　1 386

　　贷：向中央银行借款——再贴现户　　　　　　　　　　200 000

（二）再贴现到期收回的核算

再贴现的汇票到期，再贴现银行（中央银行）作为持票人在商业汇票背面背书栏加盖结算专用章及授权经办人员的签名或盖章，注明"委托收款"字样，同时填制委托收款凭证并注明商业汇票种类和号码，委托收款凭证与商业汇票一并交付款人开户行委托其向付款人收款。收到款项划回时，会计分录如下：

借：××银行准备金存款——付款人开户行准备金存款

　　贷：再贴现——××银行再贴现户

再贴现申请银行（商业银行）在贴现到期时，其会计分录如下：

借：向中央银行借款——再贴现户

　　贷：贴现资产

例 7-8：承接例 7-6，中国工商银行陕西省榆林市支行于 2016 年 4 月 15 日持已贴现尚未到期的商业承兑汇票，向中央银行申请再贴现，汇票面额为 200 000 元，7 月 8 日到期，再贴现率为 2.97%。到期日，中央银行向付款人开户行（建设银行榆林市支行）收款，并按时收到划回款项。

中央银行的会计处理：

借：建设银行准备金存款——榆林市支行　　　200 000

　　贷：再贴现——工商银行榆林支行再贴现户　　　200 000

再贴现申请银行（工商银行榆林支行）的会计处理：

借：向中央银行借款——再贴现户　　200 000

　　贷：贴现资产——商业承兑汇票　　　200 000

（三）再贴现到期未收回的核算

再贴现中央银行收到付款人开户行或承兑银行退回的委托收款凭证、汇票和拒绝付款理由书或付款人未付票据通知书后，追索票款时，可从再贴现商业银行账户收取，并将汇票和拒绝付款理由书或付款人未付票款通知书交给再贴现商业银行。

1. 中央银行的处理

中央银行编制特种转账借方传票两联，以其中一联借方传票与再贴现凭证办理转账处理。会计分录如下：

借：××银行准备金存款——再贴现申请行准备金存款

　　贷：再贴现——××银行再贴现户

转账后将另一联特种转账借方传票交再贴现商业银行。

2. 商业银行的处理

商业银行收到中央银行从其存款户中收取再贴现票据的通知（特种转账借方传票），审核无误后，进行账务处理。会计分录如下：

借：向中央银行借款——再贴现户

　　贷：存放中央银行款项

同时，商业银行应向当初的贴现申请人收回汇票款，会计分录如下：

借：单位活期存款——贴现申请人户

　　贷：贴现资产

例7-9：承接例7-8，假设中央银行没有收回票款，该汇票的贴现申请人为在工商银行榆林市支行开户的JJ百货公司，且该账户中有足够金额。

中央银行的会计处理：

借：工商银行准备金存款——榆林市支行　　　　200 000

　　贷：再贴现——工商银行榆林支行再贴现户　　　　200 000

再贴现银行的会计处理：

借：向中央银行借款——再贴现户　　200 000

　　贷：存放中央银行款项——准备金存款　　　200 000

借：单位活期存款——JJ百货　　200 000

　　贷：贴现资产——商业承兑汇票　　　200 000

第三节　商业银行往来的核算

商业银行往来又称同业往来，就是商业银行之间由于办理同城票据结算、跨系统汇划款项、相互拆借资金等业务所引起的资金账务往来。商业银行之间的资金结算通过"存放中央银行款项""存放同业""同业存放""拆入资金""拆出资金"等账户进行结算。

一、同城票据交换与清算

随着市场交易范围的不断扩大，同城结算业务日益增加，其中大量的与结算业务有关的收付款单位都不在同一行处开户，它们之间的结算如果每笔票据业务都采用逐笔送交对方行转账或逐笔清偿存欠款的做法，不仅增加核算工作量，而且手续过繁，影响及时入账，不利于社会资金周转。因此，同城各行处间的资金账务往来都采取票据交换的办法，即定时定点，集中交换代收、代付的票据，然后轧计差额，清算存欠的办法。集中交换票据的场所称为票据交换所，由中央银行主办（称为主办清算行），参加票据交换的银行（称为清算行）须经中央银行批准并颁发交换行号，方可按规定时间参加交换。

（一）同城票据交换的基本做法

参加票据交换的银行均应在中央银行开立备付金存款账户，由中央银行负责对各银行之间的资金存欠进行清算。票据交换分为提出行和提入行两个系统。向他行提出票据的是提出行，提回票据的是提入行。而参加票据交换的银行一般既是提出行又是提入行。各行提出交换的票据可分为代收票据和代付票据两类。

（1）凡是由本行开户单位提交，委托本行向他行开户单位付款的各种结算凭证，称为代收票据（贷方票据）；

（2）凡是由本行开户单位提交的，应由他行开户单位付款的各种结算凭证，称为代付票据（借方票据）。

提出行提出代收票据表示为本行应付款项，提出代付票据表示为本行应收款项；提入行提入代收票据表示为本行应收款项，提入代付票据则表示为本行应付款项。各行在每次交换中当场加计应收和应付款项，最后由票据交换所汇总轧平各行处的应收、应付差额，由中央银行办理转账，清算差额。

（二）提出行的处理

提出行将提出的票据，按代收票据、代付票据清分，分别登记"代收票据交换登记簿"和"代付票据交换登记簿"，并结出金额合计数。同时，按代收、代付票据所属行别的交换号（即提入行的交换代号）整理、汇总，加计票据的张数、金额，填制"代理收款计数清单"和"代理付款计数清单"，并将代收、代付票据附在后面。同时，加计代收、代付计数清单的笔数、金额，登记"清算总数表"的"提出代收款"和"提出代付款"栏。

提出行经上述处理后，即可由交换员将清算总数表，连同代收、代付计数清单和提出的票据带到票据交换所进行交换。

（1）提出贷方凭证时，会计分录如下：

借：单位活期存款——××存款人户（付款人户）

　　贷：清算资金往来

（2）提出借方凭证时，根据收妥入账的原则，分情况进行处理。

①对于见票即付的票据，如银行本票等，应及时将资金划入客户账内。其会计分录如下：

借：清算资金往来

　　贷：单位活期存款——××存款人户（收款人户）

②对于收妥抵用的票据，如转账支票等，先将应收票款记入"其他应付款"账户，会计分录如下：

借：清算资金往来

　　贷：其他应付款

若超过退票时间未发生退票，再将资金划入收款人账户，会计分录如下：

借：其他应付款

　　贷：单位活期存款——××存款人户（收款人户）

（三）提入行的处理

通过票据交换，通常提入两种票据：一种是提入借方票据，即付款单位在本行开户的票据；另一种是贷方票据，即收款单位在本行开户的票据。交换员在票据交换所提回本行票据时，将票据和计数清单分开，分别代收、代付汇总加计票据笔数和金额，经核对相符，登记"清算总数表"的"收回代收款"和"收回代付款"栏，然后结出收入和付出的合计。

1. 提入借方票据

如果提回借方票据，经审核无误，付款人账户中有足够的金额支付，其会计分录为：

借：单位活期存款——××存款人户（付款人户）

　贷：清算资金往来

2. 提入贷方票据

对提入的贷方票据，如果审核无误，则可办理转账，会计分录如下：

借：清算资金往来

　贷：单位活期存款——××存款人户（收款人户）

（四）清算差额的处理

各参加票据交换的银行在票据交换结束后，根据本行的"清算总数表"收入和付出合计数，轧算应收或应付差额，若应收金额大于应付金额则为应收差额；反之则为应付差额。交换结束后还应根据清算总数表中的应收、应付差额填制"票据清算差额专用凭证"，将资金差额向当地中央银行清算。

若本次交换为应收差额，会计分录如下：

借：存放中央银行款项

　贷：清算资金往来

若本次交换为应付差额，会计分录如下：

借：清算资金往来

　贷：存放中央银行款项

中央银行根据参加票据交换各行应收、应付差额情况，进行转账，其会计分录如下：

借：××银行准备金存款——应付差额行

　贷：××银行准备金存款——应收差额行

二、同城票据交换退票的核算

票据交换业务要坚持"先付后收，收妥抵用，银行不垫款"的原则。当提入行提入有错误的票据如账号与户名不符、大小写金额不一致、付款人账户资金不足支付等时，均要办理退票。

（一）退票行的核算

退票行（提出退票的行）即原提入行。当提入的票据由于各种原因不能办理转账，需要退票时，应在规定的退票时间内打电话通知原提出行，并将待退票据视同提出票据列入下次清算。由于待退票据款项已列入本次清算差额，为保持本次"待清算票据款项"余额与清算差额一致，便于账务平衡和核查，对待退票款项应列入应收或应付科目核算。退票时，填制"退票理由书"一式三联。一联留存本行做应收或应付科目的转账凭证，另两联附退票票据于下次票据交换时退回原提出行。退回借方票据的会计分录为：

　　借：清算资金往来

　　　贷：其他应收款—退票专户

退回贷方票据的会计分录为：

　　借：其他应付款——退票专户

　　　贷：清算资金往来

（二）原提出行的核算

原提出行接到退票行的电话通知或退回的票据后，根据票据交换登记簿查明确属本行提出的票据，在登记簿中注明退票的理由和时间，再做账务处理。退回的票据视同提入票据处理。根据退票行提交的"退票理由书"填制特种转账凭证办理转账。对于退回的借方票据，其会计分录为：

　　借：其他应付款——退票专户

　　　贷：清算资金往来

对于退回的贷方票据，其会计分录为：

　　借：清算资金往来

　　　贷：单位活期存款——原付款人户

各地同城票据交换的具体核算手续不尽相同，使用的会计科目也有区别，但是就其基本原理来说，还是一样的。

三、商业银行跨系统汇划款项的核算

异地跨系统汇划款项是指异地的同业银行之间，因为客户办理异地结算等，而相互划转的款项。例如，在建设银行榆林市支行的开户单位需要汇款给北京市工商银行的开户单位，就需要通过异地汇划款项进行。

各商业银行跨系统的汇划款项，应通过人民银行清算资金和转汇。在实际工作中，一般做法是：规定一个限额（目前为 50 万元），汇划款项在此限额以上的应通过中央银行清算资金和转汇，在限额以下的仍采取相互转汇的办法。现介绍以下三种转汇方式：

（一）汇出地为双设机构地区的转汇采取"先横后直"的方式办理

汇出地为双设机构是指同一地区既有汇出行，又有与汇入行相同系统的银行。在这种情况下，必须采取"先横后直"的方式办理转汇。即由汇出行通过同城票据交换将款项划给同城跨系统的转汇行，然后再由该转汇行通过其系统内联行往来将款项转划给异地的汇入行。其基本处理程序如图 7-1 所示。

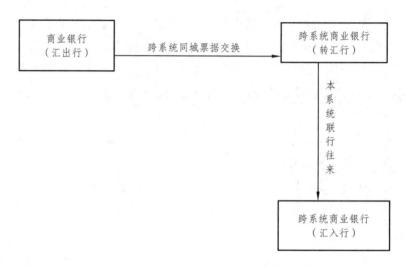

图 7-1 "先横后直"

1. 汇出行的处理

汇出行根据客户提交的汇款凭证，按不同系统的汇入行逐笔填制转汇清单，汇总后，通过同城票据交换提交同城跨系统行。划收款的会计分录如下：

借：单位活期存款——付款人户

　　贷：清算资金往来——同城票据清算

如系划付款项，会计分录相反。

2. 转汇行的处理

转汇行收到汇出行转划的凭证和转汇清单经审查无误，通过本系统联行往来将款项划往异地的汇入行。划收款项的会计分录如下：

借：清算资金往来——同城票据清算

　　贷：联行往账

如系划付款项，会计分录相反。

3. 汇入行的处理

汇入行收到本系统划来的联行报单及有关汇划凭证，经审核无误，为收款（或付款）单位入账。划收款项的会计分录如下：

借：联行来账

　　贷：单位活期存款——收款人账户

如系划付款项，会计分录相反。

（二）汇出地为单设机构地区的转汇采取"先直后横"的方式

汇出地为单设机构是指同一地区没有跨系统的汇入行系统的银行机构，但是汇入行所在地位双设机构。在这种情况下，必须采取"先直后横"的方式在汇入地办理转汇。即由汇出行将款项通过本系统联行往来将款项汇入异地本系统转汇行，然后再由该转汇行通过同城票据交换（或同业往来）将款项转划给汇入行。其基本处理程序如图 7-2 所示。

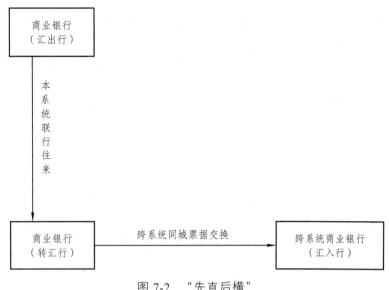

图 7-2 "先直后横"

1. 汇出行的处理

汇出行发生业务后凭客户提交的汇款凭证通过本系统联行往来将款项划转汇入地本系统的转汇行。划收款项的会计分录如下：

借：单位活期存款——付款人户

　贷：联行往账

如系划付款项，会计分录相反。

2. 转汇行的处理

汇入地本系统转汇行收到本系统汇出行划来的联行报单及汇划凭证，经审查无误，直接通过同城票据交换，向跨系统汇入行办理转汇。划收款项的会计分录如下：

借：联行来账

　贷：清算资金往来——同城票据清算

　　　或 同业存放

如系划付款项，会计分录相反。

3. 汇入行的处理

汇入行收到本地区跨系统转汇行划转的款项，为收款单位入账。划收款项的会计分录如下：

借：清算资金往来——同城票据清算

　　　或 同业存放

　贷：单位活期存款——收款人户

如系划付款项，会计分录相反。

（三）汇出地、汇入地均为单设机构地区的转汇采取"先直后横再直"的方式

汇出地、汇入地均为单设机构的地区，必须采取"先直后横再直"的方式办理转汇。即

177

要选择就近设有双系统银行机构的地区作为转汇地，首先通过本系统联行往来将款项划至转汇地的本系统联行机构（代转行），再由代转行通过同城票据交换（或同业往来）将汇划款项转至当地的跨系统转汇行，再由转汇行通过系统内联行往来将款项汇至跨系统的汇入行。其基本处理程序如图7-3所示。

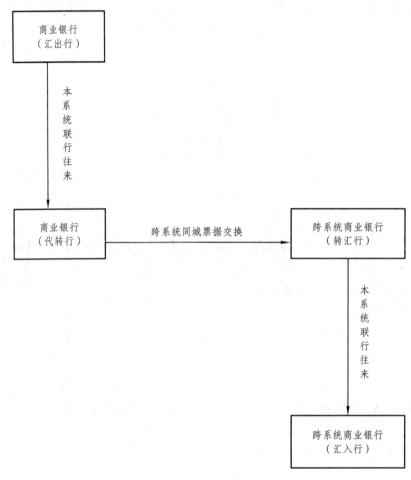

图 7-3　"先直后横再直"

1. 汇出行的处理

汇出行发生业务后，凭客户提交的汇划凭证填制本系统联行报单，通过本系统联行往来将款项划至转汇地区的本系统联行机构（代转行）。

划收款项的会计分录如下：

借：单位活期存款——付款人户

　贷：联行往账

如系划付款项，会计分录相反。

2. 代转行的处理

代转行收到本系统联行汇出行划来的联行报单及汇划凭证，经审查无误，直接通过同城票据交换，向转汇行办理转划。划收款项的会计分录如下：

借：联行来账

　　贷：清算资金往来——同城票据清算

　　　　或 同业存放

如系划付款项，会计分录相反。

3. 转汇行的处理

转汇行收到本地区跨系统代转行划转的汇划凭证，经审查无误，即通过本系统联行往来划转汇入行。划收款项的会计分录如下：

借：清算资金往来——同城票据清算

　　　　或 同业存放

　　贷：联行往账

如系划付款项，会计分录相反。

4. 汇入行的处理

汇入行收到本系统联行报单和汇划凭证，经审核无误后办理转账。会计分录如下：

借：联行来账

　　贷：单位活期存款——收款人户

如系划付款项，会计分录相反。

例 7-10：甲地某中国银行开户单位 ZX 汽贸公司电汇乙地某工商银行开户单位 RG 机械厂零件款 40 000 元，汇出地为双设机构，采取先横后直的划款方式。

借：单位活期存款——ZX 汽贸　　　40 000

　　贷：清算资金往来——同城票据清算　　　40 000

借：清算资金往来——同城票据清算　　40 000

　　贷：联行往账　　　　　　　　　　　40 000

借：联行来账　　　　　　　　　　40 000

　　贷：单位活期存款——RG 机械厂　　　40 000

例 7-11：某地工商银行开户单位 DY 批发商城信汇丙地农业银行开户单位电池厂货款 2000 元。汇出汇入地均为单设机构。

借：单位活期存款——DY 批发商城　　2000

　　贷：联行往账　　　　　　　　　　　2000

借：联行来账　　　　　　　　　　2000

　　贷：清算资金往来——同城票据清算　　　2000

借：清算资金往来——同城票据清算　　2000

　　贷：联行往账　　　　　　　　　　　2000

借：联行来账　　　　　　　　　　2000

　　贷：单位活期存款——电池厂　　　　2000

四、同业间存放款项的核算

同业间的存放款项包括存放同业款项和同业存放款项。

存放同业款项是指商业银行因办理跨系统资金结算、理财投资或其他资金往来等业务需要而存入境内、境外其他银行和非银行金融机构的款项。该类存款用"存放同业"账户进行核算。商业银行增加在同业的存款时，借记"存放同业"，贷记"存放中央银行款项"，减少在同业的存款时做相反的会计分录。

同业存放款项是指境内、境外其他银行和非银行金融机构，因办理跨系统资金结算、理财投资或其他资金往来等业务需要而存入商业银行的款项。该类存款用"同业存款"科目核算。同业增加在商业银行的存款时，商业银行应按实际收到的金额，借记"存放中央银行款项"，贷记"同业存放"；同业减少在商业银行的存款时，商业银行做相反的会计分录。

（一）存放同业款项的核算

1. 存出款项的处理

商业银行存出款项时，在资金划拨后进行账务处理，会计分录如下：

借：存放同业——存放××行××款项

　贷：存放中央银行款项——准备金存款

2. 支取款项的处理

商业银行支取款项时，在收到划来的资金后进行账务处理，会计分录为：

借：存放中央银行款项——准备金存款

　贷：存放同业——存放××行××款项

3. 利息的处理

资产负债表日、结息日及销户日时，商业银行按计算确定的利息金额计提利息收入，会计分录如下：

借：应收利息

　贷：利息收入

结息日时，实际收到存放同业款项的利息时，会计分录如下：

借：存放同业——存放××行××款项

　贷：应收利息

（二）同业存放款项的核算

1. 同业存入款项的处理

同业存入款项，商业银行在收到划来的资金后进行账务处理，会计分录如下：

借：存放中央银行款项——准备金存款

　贷：同业存放——××行存放××款项

2. 同业支取款项的处理

同业支取款项时，商业银行在资金划拨后进行账务处理，会计分录如下：

借：同业存放——××行存放××款项

　　贷：存放中央银行款项——准备金存款

3. 利息的处理

资产负债表日、结息日及销户日时，商业银行按计算确定的利息金额计提利息支出，会计分录如下：

借：利息支出

　　贷：应付利息

结息日时，实际支付同业存放款项的利息时，会计分录如下：

借：应付利息

　　贷：同业存放——××行存放××款项

五、同业拆借的核算

同业拆借是指商业银行之间临时融通资金的一种短期资金借贷行为，是解决短期资金不足的一种主要方式，主要用于解决清算票据交换差额、系统内调拨资金不及时等原因引起的临时性资金不足。通过相互融通资金，充分发挥横向调剂作用，有利于搞活资金，提高资金的使用效益。

同业拆借可以在中央银行组织的资金市场进行，也可以在同城商业银行间进行，或在异地商业银行间进行，但都必须通过中央银行划拨资金。拆出与拆入的商业银行，应商定拆借条件，如拆借金额、利率、期限等，并签订协议，由双方共同履行。

（一）资金拆出的处理

1. 拆出行的处理

拆出行开出中央银行存款账户的转账支票，提交开户的中央银行，办理资金划拨手续。会计分录如下：

借：拆放同业——××拆入行户

　　贷：存放中央银行款项

2. 中央银行的处理

中央银行收到拆出行提交的转账支票，经审核无误，办理款项划转。会计分录如下：

借：××银行准备金存款——拆出行户

　　贷：××银行准备金存款——拆入行户

3. 拆入行的处理

拆入行接到收账通知办理转账。会计分录如下：

借：存放中央银行款项

　　贷：同业拆入——××拆出行户

例 7-12：6 月 3 日，中国建设银行陕西省分行营业部（西安市）签发转账支票提交当地中央银行，以转账的方式向本市中国工商银行陕西省分行营业部拆除资金 3 000 000 元，双方约定拆借期限为5天，拆借年利率为5.1%。假设中国建设银行陕西省分行营业部和中国工商银行陕西省分行营业部均在本市中央银行开有准备金存款账户。要求：根据上述资料编制拆借时各银行的会计分录。

中国建设银行陕西省分行营业部的会计分录：

借：拆放同业——省工行营业部　　　　　3 000 000
　　贷：存放中央银行款项——准备金存款　　　　3 000 000

中央银行的会计分录：

借：建设银行准备金存款——省建行营业部　3 000 000
　　贷：工商银行准备金存款——省工行营业部　　　3 000 000

中国工商银行陕西省分行营业部的会计分录：

借：存放中央银行款项——准备金存款　　3 000 000
　　贷：同业拆入——省建行营业部　　　　　3 000 000

（二）拆借资金归还的处理

1. 拆入行的处理

拆借资金到期，拆入行签发中央银行转账支票，提交开户的中央银行，办理本息划转手续。会计分录如下：

借：同业拆入——××拆出行户
　　金融企业往来支出
　　贷：存放中央银行款项

2. 中央银行的处理

中央银行收到拆入行提交的转账支票，会计分录如下：

借：××银行准备金存款——拆入行户
　　贷：××银行准备金存款——拆出行户

办理转账后，通知拆出行。

3. 拆出行的处理

拆出行接到收账通知，办理转账，会计分录如下：

借：存放中央银行款项
　　贷：金融企业往来收入
　　　　拆放同业——××拆入行户

例7-13：承接前例，假设中国工商银行陕西省分行营业部于到期日连本带息一并偿还给中国建设银行陕西省分行营业部。要求：编制各银行的会计分录。

拆借利息=3 000 000×5×5.1%÷360=2125（元）

中国工商银行陕西省分行营业部的会计分录：

借：同业拆入——省建行营业部　　　　3 000 000
　　金融机构往来支出　　　　　　　　　　2125
　　贷：存放中央银行款项——准备金存款　　　3 002 125

中央银行的会计分录：

借：工商银行准备金存款——省工商银行营业部 3 002 125

　　贷：建设银行准备金存款——省建行银行营业部 　　　　3 002 125

中国建设银行陕西省分行营业部的会计分录：

借：存放中央银行款项——准备金存款 3 002 125

　　贷：拆放同业——省工行营业部 　　　　3 000 000

　　　　金融机构往来收入 　　　　2125

◆ 课后练习题

一、思考题

1. 什么是金融机构往来？金融机构往来的核算要求有哪些？

2. 简述缴存财政性存款和缴存一般性存款的范围、基本规定与核算手续。

3. 商业银行之间跨系统相互转汇有哪几种做法？其核算程序如何？

4. 简述票据交换的基本做法，提出行与提入行的处理。

5. 什么是同业拆借？商业银行拆出行、拆入行如何核算？

6. 如何进行票据清算？

二、单项选择题

1. 再贴现票据到期，中央银行向（ 　　 ）收取票款。

　　A. 票据承兑人 　　　　B. 票据付款人 　　　　　　C. 申请再贴现的商业银行

2. 同业拆借的利息，拆入行在核算时所使用的科目是（ 　　 ）。

　　A. 利息收入 　　　　　　B. 利息支出

　　C. 金融企业往来收入 　　　　D. 金融企业往来支出

3. 财政性存款的缴存比例为（ 　　 ）。

　　A. 6% 　　　　B. 7% 　　　　C. 10% 　　　　D. 100%

三、判断题

1. 商业银行跨系统转汇，在双设机构地区，先将汇款直接划转当地的跨系统转汇行的做法，叫"先横后直"。（ 　　 ）

2. 各商业银行相互拆借资金，应通过中国人民银行存款账户。（ 　　 ）

3. 再贴现是商业银行将未到期的已办理贴现的票据向其他商业银行融通资金的方式。（ 　　 ）

4. 在票据交换中，凡是由本行开户单位付款，他行开户单位收款的各项结算凭证称为代收票据（贷方凭证）。（ 　　 ）

第八章　现金出纳业务的核算

【学习目标】

◆ 了解现金出纳的任务和原则

◆ 掌握现金收付的核算

◆ 掌握出纳错款的核算

◆ 了解库房管理要求

第一节　现金出纳业务概述

现金出纳业务是指本外币的收入和付出。银行的现金出纳工作与国民经济各部门、各单位乃至广大人民群众有着密切的联系，是银行的一项基础性工作。做好现金出纳及核算工作，加强现金资产管理，对于贯彻我国的金融法规和现金管理、调节现金流通、满足市场的现金需要、调节市场货币流通，加速现金周转，服务客户，监督现金合理使用，保护国家财产安全等都具有十分重要的意义。

一、现金出纳工作的主要内容

银行现金出纳工作，是实现银行基本职能的重要环节，它的工作任务如下：

（1）按照国家金融法规和银行制度，办理现金的收付、清点、调运以及损伤票币、大小票币的回收兑换和回笼。

（2）根据市场货币流通的需要，调节市场各种票币的比例，做好现金回笼和供应工作。

（3）按照金银管理的要求，办理金银收购、配售业务，开展金银回收和节约代用工作。

（4）保管现金、金银、外币和有价单证，做好现金业务库管理。

（5）做好爱护人民币、维护人民币信誉的公众宣传工作，做好本外币反假、反破坏工作。

二、现金出纳工作的原则

现金出纳工作有着特殊的性质，为确保现金出纳工作任务的完成，必须建立手续严密、责任分明、准确及时、库款安全的制度，并坚持以下原则：

（1）钱账分管原则。钱账分管原则就是管钱不管账，管账不管钱，做到钱账分管，责任分明。这样有利于会计出纳各自发挥不同的专业职能，并便于相互核对和制约，确保账款相符。

（2）双人经办原则。双人经办原则是指在现金出纳工作中，坚持双人管库、双人守库、双人押送，这样便于相互监督，防止差错和意外事故的发生。

（3）收付分开原则。收付分开原则就是指收款业务与付款业务分开经办，收付两条线，不能由一人既管收款又管付款，避免以收抵支及舞弊现象的发生。

（4）先收款后记账，先记账后付款原则。现金收入业务必须先收款后记账，现金付出业务必须先记账后付款。执行这一规定可使银行在出现差错时占据主动地位，有利于维护银行和客户的资金安全。

（5）换人复核原则。换人复核原则就是指无论收款还是付款都必须换人复核。每笔现金收款业务必须在柜面人员初点之后交复核人员复点。每笔现金付款业务，都要有付款人员配好款项后交复核人员复点后才能付款。这样可以避免发生差错，不至于给银行信誉和财产造成损失。

（6）交接手续和查库原则。就是指款项交换或出纳人员调换时，须办理交接手续，由交接人员同时在交接登记簿上签字，明确责任。对库房管理除坚持双人守库、双人管库外，还必须履行定期或不定期查库制度，加强对库房工作的督促检查，确保账款相符。

第二节　现金收付业务的核算

现金收付业务主要包括现金的收付、兑换以及差错处理等内容。银行在受理次业务时，必须坚持现金收入"先收款后记账"，现金付出"先记账后付款"的原则。

一、会计科目设置

现金收付业务使用的会计科目主要有：库存现金、吸收存款、待处理财产损溢、营业外收入、营业外支出。前面两个科目在相关章节中已经讲过，在此，只介绍后面三个。

1. 待处理财产损溢

该科目属于资产类科目，核算银行在办理业务和清算财产中发生的各种财产物资的损溢等。发生待处理财产物资损失时，借记本科目，贷记相关科目，反之，做相反的分录。本科目下设"待处理流动资产损溢"和"待处理固定资产损溢"。

2. 营业外收入

营业外收入属于损益类科目，核算银行业务以外的收入。发生各项营业外收入时，借记"库存现金"等有关科目，贷记本科目。年末本科目余额结转本年利润时，借记本科目，贷记"本年利润"科目。

3. 营业外支出

营业外支出属于损益类科目，核算银行发生的与业务经营无直接关系的各项支出。发生各项营业外支出时，借记本科目，贷记有关科目。期末本科目余额结转利润时，借记"本年利润"科目，贷记本科目。

二、现金收入业务的核算

（一）客户交存现金的处理

客户在向银行交存现金时，应填制一式两联的现金缴款单，连同现金交银行出纳部门，收款员收到缴款单和现金后，应先审查凭证日期、账号、户名、款项来源填写是否齐全，大小写金额是否一致。审核无误后，即当面点收款项。现金收妥后，收款员在两联缴款单上分别加盖个人名章，然后交复核员进行复点。经复核无误后，在凭证上加盖"现金收讫"章及复核员名章。然后将第一联（回单联）退还客户，第二联由收款员登记现金收入日记簿后按有关规定程序送有关会计专柜代现金收入传票。会计部门收到第二联缴款单后，凭以记入缴款单位分户账。会计分录为：

借：库存现金
　贷：单位活期存款——××单位存款户

（二）所辖机构缴存现金

营业机构向其管辖行缴存现金时，应填制一式两个现金缴款单，管辖行出纳员收到现金和凭证，审核、清点无误后办理入库手续，会计分录为：

借：库存现金
　贷：系统内存放款项
营业机构的会计分录与管辖行相反。

三、现金付出业务的核算

（一）客户提取现金的处理

客户在提取现金时，应填写本行的现金支票，或其他现金付款凭证到银行会计专柜办理取款手续。会计人员收到支款凭证后，应审查日期、账号、户名以及背书是否齐全，款项用途是否符合有关规定，大小写金额是否相符等。经审核无误后，将现金支票右下角的"出纳对号单"撕下或将铜牌交取款人，凭以向出纳部门领取款项。然后，会计部门将留下的现金支票（或其他支款凭证）代替现金付出传票做账务处理。会计分录为：

借：单位活期存款——××单位存款户
　贷：库存现金
记账经复核无误，再将现金支票按有关规定程序传送到出纳部门。

出纳部门付款员接到会计部门传来的现金支票，按规定审核无误后，凭以登记现金付出日记簿，并予以配款，在支款凭证上填明券别明细、加盖现金付讫章和名章，将凭证、现金付出日记簿连同现金一并交复核员复核。复核员复核无误后，叫号、问清取款额、收回对号单或铜牌，将款项当面交给取款人清点。最后支款凭证分批送回会计部门。

（二）所辖机构支取现金的处理

营业机构向其管辖行提取现金时，应填写现金支票。管辖行收到现金支票后，经审查无误办理现金出库手续，会计分录为：

借：系统内存放款项

　　贷：库存现金

营业机构的会计分录与管辖行相反。

四、营业终了的账款核对及入库

每日营业终了时，收款员应将当日所收的现金，按票币种类进行汇总，计算出现金总数，并同现金收入日记簿的总数和会计部门的"库存现金"总账的当日借方发生额核对相符，然后填写入库票，登记款项交接登记簿，将现金交管库员审核入库。

付款员应当根据当日领取的备付现金总数，减去未付的剩余现金，轧出当日实付现金总数，并同现金付出日记簿总数和会计部门的"库存现金"总账的当日贷方发生额核对相符，再填写入库票，登记款项交接登记簿，交管库员审核入库。

管库员收到收款员和付款员交来的现金，经同现金收付登记簿及入库票核对相符后，将现金入库保管，同时登记现金库存簿。将昨日库存加减今日收付的现金总数，结出今日库存，并同业务库的实存现金核对相符。会计部门现金科目的总账余额，应同出纳部门的现金库存登记簿余额核对相符。

五、出纳错款的核算

出纳错款是指在办理现金收付过程中发生的现金余缺现象，导致账款不符。出纳错款的处理原则：长款不得寄库，短款不得空库，长短款不能互补；长款不报以贪污论处，短款不报以违反制度论处。因此，发生长款应及时查明原因，退还原主。如确实无法查明原因，也应按规定记入其他应付款账待查，不能侵占。发生短款不能自补上报，应及时查找收回，力求挽回损失，如确实无法收回，应根据实际情况区别对待，正确处理。

（一）出纳长款的处理

发生出纳长款，当天应及时查找原因，力争退还原主。如当天未能查明原因，应先由出纳部门出具证明，经会计主管批准后，由会计部门填制现金收入传票暂列"待处理财产损溢"科目。其账务处理的会计分录如下：

借：库存现金

　　贷：待处理财产损溢——待处理出纳长款户

查明原因后，若系客户多交或银行少付的，应及时退还失主，会计分录为：

借：待处理财产损溢——待处理出纳长款户

　　贷：库存现金

经查找无法确定原因的，经批准，可将此款做银行收益处理，会计分录为：

借：待处理财产损溢——待处理出纳长款户

　　贷：营业外收入——出纳长款收入

（二）出纳短款的处理

若发生出纳短款，银行应及时查找收回。如当天未能查清收回的，可先由出纳部门出具证明，经批准，会计部门填制现金付出传票，通过"待处理财产损溢"科目处理，其账务处理的会计分录为：

借：待处理财产损溢——待处理出纳短款户

　　贷：库存现金

经查明原因，收回短款时，会计分录为：

借：库存现金

　　贷：待处理财产损溢——待处理出纳短款

若确实无法查明原因，无法收回的，按规定的制度报损，做银行损失处理，会计分录为：

借：营业外支出——出纳短款支出

　　贷：待处理财产损溢——待处理出纳短款户

如属有章不循、玩忽职守而造成短款，应追究责任，给予适当的纪律处分；如属监守自盗、侵吞巨款，应按贪污论处，并追回全部赃款。

六、票币兑换业务

办理人民币存取款业务的金融机构应当按照中国人民银行的规定，无偿为公众兑换残缺、污损的人民币，挑剔残缺、污损的人民币，并将其交存当地中国人民银行。

残损人民币包括污损人民币和残缺人民币两大类。污损人民币是指因自然或人为磨损、侵蚀，造成外观、质地受损，颜色变暗，图案不清晰，防伪功能下降，不宜再继续流通使用的人民币。

1. 残损人民币全额兑换的标准

（1）票面残缺不超过五分之一，其余部分的图案、文字能照原样连接者。

（2）票面污损、熏焦、水湿、变色，但能辨别真假，票面残缺不超过五分之一，其余部分的图案、文字能照原样连接者。

2. 残损人民币半额兑换的标准

票面残缺五分之一至二分之一，其余部分的图案、文字能照原样连接者，应照原票面半额兑换，但不得流通使用。

3. 不予兑换的票币

凡残损人民币属下列情况之一者，不予兑换。

（1）票面残缺二分之一以上者。

（2）票面污损、熏焦、水湿、油浸，变色不能辨别真假者。

（3）故意挖补、涂改、剪贴、拼凑、揭去面者应予以没收。

4. 因火灾、虫蛀、鼠咬、霉烂等特殊原因的票币兑换

可由持票人所在单位或乡政府街道办事处或居民委员会出具证明，经调查以照顾兑换，证明应附于票币之后。

5. 残缺人民币内部掌握兑换标准

（1）票面缺去八分之二，保留面积不少于八分之六者兑换全额。

（2）票面缺去八分之五，保留面积不少于八分之三者兑换半额。

（3）正十字形缺少四分之一者只能兑换半额。

◆ **课后练习题**

一、思考题

1. 现金出纳工作的原则是什么？

2. 现金收入和现金付出各包括哪些内容？

3. 出纳现金错账的类型有哪些？

4. 什么是损伤票币？损伤票币的销毁权属于谁？

二、业务题（编制下列业务中银行的会计分录）

1. 开户单位 XX 百货交销货款收入现金 10 000 元，当即点收无误后入账。

2. 开户单位 ZS 集团填写现金支票要求支取现金 30 000 元，经审核无误，当即付现。

3. 营业终了，发生出纳长款 20 元，无法查明原因。

4. 营业终了，发生出纳短款 100 元，暂列暂付款项处理。

第九章　外汇业务的核算

【学习目标】
- ◆ 了解外汇会计的对象、任务及特点
- ◆ 掌握外汇买卖业务的核算
- ◆ 掌握外汇存贷款业务的核算
- ◆ 熟悉国际贸易与非贸易业务的核算

外汇业务是商业银行经营业务的重要组成部分。随着我国对外开放的不断扩大，商业银行的外汇业务亦将不断增加，办好外汇业务对于促进国际间经济交往，扩大我国进出口贸易，充分利用外资都有着十分重要的作用。办理外汇业务，既涉及国内各单位和个人，又同国外银行发生关系，既要严格遵守国内银行的有关制度规定，又要尊重他国的习惯，尽量适应国际惯例。因此外汇业务核算较其他银行业务的核算有其自身的特点。本章旨在介绍外汇买卖、外汇存贷款和国际结算业务的基本核算方法。

第一节　外汇业务概述

一、外汇与汇率

（一）外汇

外汇是国际汇兑的简称，通常指以外国货币表示的可用于国际间债权债务结算的各种支付手段，是国际金融领域里最常见、最普遍使用的概念。外汇具有动态和静态两种含义。

动态的外汇是国际汇兑的简称，是指一种行为，即把一国货币兑换成另一国货币，借以清偿国际债权、债务关系的一种专门性的经营活动。静态的外汇是指一种以外币表示的支付手段，用于国际结算。IMF（国际货币基金组织）曾对外汇下过明确的定义："外汇是货币行政当局（中央银行、货币管理机构、外汇平衡基金组织及财政部）以银行券、国库券、长短期政府债券等形式所持有的在国际收支逆差时可以使用的债权。"

我国《外汇管理条例》规定："外汇是指下列以外币表示的可以用作国际清偿的支付手段和资产：外币现钞，包括纸币、铸币；外币支付凭证或支付工具，包括票据、银行存款凭证、银行卡等；外币有价证券，包括债券、股票等；特别提款权，其他外汇资产。"

由上可知，外汇必须符合两个条件：其一是以外国货币表示，其二是可自由兑换。

（二）汇率

汇率又称汇价，是指一个国家的货币折算成另一个国家货币的比率，或是以一种货币表示另一种货币的价格。它反映了一国货币的对外价值。折算两种货币的比率，首先要确定以哪一国货币作为标准，这称为汇率的标价方法。外汇汇率的标价方法主要有两种。

1. 直接标价法

直接标价法又称应付标价法，是指以一定单位的外国货币为标准，折算为若干数量本国货币的表示方法。就相当于计算购买一定单位外币所应付多少本币，所以叫应付标价法。包括中国在内的世界上绝大多数国家目前都采用直接标价法。例如，USD100=¥673.62。其特点是，当汇率发生变化时，作为标准的外国货币不变，用表示外国货币的本国货币上下浮动来反映变化。本国货币币值的大小与汇率的高低成反比。

2. 间接标价法

间接标价法又称应收标价法，是指以一定单位的本国货币为标准，折算为若干单位外国货币的表示方法，与直接标价法正好相反。例如，¥1=USD$0.1485。其特点是，当汇率发生变化时，作为标准的本国货币不变，用表示本币的外国货币的上下浮动来反映。本国货币的币值大小与汇率的高低成正比。

外汇的牌价有钞买价、汇买价、汇卖价、钞卖价、中间价。钞买价是买入银行外币现钞的价格，低于汇买价。汇买价是银行买进外币现汇的价格。汇卖价是银行卖出外汇现汇的价格。钞卖价同汇卖价。买入价与卖出价之间的差额作为银行的收入。中间价是买入价与卖出价的平均价，作为银行内部结算和套汇时使用。

中国人民银行公布中间汇率，各外汇指定银行根据中国人民银行公布的中间汇率，自行计算制定本行的汇买价、汇卖价和钞买价。

二、外汇业务的主要内容

在我国由国家授权外汇管理局行使外汇管理职权，由外汇管理局指定银行和经批准的商业银行经营外汇业务。

根据《银行外汇业务管理规定》的规定，由外汇管理局指定银行和经批准的商业银行可以经营下列部分或者全部外汇业务：外汇存款；外汇贷款；外汇汇款；外币兑换；国际结算；同业外汇拆借；外汇票据的承兑和贴现；外汇借款；外汇担保；结汇、售汇；发行或者代理发行股票以外的外币有价证券；买卖或者代理买卖股票以外的外币有价证券；自营外汇买卖或者代客外汇买卖；外汇信用卡的发行和代理国外信用卡的发行及付款；资信调查、咨询、鉴证业务；国家外汇管理局批准的其他外汇业务。上述外汇业务由国家外汇管理局界定。

三、外汇业务核算的方法

外汇业务的核算方法有本币统账制和外币分账制。目前，银行一般采用外币分账制核算。外币分账又称原币记账法，是指外汇指定银行办理各项外汇业务时，所有账务组织和账务处理都以原币作为记账单位的一种方法。其内容主要有以下几点：

1. 按外币币种分账核算

凡是有人民币外汇汇率的外币直接按原币核算，如美元、英镑、日元、港元、欧元等。每一种外币自成一套独立的账务系统，业务发生时各种分账外币都按原币金额填制凭证、记载账务和编制报表。国内联行间进行外汇划拨也填制原币报单，记原币账，如实反映各种外币数量的增减变动情况。

2. 区分记账外汇与自由外汇

记账外汇是根据两国政府有关贸易清算协定所开立的清算账户下的外汇。此种外汇不能兑换成其他货币，也不能支付给第三国，只能用于支付协定规定的两个国家之间的贸易货款、从属费用和双方政府同意的其他付款。自由外汇是指在国际金融市场上可以自由买卖，在国际结算中广泛使用，并可以自由兑换成其他国家货币的外汇。

记账外汇和自由外汇适用于不同的清算方式，它们的性质不同，必须严格区分，分期核算。

3. 通过"外汇买卖"科目核算外币与人民币之间的转换

"外汇买卖"科目是实行外汇分账制时所设置的一个特定的科目。它在外汇业务核算中起平衡作用，并作为外币与本币之间账务联系的纽带，属于资产负债共同类科目。当商业银行买入外汇时，本科目外币金额反映在贷方，人民币金额反映在借方；当商业银行卖出外汇时，本科目外币金额反映在借方，人民币金额反映在贷方。通过该科目分别实现本币和外币的账务平衡。

4. 年终并表，以本币反映经营状况和经营成果

年终决算时，各种外币业务除分别编制原币的会计报表外，还要按照规定的汇率折合成本币，并与本币报表合并，编制备货币汇总折合本币的会计报表。

第二节　外汇买卖业务

一、外汇买卖科目传票

外汇买卖传票由外汇买入传票（见表 9-1 和表 9-2）、外汇卖出传票和套汇传票三种。买入、卖出外汇传票各为一式三联，外币和人民币的记账传票各一联，另一联为统计卡。套汇凭证一式五联，外汇买卖的外币和人民币传票各两联，另一联为统计卡。

二、外汇买卖账簿

（一）外汇买卖分户账（明细账）

外汇买卖分户账是一种特定格式的账簿（见表 9-3），以外币币种分别立账。该分户账由买入、卖出和结余三栏组成，把外币金额和人民币金额同时分栏填列在一张账页上。买入外汇时，外币记贷方，人民币记借方，两者都应记入买入栏；卖出外汇时，外币借借方，人民

币记贷方，两者都应记入卖出栏。

表 9-1　买入外汇贷方传票

（贷）外汇买卖　　　　　　　　2017 年 5 月 12 日　　　　　　　　（对方科目）现金

摘要	外汇金额							牌价	人民币金额						
	万	千	百	十	元	角	分		万	千	百	十	元	角	分
以港币兑换人民币现钞	1	0	0	0	0	0	0	1.06	1	0	6	0	0	0	0
合计	1	0	0	0	0	0	0		1	0	6	0	0	0	0

表 9-2　买入外汇借方传票

（借）外汇买卖　　　　　　　　2017 年 5 月 12 日　　　　　　　　（对方科目）现金

摘要	外汇金额							牌价	人民币金额						
	万	千	百	十	元	角	分		万	千	百	十	元	角	分
以港币兑换人民币现钞	1	0	0	0	0	0	0	1.06	1	0	6	0	0	0	0
合计	1	0	0	0	0	0	0		1	0	6	0	0	0	0

表 9-3　外汇买卖分户账

币别：港币

2017 年		摘要	买入金额			卖出金额			结存金额			
月	日		外币（贷）	牌价	人民币（借）	外币（借）	牌价	人民币（贷）	借或贷	外币	借或贷	人民币
1	4	兑入	12 000	1.06	12 720				贷	12 000	借	12 720
	8	兑出				9000	1.063	9567	贷	3000	借	3153
	16	兑入	10 000	1.06	10 600				贷	13 000	借	13 753

（二）外汇买卖总账

外汇买卖科目总账按各分户账外币和人民币分别设置。每日营业终了，根据科目日结单登记总账发生额，然后结出本日余额。

三、外汇买卖账务处理

（一）买入外汇

买入外汇即结汇，是指境内企事业单位、机关和社会团体按国家外汇政策的规定，将各类外汇收入按银行挂牌汇率售给外汇指定银行。外汇指定银行买入外汇现汇（或现钞）时，应根据兑入的外币金额并按该外币现汇或外币现钞买入价折算成人民币金额，填制买入外汇

193

传票进行账务处理。会计分录如下：

借：现金——外币户 　　　　　　　　（外币）
　贷：外汇买卖（汇买价或钞买价） 　　　　　（外币）
借：外汇买卖 　　　　　　　　（人民币）
　贷：现金——人民币户 　　　　　　　　（人民币）

例9-1：客户张×持港币现钞2000元来行，要求兑换人民币。假设单日港币的钞买价是¥86/HKD100。会计分录如下：

借：现金——港币　　HKD2000.00
　贷：外汇买卖　　　　　　HKD2000.00
借：外汇买卖　　　　¥1720.00
　贷：现金——人民币户　　　　¥1720.00

（二）卖出外汇

卖出外汇即售汇，是指境内企事业单位、机关和社会团体持有关有效凭证，用人民币到外汇指定银行办理兑换外汇。外汇指定银行卖出外汇时，应将人民币按卖出外汇价折算外币，并填制卖出外汇传票进行账务处理。会计分录为：

汇是指银行收取人民币卖出外汇（含外钞）。卖汇时会计分录为：

借：现金——人民币　　　　（人民币）
　贷：外汇买卖　　　　　　　　　（人民币）
借：外汇买卖（汇卖价）　　（外币）
　贷：现金——外币户　　　　　　（外币）

例9-2：丝绸公司经外汇管理局批准用汇，向银行兑换2000元港币汇往香港。假设当日港币汇卖价是¥88/HKD100。会计分录为：

借：现金——人民币　　　¥1760.00
　贷：外汇买卖　　　　　　　¥1760.00
借：外汇买卖　　　　HKD2000.00
　贷：现金——外币户　　　　　HKD2000.00

（三）套汇

套汇是指外汇指定银行按挂牌人民币汇率，把一种外汇通过人民币折算，兑换成另一种外汇的活动。即先买入一种外币，将该外币按买入价折合成人民币数额，然后再卖出另一种外币，将折合的人民币数额按卖出价套算成另一种外币数额。套汇包括两种情况：一是把一种外汇兑换成另一种外汇，二是同种外币的现汇与现钞相互兑换。会计分录为：

1. 买入A种外汇

借：现金——外币户 　　　　　　　　（A外币）
　贷：外汇买卖 （汇买价或中间价） 　　　　　（A外币）

2. 通过人民币套换

借：外汇买卖 　　　　　　　　　（人民币）

贷：外汇买卖　　　　　　　　　　　　　　　（人民币）

3. 卖出 B 种外汇

借：外汇买卖（汇卖价或中间价）　　　　　　（B 外币）

　　贷：现金　　　　　　　　　　　　　　　（B 外币）

例 9-3：经外汇管理局批准，丝绸公司汇给美国某公司进口货款 10 000 美元，从其港币存款账户支付港币，购买美元对外付汇。假设当日港币汇买价为¥87/HKD100，美元汇卖价为¥673/USD100。会计分录如下：

借：单位活期存款——丝绸公司　　　HKD77 356.32

　　贷：外汇买卖　　　　　　　　　　　　　　　HKD77 356.32

借：外汇买卖　　　　　¥67 300.00

　　贷：外汇买卖　　　　　　¥67 300.00

借：外汇买卖　　　　USD10 000.00

　　贷：汇出汇款　　　　　　USD10 000.00

第三节　外汇存款业务的核算

一、外汇存款的种类

外汇存款是指单位和个人将其所持有的外汇资金存入银行，并在以后随时或约期支付，银行按约定支付一定利息的业务。它是银行聚集外汇资金的主要来源。外汇存款可按存款对象划分为甲种外币存款、乙种外币存款和丙种外币存款三种。

甲种外币存款是单位存款，一般只开立外汇户，其对象是驻华机构和我国境内机关、团体、学校及企事业单位与三资企业等。甲种外币存款有活期存款和定期存款两种。活期存款按支取方法不同分为存折户和往来户，起存金额为人民币 1000 元的等值外汇。定期存款为记名式存单，机关单位存款期限分为 3 个月、6 个月、1 年和 2 年四档，三资企业及国内金融机构存款分为 7 天、1 个月、3 个月、6 个月和 1 年五档。定期存款起存金额为不低于人民币 10 000 元的等值外汇。存款的货币种类，根据现行的规定外币存款业务币种主要有美元、英镑、欧元、日元、港币、澳大利亚元、加拿大元、瑞士法郎、新加坡元九种，其他可自由兑换的外币可在存款日按当日牌价折算成上述之一货币办理外汇户存款。

乙种外币存款对象是居住在国外或我国港澳地区的外国人、外籍华人、华侨、港澳同胞和短期来华人员，以及居住在中国境内的外国人，以及按国家规定允许将外汇留存给居住在国内的中国人。乙种外币存款有外汇账户和现钞账户两种，有活期存款和定期存款。活期存款为存折户，可随时支取，起存金额为不低于人民币 100 元的等值外汇。定期存款为记名式存单，有 1 个月、3 个月、6 个月、1 年和 2 年五档，起存金额为不低于人民币 500 元的等值外汇。存款的货币种类与甲种相同。乙种外币存款账户的外汇使用可以汇往中国境内外，可兑换人民币；外币现钞账户可以直接支取现钞，也可汇出；存款人出境时，根据存款人的要求，现汇账户可支取外钞或直接汇出。

丙种外币存款的对象是中国境内的居民，包括归侨、侨眷和港澳台同胞的亲属。有现钞账户和现汇账户两种。定期存款分为 3 个月、6 个月、1 年和 2 年四档，定、活期起存金额和存款货币种类与乙种外币存款相同。丙种外币存款汇往境外，须经国家外汇管理部门批准后方可汇出。

二、外汇存款的核算

外汇存款的会计核算分存入、支取、计息三个环节。

1. 外汇存款的开户及存入的核算

外汇存款开户时，应由开户单位或个人填写开户申请书提交银行，将有关证明文件送交开户银行申请开户。开立存折户，需填制存入凭条；开立往来账户，需要填制送款单。申请外汇定期存款的，定期存款的开户申请书上应填明户名、地址、存款种类、存款期限等内容，连同外汇或外钞一并提交银行。银行经审核无误后，办理开户及存入手续，如存款人要求凭印鉴支取，应预留银行印鉴，银行分别不同情况进行账务处理。其存入会计分录如下：

借：现金（或其他相关科目）　　　　　　（外币）

　　贷：外汇买卖　（钞买价）　　　　　　　　　（外币）

借：外汇买卖　（钞买价）　　　　　（人民币）

　　贷：外汇买卖　（汇卖价）　　　　　　　　　（人民币）

借：外汇买卖　（汇卖价）　　　　　（外币）

　　贷：外汇定期存款（或其他相关科目）　　　　（外币）

2. 存款支取的核算

外汇活期存款的支取，存折户须凭存折和支取凭条，往来户要填具支票，加盖预留印鉴送交银行。外汇定期存款的支取，应将定期存单提交银行，经银行审核无误后予以办理支取手续。

支取原币现钞，会计分录为：

借：外汇活期存款（或其他相关科目）　　　　（外币）

　　贷：外汇买卖（汇买价）　　　　　　（外币）

借：外汇买卖　（汇买价）　　　　　（人民币）

　　贷：外汇买卖　（钞卖价）　　　　　　　　　（人民币）

借：外汇买卖　（钞卖价）　　　　　（外币）

　　贷：现金　　　　　　　　　　　　　（外币）

3. 外汇存款计息的核算

外汇活期存款分支票户和存折户两种。支票户不计息，存折户要计息。外汇活期存款采用余额表可以按季计息，每季末月 20 为计息日；也可按年计息，每年 12 月 20 日计息，12 月 21 日至 31 日的利息并入下半年。活期存款是浮动利率，若利率变动，采取分段计息。计息分录如下：

借：利息支出　　　　　　　　（外币）

贷：外汇活期存款　　　　　　（外币）

外汇定期存款到规定日期支取本金与利息。定期存款未到期不能提前支取。若银行同意客户提前支取，则利息以活期存款利息计算。存款期间利率如有变动，在定期日内仍以原利率计算利息。存款到期未办理支取的，逾期部分按取款日外汇活期存款利率计算利息。定期存款的存期按对年对月计算，不足一年或一月的零头天数按实际天数计算。计息分录如下：

计息时：

借：利息支出　　　　　　　　（外币）

贷：应付利息　　　　　　　　　　（外币）

存款到期付息时，客户提取本息：

借：应付利息　　　　　　　　（外币）

外汇定期存款（或其他）　（外币）

贷：现金　　　　　　　　　　　　（外币）

第四节　外汇贷款业务的核算

一、外汇贷款的种类

外汇贷款是银行将外汇资金贷给企业单位，用以支持出口创汇，并以外汇收入归还的一种贷款。外汇银行将利用各种信用方式汇集的外汇资金，贷放给需要外汇资金的企业。这对于加速企业资金周转，引进国外先进设备、技术以及国内短缺的原材料，促进我国经济发展，扩大出口等都有重要意义。

商业银行的外汇贷款按照不同标准划分，可以分为不同种类的贷款。将外汇贷款按照贷款期限划分，可分为短期外汇贷款、中期外汇贷款和长期外汇贷款三种。短期外汇贷款的期限一般在一年以内（含一年）。中长期外汇贷款的期限一般为一年以上。外汇贷款中一般以短期贷款为主。凡生产出口产品，有偿还外汇能力的企业，都可以向银行申请短期外汇贷款。

将外汇贷款按资金来源划分，可分为现汇贷款、买方信贷和银团贷款。现汇贷款又称自由外汇贷款。它是商业银行以吸收的外汇存款或其他自费业务方式吸收的外汇资金向企业或单位发放的贷款。现汇贷款按利率特点划分，又可分为浮动利率外汇贷款、优惠利率外汇贷款、特优利率外汇贷款、贴息外汇贷款等。

其他的外汇贷款种类还有特种外汇贷款、出口押汇、贴现、外汇抵押人民币贷款、投资性贷款等。现将商业银行常用的外汇贷款分述如下。

二、短期外汇贷款的核算

（一）贷款的发放

单位来行申请贷款，应填具外汇贷款申请书。银行信贷部门根据审核程序进行评估，按规定权限审批后，发出批准文件，并与借款单位订立外汇贷款契约，注明贷款的金额、期限、利率等，明确银行与企业应负担的经济责任，然后开立外汇贷款账户。

借款单位一般委托外贸公司代办进口并使用信用证或进口代收等方式进行结算。当发生实际付汇时，借款单位填制短期外汇贷款借款凭证一式五联（见表 9-4）提交银行。第一联为短期外汇贷款科目借方传票；第二联为备查卡片，由经办银行留存；第三联为支款通知，交借款单位；第四联为支款通知副本，交负责归还外汇额度的有关单位；第五联为支付通知副本，交代办进口的外贸公司。

表 9-4　银行短期外汇贷款借款凭证

借：短期外汇贷款　　　　　　　　　　2017 年 5 月 16 日

借款单位	××公司	借款契约号	92431	负责偿还贷款额度的单位名称		××进出口公司
账号	217131418	借款期限	自 2017 年 5 月 16 日起 至 2018 年 5 月 16 日止	起息日		2017 年 5 月 16 日
借款金额（大写）美元贰万肆仟元整　　　　　　　US$24 000.00						
借款用途						
进口货物及数量	实际支付外币金额	汇买/汇卖	折成美元金额	借款单位或代办进口公司（盖章）	备注	
合同 92034	US$24 000.00					
预收国外银行费用						
合计						

会计　　　　　　　　　复核　　　　　　　　　记账

银行审核借款凭证有关内容与借款契约规定相符后进行账务处理，其会计分录如下：

借：短期外汇贷款　　　　（外币）

　　贷：外汇活期存款　　　　（外币）

（二）贷款的计息

短期外汇贷款因利率的不同，分为优惠利率贷款和浮动利率贷款两种。优惠利率贷款是按低于正常利率所发放的贷款，按优惠利率计息。浮动利率贷款则是以国际金融市场现行利率加一定利差构成的利率，浮动计息，由银行不定期公布利率。浮动档次有 1 个月浮动、3 个月浮动、6 个月浮动及 1 年浮动四种。企业按贷款契约规定的浮动利率档次向银行贷款，在该档次内无论利率有无变动，都按贷款日确定的该档次利率计算利息，该档次期满后再按新利率计算。

短期外汇贷款，每季结息一次。结息日填制短期外汇贷款结息凭证一式两联，一联作借方传票，另一联作结息通知单交借款单位。会计分录如下：

借：短期外汇贷款 　　　　　　　　　　（外币）

　贷：利息收入——外汇贷款利息收入 　　　　（外币）

（三）贷款的收回

短期外汇贷款应按期归还，也可以提前全部或分批偿还。如不直接以外汇偿还，而用人民币购买外汇归还，借款单位必须将外贸公司签发的"还汇凭证"和填制的"短期外汇贷款还款凭证"一并提交银行。还汇凭证是外贸公司为借款单位偿还外汇额度的证明文件。还汇凭证一式两份，一份交借款单位向银行办理还款手续，另一份由签证的外贸公司送交银行。借款单位归还贷款后，还汇凭证由经办银行留存，一份作短期外汇贷款贷方传票附件，另一份银行签章后交外贸公司作为已扣外汇额度的通知。短期外汇贷款还款凭证由一式七联组成，其中一联为贷款收账通知交借款单位，一联为卖出外汇统计联银行留存，其余五联为下列会计分录的传票。最后一个结息期至还款日尚未计算的利息与本金一并收回。

借款人如果用原贷款货币偿还外币贷款，贷款行应在计算出贷款利息后，一并将本息收回。会计分录如下：

借：外汇活期存款 　　　　　　　　　（外币）

　贷：短期外汇贷款 　　　　　　　　（外币）

　　利息收入 　　　　　　　　　　（外币）

借款人如果以人民币购买外汇偿还，须将外贸公司签发的"还款凭证"和填制的"短期外汇贷款凭证"一并提交银行。还款凭证是外贸公司外借款人偿还外汇额度出具的证明文件。其会计分录为：

借：单位活期存款（或其他相关科目）　　　（人民币）

　贷：外汇买卖（汇卖价）　　　　　　　　　　（人民币）

借：外汇买卖 （汇卖价）　　　　　（外币）

　贷：短期外汇贷款 　　　　　　　　　　（外币）

　　利息收入——外汇贷款利息收入 　　　　（外币）

三、买方信贷的核算

买方信贷是由出口国银行直接向进口国银行提供信贷，以便买方利用这项贷款向提供贷款的国家购买技术、设备、货物以及支付有关费用。它是我国利用外资的重要形式。贷款期限一般为 5 到 7 年，最长可达 10 年。贷款利率一般低于现汇贷款利率。买方信贷一般分为出口买方信贷和进口买方信贷。我国商业银行主要办理进口买方信贷，即我国作为进口国银行从出口国银行取得资金，并按需要转贷给进口公司。

为了控制我国对外借款的总规模和债务风险，买方信贷外汇贷款由经办该项业务的商业银行总行统一对外签订贷款协议，由经办行采用"下贷上转"方式对进口企业发放贷款。因此，该项业务在资金来源上，商业银行总行是债务人，境外银行是债权人；在资金运用上，总行是债权人，国内借款人是债务人；在债务处理上，采用总行集中记账核算形式。

买方信贷项下向国外银行的借入款，由总行集中开户，用"借入买方信贷款"科目进行核算，并按借款单位分设账户。买方信贷项下向国外借入款的本息，由总行负责偿还；对各地企业发放买方信贷时，由分行开户，分行在"贷款"总分类科目下设置"买方信贷外汇贷款"明细科目进行核算，各分行发放的买方信贷外汇贷款的本息，由分行负责按期收回。总行、分行款项的发放和归还，经全国联行往来处理。

买方信贷外汇贷款的会计处理主要有对外签订信贷协议、支付定金贷款本息及对内收回贷款本息，使用货款、对外偿还。

（一）对外签订信贷协议

总行统一对外谈判签订买方信贷总协议，并通知各地分行和有关部门。总协议签订后，有关每个具体项目的具体信贷协议或按贸易合同逐笔申请的贷款，由总行对外谈判签订，也可由总行授权分行谈判签订。总行在签订具体协议时，应通过"买方信贷用款限额"表外科目进行核算，并登记"买方信贷用款限额登记簿"。其会计分录编制如下：

收入：买方信贷用款限额

使用贷款时，按使用金额逐笔转销表外科目。

（二）贷款的使用

买方信贷项下的进口支付方式，一般使用信用证，各地分行接到国外银行寄来我信用证项下有关单据，经审核无误，对外办理支付时，填制全国联行外汇往来贷方报单划收总行。其会计分录如下：

借：买方信贷外汇贷款——进口单位户 （外币）

　　贷：全国联行外汇往来　　　　　　　（外币）

总行收到全国联行外汇往来报单后，其会计分录如下：

借：全国联行外汇往来　　（外币）

　　贷：借入买方信贷款　　　　　　　（外币）

付出：买方信贷用款限额　　　　（外币）

如果由总行营业部直接贷出，则不必通过联行划转。

（三）贷款本息的偿还

买方信贷项下借入款的本息，由总行统一偿还，总行按照协议规定计算利息。对国外贷款行寄来的计息清单，应认真进行核对，及时偿还。其会计分录如下：

借：借入买方信贷款　　　　　　　　（外币）

　　利息支出——借入款利息支出　　　（外币）

　　贷：存放国外同业（或有关科目）　　　　　（外币）

对国内借款单位，应按照借款契约规定计算利息并按期收回。各口岸分行收回贷款本息，如借款单位有外汇额度或交来外贸还汇凭证以人民币办理结汇。其会计分录如下：

借：单位活期存款——××户　　　（人民币）

　　贷：外汇买卖（汇卖价）　　　　　　　（人民币）

借：外汇买卖（汇卖价） （外币）

　　贷：买方信贷外汇贷款——进口单位户 （外币）

　　　　利息收入——买方信贷外汇贷款利息收入 （外币）

借款单位如以自有外汇偿还贷款本息，则不通过外汇买卖，直接以现汇偿还。会计分录如下：

借：外汇活期存款——××户 （外币）

　　贷：买方信贷外汇贷款——进口单位户 （外币）

　　　　利息收入——买方信贷外汇贷款利息收入 （外币）

如借款单位不能按期归还，按规定于到期日将本息转入"短期外汇贷款"科目核算，并采取有效措施催收。

第五节　国际结算业务的核算

国际结算业务是指不同国家的企业之间，通过银行办理相互间由于商品交易引起的外汇收付或债权债务的结算。国际贸易结算可分为现汇结算和记账清算两种。目前，进出口贸易业务的结算一般以现汇结算为主，主要采用信用证、汇款、代收及托收三种结算方式。

一、信用证结算方式

信用证是开证银行根据申请人（进口商）的要求向出口商（受益人）开立的一定金额、在一定期限内凭议付行寄来规定的单据付款或承兑汇票的书面承诺，是银行有条件保证付款的凭证。信用证是国际贸易中使用最为广泛的一种结算方式，包括进口商申请开证、进口方银行开证、出口方银行通知信用证、出口商受证出运、出口方银行议付及索汇、进口商赎单提货等六个环节。

进口商根据贸易合同的规定，向银行申请开立信用证，应填具开证申请书，并缴纳相应保证金。银行审核同意后开出信用证，收取保证金，并通过其国外代理的出口地银行通知或转递信用证给出口商。出口方银行收到信用证后，进行认真核对与审查，若接受来证，应根据信用证的要求，将信用证通知或转递给出口商。出口商收到信用证，与合同内容进行核对无误后，在 L/C 规定的装运期限内按照规定的装运方式，将货物装上运输工具，并缮制和取得 L/C 所规定的装运单据，连同签发的汇票和 L/C 正本、修改通知书，送交规定的议付行。出口方银行即议付行根据单证一致、单单一致的原则，对 L/C 项目单进行审核，然后分情况对外贸公司进行出口押汇或收妥结汇。议付行付款后，开证行应立即通知进口商备款赎单，进口商将开证行所垫票款及发生的费用一并付清，赎回单据后即可凭装运单据提货。

信用证结算业务涉及进口方业务和出口方业务两个方面，下面分别加以阐述。

（一）信用证项下进口业务核算

进口信用证结算，是银行根据国内进口商的开证申请，向国外出口商开立信用证或信用保证书，凭国外银行寄来信用证中规定的票据，按照信用证条款规定对国外出口商付款，向国内进口商办理结汇的一种结算方式。进口信用证结算方式包括开立信用证、修改信用证以及审单付款三个环节。

1. 开立信用证

进口商根据与国外出口商签订的贸易合同，填具开证申请书，向银行申请开立信用证，银行收到后认真审核，根据不同情况收取开征保证金。银行审核同意后签发的信用证采用套写格式，共六联。第一、第二联通过国外联行或代理行转给出口商，第三联开证行代统计卡，第四、五联交进口商，第六联为信用证留底。

收取开证申请人保证金的会计分录为：

借：外汇活期存款——开证申请人户　　　　　（外币）

　　贷：存入保证金——开证申请人户　　　　　　　（外币）

信用证一旦开出，开证行就有了对进口商收取货款的权利，并承担了对国外银行付款的责任，因此要登记或有资产、或有负债科目。其会计分录为：

借：应收开出信用证款项　　　　　　　（外币）

　　贷：应付开出信用证款项　　　　　　　　（外币）

2. 修改信用证

进口商需要修改信用证条款或金额时，应由进口商提出申请。银行审核同意后，应立即通知国外联行或代理行，同时修改信用证的增减额。信用证修改增加金额时，与开出信用证的会计分录相同；减少金额时，与开出信用证的会计分录相反。

修改增加金额：

借：应收开出信用证款项　　（外币）

　　贷：应付开出信用证款项　　　（外币）

修改减少金额：

借：应付开出信用证款项　　（外币）

　　贷：应收开出信用证款项　　　（外币）

3. 审单付款

开证行收到国外议付行寄来信用证项下单据，与信用证条款进行核对，并通知进口商。经审核确认付款后，由银行根据信用证规定，办理付款或承兑，并对进口商办理进口结汇。

信用证的付款方式，根据付款期限不同，分为即期信用证付款和远期信用证付款。

（1）即期信用证付款方式的核算。即期信用证项下的付款方式有四种：单到国内审单付款、国外审单主动借记、国外审单电报索汇、授权国外议付行向我账户行索汇。即期信用证付款方式大多采用单到国内审单付款。

单到国内，进口商确认付款后，银行立即办理对外付款手续，填制特种转账传票，应先从保证金账户支付，不足款项再从结算账户支付。企业采用现汇开证的情况下，会计分录为：

借：外汇活期存款——开证申请人户　　　（外币）

　　　　存入保证金——开证申请人户　　　　　（外币）

　　贷：存放国外同业（或有关科目）　　　　　（外币）

　　同时：

　　借：应付开出信用证款　　　　　（外币）

　　　　贷：应收开出信用证款　　　　　　（外币）

　　例9-4：1月20日，榆林市日化进出口公司向日本某日化公司进口一批日化品，委托中国银行榆林分行通过日本三和银行（可分散记账）开出信用证一份，信用证金额为J¥1 000 000。中国银行榆林分行根据日化进出口公司要求开出信用证一份，并收取保证金存款是J¥4000。3月10日，收到三和银行寄来全套单据，货款为J¥1 000 000，其他费用J¥8000。3月13日，榆林日化进出口公司确认付款。

　　1月20日：

　　借：外汇活期存款——日化进出口公司户　　J¥4000

　　　　贷：存入保证金——日化进出口公司户　　　　　J¥4000

　　借：应收开出信用证款项　　　J¥1 000 000

　　　　贷：应付开出信用证款项　　　　　　J¥1 000 000

　　3月10日：

　　通知公司确认付款。

　　3月13日：

　　借：存入保证金——开证申请人户　　　　　　J¥4000

　　　　外汇过期存款——开证申请人户　　　　J¥1 004 000

　　　　贷：存放国外同业（或有关科目）　　　　　　J¥1 008 000

　　借：应付开出信用证款项　　　　　J¥1 000 000

　　　　贷：应收开出信用证款项　　　　　　J¥1 000 000

　　一般情况下，国外银行应收的银行费用如通知费、议付费、修改费等，都由进口商负担，因此，付款金额应包括货款与银行费用两部分。

　　（2）远期信用证付款方式的核算。远期信用证付款方式又分为由国外付款行承兑和国内开户行承兑两种。其特点是单证相符、到期付款。远期信用付款方式又分为承兑汇票和到期付款两个阶段。

　　在国内开证行承兑的方式下，开证行收到远期信用证项下议付行寄来单据后，送进口商确认，待进口商确认到期付款后即办理远期汇票承兑手续，并将承兑汇票寄国外议付行，由议付行到期凭以索汇。办理承兑的会计分录为：

　　借：应收承兑汇票款　　　　　（外币）

　　　　贷：应付承兑汇票款　　　　　　（外币）

　　同时，

　　借：应付开出信用证款

　　　　贷：应收开出信用证款

　　到期付款时，会计分录如下：

借：存入保证金——开证申请人户 （外币）

　　外汇过期存款——开证申请人户 （外币）

　贷：存放国外同业（或有关科目） （外币）

同时，

借：应付承兑汇票款 （外币）

　贷：应收承兑汇票款 （外币）

例 9-5：上海设备进出口公司向美国进口设备一台，委托中国银行上海分行开出远期信用证一份，信用证的通知和议付行为麦加利银行，信用证金额为 US$65 000。承兑后 60 天付款。8 月 3 日，沪中行开出信用证，并收取信用证保证金 US$2000。9 月 4 日，麦加利银行寄来单据 US$65 000 货款、远期利息 US$1 950，银行费用 US$150。9 月 4 日办理承兑手续（可分散记账，结汇手续费不计）。

8/3 开证：

借：外汇活期存款——设备进出口公司户 US$2000

　贷：存入保证金——设备进出口公司户 US$2000

借：应收开出信用证款项 US$65 000

　贷：应付开出信用证款项 US$65 000

9/4 承兑：

借：应付开出信用证款项 US$65 000

　贷：应收开出信用证款项 US$65 000

借：应收承兑汇票款 US$67 100

　贷：应付承兑汇票款 US$67 100

11/3：

借：存入保证金——开证申请人户 US$2000

　　外汇过期存款——开证申请人户 US$65 100

　贷：存放国外同业（或有关科目） US$67 100

　借：应付承兑汇票款 US$67 100

贷：应收承兑汇票款 US$67 100

（二）信用证项下出口业务的核算

出口信用证结算是出口商根据国外进口商通过国外银行开来的信用证和保证书，按照其条款规定，待货物发出后，将出口单据及汇票送交国内银行，由银行办理审单议付，并向国外银行收取外汇后向出口商办理结汇的一种结算方式。出口信用证结算主要包括受证与通知、审单议付、收汇与结汇三个环节。

1. 受证与通知

银行收到国外开来的信用证时，首先应严格审查其开证行资信与来证金额是否相称，信用证有无歧视内容，规定的条款是否符合本国对外政策，收汇是否安全等。在保障出口与收汇的前提下，对信用证中的不利条款进行必要的修改。对来证经过审证并核对印鉴，认可受理后，当即编列信用证通知流水号，办理信用证通知手续，将正本信用证及时通知出口商备货出运。然后根据信用证留底联缮打"国外开来保证凭信记录卡"进行表外科目核算。其会计分录为：

收入：国外开来保证凭信　　　　　　（外币）

收到国外开证银行的"信用证修改通知书"要求修改金额，或信用证受益人因故申请将信用证金额的一部分或全部转往其他行，除按规定办理信用证修改和通知或转让手续外，其增减金额还应在表外科目"国外开来保证凭信"中核算。

修改信用证要求增加原金额：

收入：国外开来保证凭信外币增额　　　　（外币）

修改信用证，要求减少原金额，用红字记入收入栏以冲销原证金额。

另外，对开证行汇入的信用证押金，授权我行在议付单据后进行抵扣，应在信用证以及其他有关凭证上做好记录。其会计分录为：

借：存放国外同业　　　　　　　（外币）
　贷：存入保证金　　　　　　　　　（外币）

2. 审单议付

议付行收到出口商提交的信用证和全套单据，按信用证条款认真审核，保证单证一致、单单相符。审核无误后，填制出口寄单议付通知书向国外银行寄单索汇，并进行相应的账务处理。会计分录如下：

借：应收信用证款项　　　　　　（外币）
　贷：代收信用证款项　　　　　　（外币）
同时转销表外科目，
付出：国外开来保证凭信　　　　　（外币）

3. 收汇与结汇

议付行接到国外银行将票款收入我行账户的通知，应按当日外汇牌价买入外汇，折算成人民币支付给出口商，以结清代收妥的出口外汇，其会计分录如下：

借：存放国外同业　　　　　　　　　　（外币）
　贷：其他营业收入——银行费用（议付时费用支出）　　（外币）
　　外汇买卖（汇买价）　　　　　　　　　（外币）
借：外汇买卖（汇买价）　　　　　　（人民币）
　贷：单位活期存款——出口商　　　　　（人民币）
　　手续费收入　　　　　　　　　　（人民币）
借：代收信用证款项　　　　　　（外币）
　贷：应收信用证款项　　　　　　　（外币）

例9-6：中国银行上海分行接到伦敦巴克莱银行（可分散记账）开来即期信用证，出口商品茶叶一批，信用证受益人是茶叶公司，金额为£250 000。11月5日，中国银行上海分行收到该信用证，立即把该证通知给茶叶公司。11月30日，茶叶公司交来全套出口单据向沪中行办理议付。沪中行于当日办理。12 月 20 日，沪中行收到伦敦巴克莱银行已贷记报单，贷款及银行费均收妥。共计 £25 150，银行当天对公司办理人民币结汇，并收取人民币结汇手续费 0.2%。会计分录如下：

11/5：

收入：国外开来保证凭信　　　　　　£25 000

11/30：

借：应收信用证款项　　　　　　　　£25 000

　　贷：代收信用证款项　　　　　　　　　£25 000

同时，付：国外开来保证凭信　　　　£25 000

11/30：

借：代收信用证款项　　　　　　　　£25 000

　　贷：应收信用证款项　　　　　　　　　£25 000

借：存放国外同业——巴克莱银行　　£25 150

　　贷：其他营业收入——银行费用　　　　　£150

　　　　外汇买卖　　　　　　　　　　　　£25 000

借：外汇买卖　　　　　　　　　　　¥194 830

　　贷：单位活期存款——茶叶公司　　　　　¥194 440.34

　　　　手续费收入　　　　　　　　　　　　¥389.66

注：当时汇价为 £100= ¥779.32

£25 000×英镑买入价 779.32= ¥194.830

二、托收和代收结算方式的核算

所谓托收，是指出口商根据买卖双方签订的贸易合同的规定，于商品发运后，委托银行向国外进口商收取贷款的一种结算方式。所谓代收，是进口商银行收到国外出口商银行寄来的委托代收单据，向进口商收取款项并划转国外出口商银行的一种结算方式。

托收和代收其实是同一笔贸易业务的两个方面，就出口方银行来说为出口托收，就进口方银行来说为进口代收。在托收与代收结算中，因没有信用证作为付款保证而被称为无证托收。委托人和托收行、托收行与代收行之间的关系均是委托代理关系，因此，托收行与代收行对托收的汇票能否付款不负责任。但托收行与代收行有义务遵照委托人的指示办理。根据汇票是否附有成套货运单据，托收分为跟单托收和光票托收两种方式。跟单托收因交单条件不同又分为付款交单和承兑交单两种方式。

托收结算业务包括进口方业务和出口方业务两个方面，涉及的基本当事人有委托人、托收行、代收行和付款人。

（一）出口托收业务核算

出口托收是出口商根据买卖双方签订的贸易合约，在规定期限内备货出运后，将货运单据连同以进口买方为付款人的汇票一并送交银行，由银行委托境外代理行向进口买方代为交单和收款的一种出口贸易结算方式。托收出口款项，一般经过两个过程：一是托收过程，二是收妥过程。

1. 托收

出口商备货出运并取得货运单据后，应填写出口托收申请书一式两联，连同全套出口单据一并送交银行办理托收。银行审单后，编开托收号码，将申请书的一联退给出口商作为回单，另一联留存，并据以填制出口托收委托书。托收行发出托收凭证时，其会计分录编制如下：

借：应收出口托收款项 （外币）
　　贷：代收出口托收款项 （外币）

出口托收寄单后，因情况变化需增加托收金额时，会计分录同上；需减少托收金额时，会计分录相反，如进口商拒付，也应反向注销托收金额。

2. 收妥

出口托收款项一律实行收妥进账，银行根据国外银行的贷记报单或授权借记通知书，经核实确认已收妥时，方能办理收汇或结汇。其会计分录编制如下：

借：代收出口托收款项 （外币）
　　贷：应收出口托收款项 （外币）
借：存放国外同业 （外币）
　　贷：外汇买卖（汇买价） （外币）
借：外汇买卖（汇买价） （人民币）
　　贷：单位活期存款——出口商户 （人民币）
　　　　手续费收入 （人民币）

例 9-7：某分行受工艺品进出口公司委托向伦敦米兰银行（设该分行在其开有"存放国外同业"账户）办理出口托收，金额 26 000 英镑，收到已贷记报单后办理结汇。当日汇买价 £100=¥953.60。其分录如下：

借：应收出口托收款项 £26 000.00
　　贷：代收出口托收款项 £26 000.00
借：存放国外同业 £26 000.00
　　贷：外汇买卖 £26 000.00
借：外汇买卖 ¥247 936.00
　　贷：单位活期存款——工艺品进出口公司 ¥247 936.00

（二）进口代收业务核算

进口代收是指国外出口商根据贸易合同规定，于装运货物后，通过国外托收银行寄来单据，委托我银行向进口单位收取款项的一种结算方式。

若进口业务通过代收方式进行，则银行一般在收到国外银行寄来的单据时，代进口单位办理对外付款业务。

1. 收到国外单据

进口方银行收到国外银行寄来的托收委托书及有关单据，经审核无误后，如果同意受理，即为代收。代收行收到进口代收单据后，打印进口代收单据通知，连同有关单据一起交给进口商，并做相应的账务处理，会计分录为：

借：应收进口代收款　　　　（外币）
　　贷：进口代收款　　　　　　　　（外币）

2. 代公司办理对外付款

进口商对进口代收单据确认付款，或者远期承兑汇票已到付款日，代收行即按有关规定办理对外付款手续，会计分录为：

借：单位活期存款——进口商　　（人民币）
　　贷：外汇买卖（汇卖价）　　　　　（人民币）
借：外汇买卖　　　　　　　　（外币）
　　贷：存款国外同业　　　　　　　（外币）
借：进口代收款　　　　　　　（外币）
　　贷：应收进口代收款　　　　　　（外币）

三、汇兑结算方式的核算

国际汇兑结算时，在银行不需运送现金的原则下，利用汇票或其他信用工具，使处于不同国家的债权人和债务人清算其债权债务的一种结算方式。汇兑结算业务的基本程序分为汇出行汇出国外汇款和汇入行解付国外汇款两个阶段。

（一）汇出行汇出国外汇款的核算

汇款人要求汇款时，应填制汇款申请书一式两联，一联作为银行传票附件，一联加盖业务公章后作为回单退还汇款人。银行经办人员根据汇款申请书，计算业务手续费，根据汇款人申请的汇款方式，填制汇款凭证，并分情况进行账务处理。

以结汇项下汇出时，会计分录编制如下：
借：单位活期存款　　　　　（人民币）
　　贷：外汇买卖（汇卖价）　　　（人民币）
　　　　手续费及佣金收入　　　　（人民币）
借：外汇买卖（汇卖价）　　（外币）
　　贷：汇出汇款　　　　　　　　（外币）
以外币存款汇出时，其会计分录编制如下：
借：单位外汇活期存款　　　（外币）
　　贷：汇出汇款　　　　　　　　（外币）
借：单位活期存款　　　　　（人民币）
　　贷：手续费及佣金收入　　　　（人民币）
汇出行接到国外银行的借记报单，凭借记报单抽出"汇出国外汇款"科目借方传票，进行核销转账。其会计分录为：
借：汇出汇款　　　　　　　　　　　（外币）

贷：存放国外同业　　　　　　　　　　　　（外币）

（二）汇入行解付国外汇款的核算

汇入国外汇款应根据电汇、信汇、票汇等不同方式，分别办理解付手续。

1. 信汇和电汇解付的核算

接到国外汇出行的电报，应首先核对密押。收到信汇支付委托书时，应核对印鉴。经核对相符后，办理汇款登记编号，填制汇款通知书，通知收款人领取汇款。对机关、企业采用一式五联套写的通知书。第一联为国外汇入汇款通知书，第二联为正收条，第三联为副收条，第四联为国外汇入汇款科目贷方传票，第五联为国外汇入汇款科目卡片账。其会计分录编制如下：

借：存放国外同业　　　　　（外币）

　　贷：汇入汇款　　　　　　　　　（外币）

解付汇款时，以原币入账的，其会计分录编制如下：

借：汇入汇款　　　　　　　（外币）

　　贷：单位外汇活期存款　　　　　（外币）

以结汇入账的，其会计分录编制如下：

借：汇入汇款　　　　　　　（外币）

　　贷：外汇买卖（汇买价）　　　　　（外币）

借：外汇买卖（汇买价）　　　（人民币）

　　贷：单位活期存款——收款人户　　　　（人民币）

2. 票汇解付的核算

收到国外汇款行寄来的以我行为付款行的票汇通知书，以及汇款头寸，经核对印鉴等无误后，凭以转入"汇入汇款"科目，待持票人前来兑取。其会计分录编制如下：

借：存放同业　　　　　　　（外币）

　　贷：汇入汇款　　　　　　　　（外币）

当持票人持票来行取款时，须经持票人在柜面签字背书，并核对汇票通知书，以及出票行印鉴、付款金额、有效期、收款人姓名等后，才能办理人民币结汇或支付原币。会计分录与信汇、电汇相同。

◆ 课后练习题

一、思考题

1. 简述外汇的概念和种类。

2. 什么是汇率？汇率的种类有哪些？

3. 简述外汇存款的概念和种类。

4. 简述外汇贷款的概念和种类。

5. 什么是信用证结算？进口信用证和出口信用证分别如何核算？

二、业务题（编制下列业务中银行的会计分录）

1. 客户张×持外汇 2500 美元兑换人民币，当天美元买入价为 673 元人民币/100 美元。

2. ZS 公司从美元账户支付 30 000 美元换成港币汇往香港支付 KT 公司的货款、当天美元买入价为 673 元人民币/100 美元，港币卖出价 86 元人民币/100 港元，办理汇款手续。

3. GM 公司持美元现金 5000 存入现汇账户，当天美元现钞买入价为 667 元人民币/100 美元，外汇卖出价为 673 元人民币/100 美元。

4. 客户李×5 月 25 日持去年 5 月 1 日开立的 1 年期定期存单 3000 美元转存为活期外汇存款，存单标明利率 2.25%，逾期部分按活期外汇存款利率 1%付息。

5. JJ 公司申请美元贷款 60 000 美元，期限 3 个月，月利率 5%，经审核同意办理，3 个月后，收回本息（汇卖价为 673 元人民币/100 美元）。

6. GM 公司向其开户银行上海工行申请美元贷款，但需兑换成 50 万元港币汇出给 SH 公司。美元汇买价为 672 元人民币/100 美元，港币汇卖价为 80 元人民币/100 港元。

第十章　损益和所有者权益的核算

【学习目标】
◆ 掌握收入确认的原则和核算方法
◆ 掌握成本费用的确认原则和核算方法
◆ 掌握利润组成和利润分配的核算
◆ 掌握所有者权益的核算

第一节　损益的核算

商业银行作为经营货币和货币资本的企业，在办理各项资产、负债业务过程中发生的各项财务收入和财务支出，是构成损益的主要项目。损益直接关系到银行的生产经营成果，必须及时准确地核算，以便合理控制成本费用，提高经济效益，促进银行业务的不断发展以及竞争力的不断提高。

一、收入的核算

商业银行的收入是指银行提供金融商品服务所取得的各项收入，主要包括利息收入、金融企业往来收入、手续费及佣金收入、贴现利息收入、投资收益、公允价值变动损益、汇兑损益、其他业务收入等，不包括为第三方或者客户代收的款项，如银行代垫的工本费、代邮电部门收取的邮电费等。商业银行应该根据收入的性质，按照收入确认的条件，合理地确认和计量各项收入。

（一）收入的确认条件

商业银行收入的确认与其他企业一样必须坚持权责发生制原则、配比原则，同时《企业会计准则》规定商业银行和一般企业一样必须在满足以下条件时才能确认收入。

（1）与交易相关的经济利益能够流入企业。只有当与交易相关的经济利益能够流入银行时，才能够确认收入。银行应根据客户的信用状况、以往的经验、双方达成的协议和其他方面的信息来判断经济利益是否能够流入，如果流入的可能性不大，即使满足其他条件也不应当确认与该交易相关的收入。

（2）收入的金额能够可靠地计量。能够可靠地计量是收入确认的基本前提，如果取得的利益不能用货币金额可靠计量则不能确认。

（二）利息收入的核算

利息收入是商业银行在发放贷款、办理贴现、进出口押汇等业务取得的利息收入。银行存款的利息收入不包括金融机构往来的利息收入。对利息收入的核算应遵循权责发生制原则，即不论款项是否在当期收到，都应按还规定计提应收利息，计入当期损益。

贷款利息应根据贷款本金规定的利率及贷款计息期限计算利息，通过"利息收入"科目核算。该科目属于损益类科目，专门用于核算商业银行的各类贷款利息收入的增减变动情况。"利息收入"的贷方反映到期实收的利息和到期应收未收的利息。其明细科目包括：短期贷款利息收入、中长期贷款利息收入、抵押贷款利息收入、质押贷款利息收入、担保贷款利息收入、贴现利息收入、逾期贷款利息收入等。

商业银行当期收到利息时，借记有关科目，贷记"利息收入"；如果当期未收到利息，计提应收利息时，借记"应收利息"，贷记"利息收入"；实际收到应收未收利息时，借记有关科目，贷记"应收利息"；期末结转利润时，借记"利息收入"，贷记"本年利润"科目。利息收入期末无余额。

商业银行发放的贷款，应按期计提利息并确认利息收入，发放贷款到期（含展期，下同）90天及以上尚未收回的，其应计利息停止计入当期利息收入，转作表外核算；已计提的贷款应收利息在贷款本金到期90天后仍未收回的，或者应收利息逾期90天后仍未收回的冲减已经计入损益的利息收入，转作表外核算。

例10-1：某工商银行向市面粉厂贷款，2017年第一季度贷款利息3万元，季末收到利息。

借：单位活期存款——市面粉厂　　　　30 000
　　贷：利息收入——短期贷款利息收入　　　30 000

例10-2：承接上例，假设第一季度末银行没有收到利息，应计提应收未收利息。

借：应收利息——市面粉厂　　　　30 000
　　贷：利息收入——短期贷款利息收入　　　30 000

收回该笔利息时予以冲销：

借：单位活期存款——市面粉厂　　　　30 000
　　贷：应收利息——市面粉厂　　　　30 000

（三）金融企业往来收入

金融企业往来收入是商业银行在经营过程中，与中央银行、其他商业银行和非银行金融机构之间，以及与同系统其他行处之间由于存入款项、资金拆借和资金账务往来而发生的利息收入、存贷款利差收入和下级行处上缴的管理费收入。与利息收入相比，金融企业往来收入具有数额大、利率低、定期结息、被动结息等特点，它在商业银行收入中占有较大份额，必须加强管理。

以上收入都通过"金融企业往来收入"科目核算，并设置以下明细科目：缴存存款利息收入、中央银行往来利息收入、同业往来利息收入、系统内往来利息收入、省辖联行往来利息收入、全国联行往来利息收入等。

商业银行发生金融企业往来收入时，直接计入当期损益，借记"存放中央银行款项"等科目，贷记"金融企业往来收入"科目。计提应收利息时，借记"应收利息"，贷记"金融企业往来收入"；到期实际收回利息时，借记"存放中央银行款项"等科目，贷记"应收利息"；期末结转利润时，借记"金融企业往来收入"，贷记"本年利润"。

例10-3：某工商银行2017年第一季度收到存放人民银行款项利息500 000元，其会计分录如下：

借：存放中央银行款项　　　　　　　　　　　500 000
　　贷：金融企业往来收入——存放中央银行款项利息收入　　500 000

例10-4：某工商银行收到存放同业款项利息10 000元。

借：存放同业款项　　　　　　　　　　　　10 000
　　贷：金融机构往来利息收入——存放同业款项利息收入　　10 000

例10-5：某建设银行收到工商银行同业拆借的利息5000元。

借：存放中央银行款项　　　　　　　　　　　5000
　　贷：金融企业往来收入——拆放同业款项利息收入　　5000

（三）手续费收入

手续费收入是商业银行在为客户办理各项业务时所收取的手续费，包括支付结算手续费、结汇手续费、委托贷款业务手续费和其他代理业务的手续费。以上手续费收入通过"手续费收入"科目核算，并设置以下明细科目：结算手续费收入、委托业务手续费收入、代保管手续费收入、担保手续费收入等。

发生各项手续费收入时，借记"库存现金"等相关科目，贷记"手续费收入"。期末结转利润时，借记"手续费收入"，贷记"本年利润"。

例10-6：某建设银行2017年5月10日，以现金收取为客户办理结算业务的手续费300元，会计分录如下：

借：库存现金　　　300
　　贷：手续费收入　　　300

（四）汇兑收益

汇兑收益是商业银行在经营外汇买卖、外汇兑换以及结售汇业务过程中所实现的收入。商业银行采取分账制核算的，期末将所有以外币表示的"货币兑换"科目余额按期末汇率折算为记账本位币，折算后记账本位币金额与"外汇买卖——记账本位币"金额进行比较，为贷方差额的，借记"外汇买卖——记账本位币"科目，贷记"汇兑损益"科目；如为借方差额，借记"汇兑损益"科目，贷记"外汇买卖——记账本位币"科目。因此，"汇兑损益"科目贷方反映发生的汇兑收益，借方反映发生的汇兑损失。期末将该科目余额结转"本年利润"，结转后该科目无余额。

例10-7：某中国银行2017年4月在美元兑换业务中形成汇兑收益7 000元，会计分录如下：

借：外汇买卖　　7000
　　贷：汇兑损益　　　7000

（五）投资收益

投资收益是指银行通过购买有价证券或以现金、无形资产、实务财产等对外投资所取得的收益。银行通过各种形式的对外投资取得的收益，应设置"投资收益"科目核算，同时按投资种类或接受单位设置明细科目。应收及收到投资收益时借记"应收利息""银行存款"等科目，贷记"投资收益"。如果是投资损失，则借记"投资收益"，贷记相关科目。期末将该科目余额结转"本年利润"，结转后该科目无余额。

例 10-8：某工商银行 2015 年 1 月 1 日购入某煤炭企业发行的 3 年期债券，利息按年支付，本金到期一次性支付，年末应收利息为 6000 元，会计分录如下：

　　借：应收利息——某煤炭企业　　6000

　　　　贷：投资收益——某煤炭企业　　　　6000

（六）其他业务收入

其他业务收入是指商业银行经营的除主营业务以外的其他业务所取得的收入，包括出租固定资产、无形资产等取得的收入或咨询收入等。取得其他业务收入时，借记"库存现金"等相关科目，贷记"其他业务收入"。期末结转利润时，借记"其他业务收入"，贷记"本年利润"，结转后期末无余额。

例 10-9：某建设银行 2017 年 4 月份以现金收取客户的咨询费 1000 元，会计分录如下：

　　借：库存现金　　　　　　1000

　　　　贷：其他业务收入　　　　　1000

二、费用的核算

商业银行开展业务必然会发生相应的成本和费用支出，准确地组织成本和费用的核算，将收入与费用进行适当的配比既是对外进行报告的需要，也是商业银行加强内部成本控制的要求。商业银行的费用主要包括利息支出、金融企业往来支出、手续费支出、营业税金及附件、业务及管理费、其他业务成本等。

商业银行的费用只有在经济利益很可能流出从而导致银行资产减少或者负债增加、经济利益流出额能够可靠计量时才能确认。

（一）利息支出的核算

利息支出是商业银行因为吸收各种存款而发生的利息支出。利息支出在商业银行全部支出中占较大比重，基本上是随着相关业务量的增减变化而变化的。

为了反映利息支出的增减变动情况，设置"利息支出"科目进行核算。计提应付利息时，借记"利息支出"科目，贷记"应付利息"科目；实际支付各项利息时，借记"应付利息"科目，贷记"库存现金""单位活期存款""活期储蓄存款"等科目；期末结转利润时，借记"本年利润"科目，贷记"利息支出"，结转后期末无余额。

例 10-10：某商业银行在 2017 年第一季度应付甲企业定期存款利息 2380 元，会计分录为：

借：利息支出——定期存款利息支出　　　2380

　　贷：应付利息——应付甲企业利息　　　2380

例10-11：承接上例，结息日时将应付甲企业的转入甲企业的存款账户，会计分录为：

借：应付利息——应付甲企业利息　　2380

　　贷：单位活期存款——甲企业　　　2380

（二）金融企业往来支出的核算

金融企业往来支出是商业银行与中央银行、同业或其他非银行金融机构间以及系统内总分支行之间资金往来发生的支出，包括借入中央银行款项的利息支出、同业拆入、同业存放款项、系统内存放款项的利息支出。以上支出都通过"金融企业往来支出"科目核算，同时按照不同的支出项目设置明细账核算。银行发生金融企业往来支出一般有以下两种情况：

（1）占用系统内联行汇差资金发生的利息支出。一般来说，银行按计算的利息金额，借记"金融企业往来支出"，同时把相关资金划入联行存放资金账户，贷记"系统内存放款项"等科目。

（2）向同业支付拆入资金利息。向同业拆入资金是通过中央银行进行的，向同业支付拆入资金利息，同业也必须经过中央银行办理支付手续，一般借记"金融企业往来支出"科目，贷方通过"存放中央银行款项"科目转出。

例10-12：某商业银行把占用联行B行汇差资金应付利息4350元转入联行B行存款账户。

借：金融企业往来支出——联行往来利息支出　　4350

　　贷：系统内存放款项——B行　　　　　　　　4350

（三）手续费支出

手续费支出是商业银行委托其他单位代办金融业务而发生的手续费支出，包括按规定列支的手续费、代办费。

为了反映手续费支出的增减变动情况，设置"手续费支出"科目核算。发生各项手续费支出时，借记"手续费支出"科目，贷记有关科目；期末结转利润时，借记"本年利润"科目，贷记"手续费支出"，结转后期末无余额。

例10-13：某建设银行以现金形式支付某街道储户代办点手续费2000元。

借：手续费支出　　2000

　　贷：库存现金　　2000

（四）业务及管理费

业务及管理费是一种期间费用，是指商业银行在业务经营和管理过程中发生的各项费用，包括折旧费、业务宣传费、水电费、印刷费、业务招待费、职工教育经费、工会经费、会议费、诉讼费、公证费、咨询费、财产保险费、物业管理费等。

商业银行设置"业务及管理费"科目进行核算。发生各项业务及管理费时，借记"业务及管理费"科目，贷记相关科目，期末结转利润时；借记"本年利润"科目，贷记"业务及管理费"，结转后期末无余额。

例 10-14：某工商银行 2017 年 4 月为了宣传业务发生宣传费 5000 元，用现金支付。

借：业务及管理费　　5000

　　贷：库存现金　　　　5000

（五）税金及附加

税金及附加是商业银行根据国家税法规定，按适用的税率和费率计算缴纳的各种税金和附加费，主要包括城市维护建设税、资源税、教育费附加、房产税、土地使用税、车船使用税、印花税等相关税费。商业银行应设置"税金及附加"科目，并按各种税费设置明细科目进行核算。商业银行按规定计算确定的与经营活动相关的税费，借记"税金及附加"科目，贷记"应交税费"科目。

例 10-15：某商业银行 2017 年第一季度计算应该缴纳的城市建设维护税 2100 元，教育费附加 900 元。

借：税金及附加　　　　　　　　　　　　3000

　　贷：应交税费——应交城市维护建设税　　2100

　　　　应交税费——应交教育费附加　　　　900

（六）其他业务成本

其他业务成本是指除利息支出、金融企业往来支出、手续费支出、业务及管理费、税金及附加以外的其他营业支出，如出租固定资产的折旧费、出租无形资产的摊销费等。商业银行设置"其他业务成本"科目进行核算。银行发生其他业务成本时，借记"其他业务成本"科目，贷记相关科目；期末结转利润时；借记"本年利润"科目，贷记"其他业务成本"，结转后期末无余额。

例 10-16：某商业银行计提出租的固定资产折旧费为 3000 元。

借：其他业务成本　　3000

　　贷：累计折旧　　　3000

（七）所得税费用

所得税费用是商业银行损益的组成部分，是按照应纳税所得额以及规定的税率计算的应当缴纳的税金，通过"所得税费用"科目核算。在确认当期所得税费用时，借记"所得税费用"科目，贷记"应交税费"科目，期末转入"本年利润"科目。

由于会计制度与税收法规对收益、费用的确认所遵循的原则和服务目的不同，会计利润和应纳税所得额之间会存在差异，两者之间的差异可以分为两类：暂时性差异和永久性差异。对于暂时性差异有两种不同的会计处理方法，应付税款法和纳税影响会计法。应付税款法不确认暂时性差异对当期所得税费用的影响，直接按照当期的应纳税额作为当期的所得税费用。在此方法下，所得税费用等于当期的应纳税额，根据当期计算的应纳税额的会计分录为：

借：所得税

　　贷：应交税金——应交所得税

应付税款法具有简单易行的特点，但不符合收入与费用配比的原则。因此产生了纳税影响会计法。纳税影响会计法确认暂时性差异对所得税费用的影响金额，按照当期的应纳税额和暂时性差异对所得税影响的合计确认为当期的所得税费用。在纳税影响会计法下，暂时性差异对当期所得税的影响金额被递延到以后各期。企业采用纳税影响会计法，所得税被视为企业取得收益时发生的一项费用，并随同有关的收入和费用计入同一会计期间，以达到收入和费用配比的目的。暂时性差异对所得税的影响金额反映在利润表中的所得税费用和资产负债表中的递延税款余额中。

新会计准则要求采用纳税影响会计法核算所得税费用，规定只能采用纳税影响会计法下的资产负债表债务法进行核算。在确认当期的所得税费用、递延税款和应交税金后，会计分录为：

借：所得税费用

　　递延所得税资产（或者递延所得税负债，计入贷方）

　　贷：应交税金——应交所得税

转回以前各期所确认的递延税款的资产时，会计分录为：

借：所得税费用

　　贷：递延所得税资产

转回递延所得税负债时会计分录如下：

借：递延所得税负债

　　贷：所得税费用

三、营业外收入

营业外收入是商业银行发生的与其业务经营活动无直接关系的各项经济利益的流入，主要包括非流动资产处置利得、非货币性资产交换利得、债务重组利得、政府补助、盘盈利得、捐赠利得等。商业银行对发生的各项营业外收入，应设置"营业外收入"科目，并按具体项目设置明细科目进行核算。发生营业外收入时，借记"库存现金"等相关科目，贷记"营业外收入"；期末结转利润时，借记"营业外收入"科目，贷记"本年利润"，结转后期末无余额。

例 10-17：某商业银行 2016 年末清理验钞机一批，发生固定资产清理收益 2000 元。

借：固定资产清理　　2000

　　贷：营业外收入　　　　2000

四、营业外支出

营业外支出是商业银行发生的与其业务经营活动无直接关系的各项经济利益的流出，主要包括非流动资产处置损失、非货币性资产交换损失、债务重组损失、公益性捐赠支出、盘亏损失等。商业银行对发生的各项营业外支出，应设置"营业外支出"科目核算。发生各项营业外支出时，借记"营业外支出"科目，贷记"库存现金"等相关科目；期末结转利润时，借记"本年利润"科目，贷记"营业外支出"，结转后期末无余额。

例 10-18：某工商银行向"希望工程"捐赠款项 200 000 元。

借：营业外支出　　200 000

　　贷：库存现金　　　　200 000

五、期末利润的结转

会计期期末，将各项收入和费用转入"本年利润"科目，如果该科目的期末余额在贷方表示盈利，余额在借方表示亏损。

期末结转收入类科目时，会计分录为：

借：利息收入

　　手续费收入

　　金融企业往来收入

　　其他业务收入

　　汇兑收益

　　投资收益

　　营业外收入

　贷：本年利润

期末结转成本和费用类科目时，会计分录为：

借：本年利润

　贷：利息支出

　　　手续费支出

　　　金融企业往来支出

　　　其他业务支出

　　　汇兑损益

　　　投资损失

　　　营业外支出

　　　业务及管理费用

　　　税金及附加

　　　所得税费用

期末将本年利润科目的余额转入"利润分配——未分配利润"科目。如果"本年利润"科目的余额在贷方，则会计分录为：

借：本年利润

　贷：利润分配——未分配利润

如果是借方余额则结转的会计分录相反。

第二节　所有者权益的核算

所有者权益是所有者在企业资产中享有的经济利益，其金额为资产减去负债后的余额，即企业投资者对企业净资产的所有权。商业银行的所有者权益主要包括实收资本（股本）、资本公积、盈余公积、一般风险准备、未分配利润。

一、实收资本

实收资本是按照商业银行的章程、合同或者协议的约定实际投入商业银行的资本。根据法律法规的规定，投资者可以采用货币资金、实物资产和无形资产投入商业银行。

我国目前实行的是注册资本制度，要求银行的实收资本与注册资本保持一致，当银行的实收资本比原来的资本增减超过 20%时，应持资金使用证明或验资证明向原登记机关申请变更登记，不得擅自改变注册资本或抽逃资金。

（一）实收资本的核算

为了准确地反映投资者投入资本的情况，应设立"实收资本"或"股本"科目进行核算，前者适用于非股份制银行，后者适用于股份制银行。该账户属于权益类科目，用于核算商业银行实际收到投资者投入的资本。由于我国对减少资本有严格的限制，该账户的借方一般不做记录，只在银行回购股份、减少注册资本和合并时通过"库存股"科目登记减少数。贷方登记所有者投入的资金，需按照投资者进行明细核算。

1. 接受货币资金投资的核算

当投资者以货币资金投入商业银行时，按照实际收到的货币资金记入货币资金科目，按照投资者实际享有的权益记入实收资本，实际投入货币资金超过应享有的权益的份额的差额记入资本公积科目。会计分录如下：

借：库存现金

（或存放中央银行款项）

贷：实收资本（股本）

资本公积——资本溢价（二者的差额）

2. 接受实物投资的核算

商业银行收到投资者投入的实物资产，以评估确认的价值或合同协议约定的价值入账，会计分录如下：

借：固定资产

贷：实收资本（股本）

资本公积——资本溢价（二者的差额）

3. 接受无形资产投资的核算

投资者以无形资产投资时，银行按照以评估确认的价值或合同协议约定的价值入账。会计分录如下：

借：无形资产

贷：实收资本（股本）

资本公积——资本溢价（二者的差额）

4. 以外币投资

投资者以外币投资，按照实际收到款项当日的汇率记入银行存款和实收资本（股本）。会计分录如下：

借：库存现金——外币户

　　贷：实收资本（股本）

股份制银行的股本应该按照核定的股本总额范围内由股东出资认购，按照实际收到的资金记入银行存款，按照股份面值记入"股本"科目，两者之间的差额记入"资本公积——股本溢价"科目。除投资者投入外，实收资本增加的途径有两个：① 将资本公积转为资本，会计处理为借记"资本公积"，贷记"实收资本"或"股本"② 将盈余公积转为资本，会计处理为借记"盈余公积"，贷记"实收资本"或"股本"。

二、资本公积

资本公积是指由投资者投入或其他人投入商业银行，所有权属于投资者，但不构成实收资本的那部分资本或资产。资本公积从形成来源看，是投资者投入的资本金额中超过法定资本的部分资本，或者其他人投入的不形成实收资本的资产的转划形式，或者直接计入所有者权益的利得和损失。资本公积的主要内容包括：资本溢价和股本溢价、接受非现金资产捐赠、外币资本折算差额、关联交易差价、股权投资准备和可供出售金融资产的公允价值变动。

商业银行应设置"资本公积"科目，用于核算银行收到投资者出资超出注册资本或股本所占份额以及直接计入所有者权益的利得和损失等，并按形成原因设置"资本溢价"或"股本溢价""其他资本公积"等明细科目核算。

1. 资本溢价

资本溢价是由商业银行投资者投入的资金超过其在注册资本中所占份额形成的。在商业银行初创时，出资者认购的出资额应全部记入"实收资本"科目。但当商业银行进入正常经营期后，新加入的投资者的出资额不一定全部作为实收资本处理。这是因为商业银行正常经营期间的资本利润率一般要高于初创期间的资本利润率。此外，经过一段时间的经营运转，商业银行会结余一部分没有分配的利润和未确认的自创商誉，为了维护原有投资者的权益，新加入的投资者要付出大于原投资者的出资额，才能取得与原投资者相同的投资比例。

资本溢价的核算是，对于新投资者投入的资本按其获得的投资比例记入"实收资本"科目，实际投资超出部分记入"资本公积——资本溢价"科目。

2. 股本溢价

由于股东按其持有的股份享有权利和承担义务，为了反映和便于计算其股份与企业全部股本的比例，企业股本总额应按股票的面值与股份总数的乘积计算。因此，在面值发行的情况下，商业银行发行股票取得的价款，全部记入"股本"账户，支付的发行费用一次性计入当期损益。在溢价发行的情况下，按股票面值部分记入"股本"科目，取得价款超出面值的溢价部分记入"资本公积——股本溢价"科目。对于委托证券商代理发行股票而支付的手续费、佣金等交易费用，借记"资本公积——股本溢价"，贷记"存放中央银行款项"等相关科目。

3. 其他资本公积

除上述由于投资者投入资本与在企业注册资本中享有的权益份额不同形成的资本溢价和股本溢价外，其他由企业非日常活动所形成的、会导致所有者权益发生增减变动的，与所有者投入资本或者向所有者分配利润无关的经济利益的流入或流出，直接记入"资本公积——其他资本公积"科目。

三、盈余公积

盈余公积是为了保证企业的持续经营，维护债权人利益而提取的留存收益，主要包括法定盈余公积、任意盈余公积。

法定盈余公积是商业银行根据规定的标准从税后利润中提取的积累基金；任意盈余公积是商业银行在规定的标准之外，经过股东大会或类似权力机构批准从税后利润中提取盈余公积，主要用于弥补亏损或转增资本。

为了加强对盈余公积的核算和管理，应设置"盈余公积"科目，在该科目下分别设置"法定盈余公积"和"任意盈余公积" 明细科目进行明细核算。本科目的期末贷方余额，反映提取的盈余公积结余数。

1. 提取盈余公积的核算

商业银行从税后利润中按规定提取盈余公积时，其会计分录编制如下：

借：利润分配——提取法定盈余公积

————提取任意盈余公积

贷：盈余公积——法定盈余公积

————任意盈余公积

2. 盈余公积弥补亏损的核算

商业银行经股东大会机构决议，以盈余公积弥补亏损时，其会计分录编制如下：

借：盈余公积

贷：利润分配——盈余公积补亏

3. 盈余公积转增资本的核算

商业银行用盈余公积转增资本时，其会计分录编制如下：

借：盈余公积

贷：实收资本或股本

4. 盈余公积派送新股的核算

股份制商业银行经股东大会决议，用盈余公积派送新股时，其会计分录编制如下：

借：盈余公积（按派送新股计算的金额）

贷：股本（按股票面值和派送新股总数计算的金额）

资本公积——股本溢价（二者差额）

四、一般风险准备

商业银行在进行利润分配时，在按当期实现的净利润提取了法定盈余公积、任意盈余公积后，应按一定比例计提一般风险准备。计提比例由银行董事会综合考虑银行所面临的风险状况等因素确定。其会计分录编制如下：

借：利润分配——提取一般风险准备

　　贷：一般风险准备

用一般风险准备弥补亏损时，其会计分录编制如下：

借：一般风险准备

　　贷：利润分配——一般风险准备补亏

五、未分配利润

未分配利润是商业银行税后净利润的一种留存收益形式。商业银行在"利润分配"科目下设"未分配利润"明细科目进行核算。年度终了，银行应将全年实现的净利润，自"本年利润"科目转入"利润分配——未分配利润"科目，其会计分录编制如下：

借：本年利润

　　贷：利润分配——未分配利润

如为亏损，会计分录相反。

同时，将"利润分配"科目下的其他明细科目余额转入"利润分配"科目下"未分配利润"明细科目，其会计分录编制如下：

借：利润分配——未分配利润

　　贷：利润分配——其他明细科目

结转后，除"未分配利润"明细科目外，"利润分配"科目的其他明细科目应无余额。"未分配利润"明细科目期末贷方余额，反映历年积累的未分配利润；期末借方余额，反映历年未弥补的亏损。

◆　课后练习题

1. 简述商业银行收入确认的原则。
2. 简述商业银行成本费用的核算原则。
3. 简述商业银行利润分配的顺序。

第十一章　年度决算与财务会计报告

【学习目标】
◆ 了解年度决算的意义及要求
◆ 掌握年度决算的准备工作内容
◆ 掌握年度决算的工作内容
◆ 掌握财务会计报告的基本内容和编制方法

第一节　年度决算

银行的年度决算是根据全年会计核算资料，将整个年度的业务经营活动和财务收支成果进行整理汇总和数据总结，通过会计报表等形式对会计年度内财务状况及经营成果进行数字总结和文字说明的一项综合性工作。根据会计制度的规定，每年从 1 月 1 日起至 12 月 31 日止为一个会计年度。凡是独立的会计核算单位，以每年 12 月 31 日为年度决算日，进行年度决算。无论是否节假日，均不得提前或拖后。不作为独立核算单位的附属机构，应通过并账或并表方式，由其管辖机构合并办理年度决算。

一、年度决算的意义

认真、准确、及时做好年度决算工作，对于银行提高经营管理水平，向管理当局、投资者、债权人等社会公众提供正确、完整、真实的财务会计信息，充分发挥银行的职能作用，具有重要的作用。

（一）全面总结和检查会计核算工作，提高会计工作质量

银行会计部门在办理年度决算过程中，要对一年来的资金、财产、账务、损益，进行全面的核实和整理。在核实、整理的基础上，编制数字真实、内容完整的年度决算报表。因此，编制年度决算既可以检查平时会计核算的真实性、完整性、准确性，又可以总结会计工作的经验教训，以利于肯定成绩、找出差距，针对存在的问题加以改进，提高会计工作的质量。

（二）综合反映全年各项业务和财务活动的完成情况

银行的年度决算，主要是根据日常会计核算资料，加工整理成具有内在联系的年度综合指标体系，编制内容完整、数字正确、反映真实的年度决算报表，为领导和银行管理者提供可靠的数据和各项经济指标的完成情况，通过对年度决算报表的分析，可以考查资金的运用

效益和各项经济指标的完成情况。

（三）为宏观经济决策提供准确、及时的经济信息

银行是国民经济的综合部门，是全国信贷、结算、现金出纳、货币发行和外汇收支的中心。银行会计日常记录的各项业务活动的资料，是国民经济各部门、各单位经济活动的综合反映。年度决算将一年来登记的账簿资料加以核实和整理，利用报表形式汇总起来，从而更加集中、系统地反映出整个经费。从中了解国民经济中农、轻、重以及商品流通部门的发展，据以掌握资金的投向和规模，为宏观经济决策提供准确、及时的经济信息。

二、年度决算的要求

年度决算是金融机构一项全局性的工作，是会计工作的全面总结，涉及面广，工作量大，质量要求高。因此，办理年度决算必须按照下列基本要求：

（一）坚持统一领导、各部门密切配合的原则

商业银行的年度决算是一项综合性工作，涉及各个职能部门，必须要密切配合，提供方便。要成立年度决算领导小组，由主要领导负责，以会计部门为主，各职能部门密切配合，协调进行，保证年度决算有条不紊地进行。

（二）坚持会计资料的真实性、准确性和可靠性

会计核算的数字、资料必须真实、准确地反映金融业务和财务活动，绝不能篡改会计数据、伪造会计资料，搞虚假的会计平衡。

（三）坚持财务会计报告的完整性、统一性和及时性

财务会计报告是会计信息的主要载体，是年度决算的文字和数字说明，必须按照会计制度的规定进行披露、编报、汇总和报送。必须坚持完整性，不能任意取舍，不能漏填、漏报；必须坚持统一性，上下级保持一致性，按统一的种类、格式、内容编报汇总。必须坚持及时性，按规定的时间编制完成，及时报送，不能延误和拖后，以免影响整个金融机构的年度决算。

三、年度决算的步骤

银行年度决算工作过程，大体可分为三个步骤或阶段：

（1）决算前准备工作；

（2）决算日的具体决算工作；

（3）编报决算报表和决算说明书。

四、年度决算的准备工作

为了保证年度决算工作的顺利进行，各单位必须按照管辖机关关于年度决算的工作要求，认真做好年度决算前的准备工作。决算前的准备工作一般在每年第四季度开始后就应着

手准备。一般来说，总行颁发办理当年决算的通知，提出当年决算中应注意的事项和相应的处理原则和要求；如遇当年会计或财务制度发生变更的情况，则要提出详细的处理方法，以便基层行统一口径，贯彻执行。各管辖分行应根据总行通知精神，结合辖内具体情况，提出年度决算的具体要求，组织和监督各行处准确及时办理年度决算。各行处则根据上级行通知精神，具体做好年度决算工作。

银行年度决算准备工作主要有以下五个方面：

（一）清理资金

各银行年度决算前，会计部门要与其他业务部门密切配合，对各种资金进行清理。

1. 清理存款资金

为了充分发挥各种存款资金的社会效益，对各项存款要认真审核和整理，对连续一年没有发生收付活动、经联系又查找不到存户的，应转入"其他应付款"科目。对长期未发生资金收付的，要主动与客户联系，办理并户或销户手续。确实无法联系的，则转入"不动户"处理，对原"不动户"经多年联系仍无着落的，可按规定的年限、金额、范围转作收益处理。

2. 清理贷款资金

贷款是商业银行的主要资产，为保证商业银行资产不受损失，会计部门应与信贷部门密切联系和配合，积极进行清理收回。对到期贷款，应争取如期收回；对逾期、呆滞贷款，应组织力量催收，力争在决算前收回；对确实无法收回的呆滞贷款，应按规定予以核销；对于到期收不回的抵押贷款，应依据合同将抵押品依法处置，以恢复资产的流动性和效益性。

3. 清理结算资金

各银行由于办理商品交易、劳务供应、资金划拨引起的结算资金，根据使用票据和结算方式的不同，进行全面清理。对应解汇款应积极联系解付，如确实无法解付，而且超过 2 个月的，则应办理退汇；对逾期未付的托收凭证，应积极联系付款单位承付，对于超过 3 个月期限，仍未支付或未付清的，银行应通知付款人将有关交易单证退回，并转收款人开户行交收款人。对本行开出的过期汇票和其他凭证应与有关单位联系，按照制度规定，认真办理。

4. 清理内部资金

内部资金是指银行内部暂时过渡性资金，主要是指其他应付款、其他应收款、待摊费用、呆账准备金、坏账准备金、投资风险准备金等。对这些资金要逐项进行清理，该收回的收回，该上缴的上缴，该摊销的摊销，该报损的报损，该转收益的转收益，该核销的核销，使内部资金和过渡性款项减小到最低限度。经过清理，暂时无法解决的要注明原因，以备日后查考和清理。

5. 清理其他资金

除存、贷款之外的业务资金，如各类投资、借入资金、拆出资金等，对这些资金要全面清理，发现问题应及时解决，如暂时无法解决要注明原因，按规定处理。

（二）清点财产物资

在决算前对库存现金、金银、外币、有价单证和物品等，均须对照账面记载，认真处理。同时，要检查库房管理制度的执行情况、安全措施和落实情况，若有问题，必须纠正。

1. 清点库存实物

对库存现金、金银、外币、有价单证和重要空白凭证等，均须对照账面记载，认真进行盘点核实。如发现有多缺溢耗，要查明原因，按照有关规定处理。

2. 清理固定资产及低值易耗品

对房屋、器具、设备等固定资产以及各种低值易耗品，应根据有关账卡记录进行盘点。凡未入账的应登记入账，已入账设卡的要逐一核对清楚，若发现多缺情况，应按规定进行处理，以保证账、卡、实物完全相符。

（三）核对和调整账务

1. 检查会计科目的运用情况

会计科目是各项业务分类的依据，只有正确运用，才能通过会计记录正确并真实地反映银行全年的业务活动和财务收支状况。因此，在年度决算前应根据会计科目的使用说明和当年有关会计科目调整变化的文件规定，检查会计科目的归属和运用情况，对发现使用不当的应及时调整科目，以便真实反映各项业务和财务活动情况。

2. 全面核对内外账务

年度决算前，要对银行内部所有的账、簿、卡、据进行一次全面检查和核对，包括各商业银行与有关单位的对账以及商业银行内部的对账两个方面。主要检查和核对的内容包括：各科目总账与分户账的金额是否相符；金银、外币等账面记载与库存实物是否相符；库存现金账面结存数与实际库存现金是否相符；银行内部账务与客户账是否相符等。若有不符或因会计政策变更、会计差错，要按照规定进行更正，达到账账、账款、账据、账实、账表、内外账户相符。

3. 核对往来账项

金融机构之间的往来项目较多，系统内联行往来、金融企业之间跨系统往来，金融机构与中央银行往来等都要认真清理和核对。如有差错应及时更正，保证金融机构往来之间的相互平衡。

（四）核实损益

1. 核实业务收支

对各项利息收入和支出、金融机构往来收入和支出、营业外收入和支出等账户要进行复查。重点应复查利息收支的计算，包括复查计息的范围、利率使用、利息计算是否正确，如发现差错，应及时纠正。

2. 检查各项费用开支

对各项业务费用，应按照开支范围和费用标准进行复查。对超过范围和标准开支的，应查明情况，若发现差错问题，应及时进行更正。

（五）试算平衡

各行在上述几项准备工作基本落实或完成的基础上，应根据总账科目 11 月末的各项数字编制试算平衡表，以检查和验算各科目余额是否正确。对试算中发现的问题，应及时查明原因，尽快解决，为年度决算报表的编制奠定可靠的基础。

五、年度决算日的工作

我国银行每年的 12 月 31 日为年度决算日，无论是否属假日，均应办理年度决算。年度决算工作量大，很大部分都是事前做好准备，分步进行；决算日是年度的最后一个核算工作日，必须把列入本年核算处理的各项账务调整、损益结转等，全部纳入当日账。具体工作如下：

（一）处理当日账务、全面核对账务

决算日这天，商业银行照常营业，这一天发生的全部账务应于当日全部入账。办妥票据交换和托收入账，及时处理异地结算业务，应收应付利息、应交税金，按权责发生制要求的收入、费用全部列账，各种往来款项全部结清，不得跨年。全日账务处理完毕后，对全年账务进行一次全面核对，做到账账相符。

（二）检查各项库存

决算日营业终了，为保证账实相符，由行长会同会计、出纳等主要人员，对库存现金、金银、外币、有价单证、有价实物以及重要空白凭证等进行一次全面检查、盘点、核实，保证账款、账实相符。

（三）调整金银、外币记账价格，计算外汇买卖损益

决算日，应将各种外币买卖账户余额，一律按决算日外汇牌价折成人民币余额，并与原币外汇买卖账户的人民币余额进行比较，其差额则为本年度外汇买卖的损益，应列入有关损益账户。

（四）结转本年损益

决算日营业终了，应将各损益类科目各账户最后余额，分别结转到本年利润账户。若本年利润科目的余额在贷方，则为纯益（净利润），若本年利润科目的余额在借方，则为纯损（净亏损）。

（五）办理新旧账簿的结转

各独立会计单位在结转全年损益后，应办理新旧账簿的结转，结束旧账、建立新账，保证新年度业务活动的正常进行。

1. 总账的结转

年度终了，总账全部转新账。新账页的日期应写新年度的 1 月 1 日，"摘要"栏加盖"上年结转"戳记，旧账余额过入新账的"上年余额"栏即可。

2. 分户账的结转

银行各科目分户账除规定可以继续沿用外，均应更换新账页。应在旧账页的最后一行余额下加盖"结转下年"戳记，将最后余额过入新账页，新账页日期应写明新年度 1 月 1 日，摘要栏则加盖"上年结转"戳记。对于余额已结清的账户，则在账页上加盖"结清"戳记。

3. 登记簿的结转

银行的各种表外科目和其他登记簿，年终也可根据其是否可继续使用而采取不同的处理方式，若登记簿可继续使用，则不需要结转，下年度继续使用。若是按年设立的登记簿，则需要结转，其方法可比照分户账的结转。

第二节　财务会计报告

一、财务会计报告概述

（一）财务会计报告的概念与构成

财务会计报告是商业银行对外提供的，反映商业银行某一特定日期财务状况和一定期间经营成果、现金流量和所有者权益等会计信息的书面文件，体现了银行会计工作的最终成果，是商业银行向利益相关者提供财务信息的主要手段。财务会计报告通常包括财务报表及其附注和其他应当在财务会计报告中披露的相关信息和资料。

财务报表是对商业银行财务状况、经营成果和现金流量的结构性表述，是财务会计报告的核心内容。财务报表至少包括以下几部分：资产负债表、利润表、现金流量表、所有者权益变动表和附注。

财务报表可以按不同的标准进行分类。按财务报表的编制时间不同可以分为中期财务报表和年度财务报表。中期财务报表包括月报、季报和半年报等。按财务报表编制主体的不同分为个别报表和合并报表。

（二）财务会计报告编制的要求

商业银行在编制财务会计报告的过程中必须按照一定的程序、方法和统一的要求进行编制。为了真实、正确地反映企业的财务状况和经营成果，保证财务会计报告所提供的信息能够满足使用者的需求，编制财务会计报告时必须符合以下要求。

（1）商业银行应当以持续经营为基础，根据实际发生的交易或事项，依据各项会计准则确认和计量的结果编制财务报表。

（2）依据重要性原则，在编制财务报表的过程中，对于性质或功能不同的项目要单独列报，但不具有重要性的项目除外；对于性质或功能相同的项目应予以合并。

（3）财务报表项目的列报应当在各个会计期间保持一致，不得随意变更，但下列情况除外：

① 会计准则要求改变财务报表项目的列报。

② 商业银行经营业务的性质发生重大变化后，变更财务报表项目的列报能够提供更可靠、相关的会计信息。

（4）财务报表项目应当以总额列报，资产和负债、收入和费用不能相互抵销，即不得以净额列报，但《企业会计准则》另有规定的除外。

（5）商业银行在列报当期财务报表时，至少应当提供所有列报项目上一可比会计期间的比较数据，以及与理解当期财务报表相关的说明，但《企业会计准则》另有规定的除外。

此外，商业银行应当在财务报表的表首部分披露：编报商业银行的名称；报表涵盖的会计期间；货币单位和名称。财务报表是合并财务报表的，应当予以标明。商业银行至少应当编制年度财务报表。

二、资产负债表

商业银行的资产负债表是综合反映其财务状况的会计报表，是进行资产负债统计分析的基本资料。商业银行在某一特定时点拥有或控制的、能以货币计量的经济资源的分布和结构；商业银行的短期、长期偿债能力；商业银行的财务弹性。

（一）资产负债表的格式

资产负债表根据会计要素及要素项目的排列方式的不同，格式也各有不同。常见的资产负债表有报告式和账户式两种格式。在我国，资产负债表采用账户式。

账户式资产负债表是将表分为左右两边，左边列示资产项目，反映全部资产的分布及形态；右边列示负债项目和所有者权益项目，反映负债和所有者权益的内容和构成情况。左边合计数=右边合计数，即资产类项目的合计数=负债合计数+所有者权益合计数。资产负债表还就各项目再分为"年初余额"和"期末余额"两栏分别填列。账户式资产负债表可以清晰地显示商业银行资产和权益之间的平衡关系。资产负债表的具体格式如表11-1。

表 11-1　资产负债表　　　　　　　　　　　　会商银 1 表

编制单位：　　　　　　　　　年　月　日　　　　　　　　　　单位：元

资产	期末余额	年初余额	负债和所有者权益	期末余额	年初余额
资产：			负债：		
现金及存放中央银行款项			向中央银行借款		
存放同业款项			同业及其他金融机构存放款项		
贵金属			拆入资金		
拆出资金			交易性金融负债		
交易性金融资产			衍生金融负债		
衍生金融资产			卖出回购金融资产款		
买入返售金融资产			吸收存款		

资产	期末余额	年初余额	负债和所有者权益	期末余额	年初余额
应收利息			应付职工薪酬		
发放贷款和垫款			应交税费		
可供出售金融资产			应付利息		
持有至到期投资			预计负债		
长期股权投资			应付债券		
投资性房地产			递延所得税负债		
固定资产			其他负债		
无形资产			负债合计		
递延所得税资产			所有者权益：		
其他资产			实收资本（或股本）		
			资本公积		
			减：库存股		
			盈余公积		
			一般风险准备		
			未分配利润		
			所有者权益合计		
资产总计			负债与所有者权益合计		

（二）资产负债表的编制方法

1. 资产负债表"年初余额"栏的填列方法

表中的"年初余额"栏通常根据上年年末有关项目的期末余额填列，且与上年年末资产负债表"期末余额"栏一致。如果由于某些原因，本年度资产负债表各项目的名称和内容同上年度不一致，则应对上年末资产负债表相应项目名称和内容按本年度的规定进行调整，然后填入"年初余额"栏内，以便比较。

2. 资产负债表期末各项目填列

（1）"现金及存放中央银行款项"项目，反映商业银行期末持有的现金、存放中央银行款项等总额，应根据"库存现金""存放中央银行款项"等科目的期末余额合计填列。

（2）"存放同业款项""买入返售金融资产"等资产项目，一般直接反映商业银行持有的相应资产的期末价值，应根据"存放同业""买入返售金融资产"等科目的期末余额填列。买入返售金融资产计提坏账准备的，还应减去"坏账准备"科目所属相关明细科目的期末余额。

（3）"贵金属"项目，反映商业银行期末持有的贵金属价值按成本与可变现净值孰低计量的黄金、白银等，应根据"贵金属"科目的期末余额填列。

（4）"衍生金融资产"项目，反映商业银行期末持有的衍生工具、套期工具、被套期项目中属于衍生金融资产的金额，应根据"衍生工具""套期工具""被套期项目"等科目的期末借方余额分析计算填列。

（5）"发放贷款和垫款"项目，反映商业银行发放的贷款和贴现资产扣减贷款损失准备期末余额后的金额，应根据"贷款""贴现资产"等科目的期末借方余额合计，减去"贷款损失准备"科目所属明细科目期末余额后的金额分析计算填列。

（6）"拆出资金"项目，反映商业银行拆借给境内、境外其他金融机构的款项，应根据"拆出资金"科目的期末余额，减去"贷款损失准备"科目所属相关明细科目期末余额后的金额分析计算填列。

（7）"固定资产""无形资产"等资产项目，反映商业银行相应资产在期末的实际价值。"固定资产"以"固定资产"总账期末余额扣减"累计折旧"和"固定资产减值准备"总账期末余额后填列。"无形资产"以"无形资产"总账期末余额扣减"累计摊销"和"无形资产减值准备"总账期末余额后填列。

（8）"其他资产"项目，反映商业银行期末持有的存出保证金、应收股利、其他应收款等资产的账面余额，应根据有关科目的期末余额填列。已计提减值准备的，还应扣减相应的减值准备。

长期应收款账面余额扣减累计减值准备和未实现融资收益后的净额、抵债资产账面余额扣减累计跌价准备后的净额、"代理兑付证券"减去"代理兑付证券款"后的借方余额，也在本项目反映。

（9）"向中央银行借款""同业及其他金融机构存放款项""拆入资金""卖出回购金融资产款""吸收存款"等项目，反映商业银行从中央银行借入在期末尚未偿还的借款、尚未偿付的债券金额等，应根据"同业存放""向中央银行借款""拆入资金""卖出回购金融资产款""吸收存款"等科目的期末余额填列。

（10）"衍生金融负债"项目，反映衍生工具、套期项目、被套期项目中属于衍生金融负债的金额，应根据"衍生工具""套期项目""被套期项目"等科目的期末贷方余额分析计算填列。

（11）"其他负债"项目，反映商业银行存入保证金、应付股利、其他应付款、递延收益等负债的账面余额，应根据有关科目的期末余额填列。

长期应付款账面余额减去未确认融资费用后的净额、"代理兑付证券"减去"代理兑付证券款"后的贷方余额，也在本项目反映。

（12）"实收资本（股本）""资本公积""盈余公积""一般风险准备""未分配利润""库存股"等项目，反映商业银行期末持有的接受投资者投入企业的实收资本、从净利润中提取的盈余公积、一般风险准备等金额，反映商业银行从净利润中提取的一般风险准备金额，应根据"一般风险准备"科目的期末余额填列。分别根据"实收资本（股本）""资本公积""盈余公积""一般风险准备""未分配利润""库存股"科目总账余额和"利润分配"科目中的"未分配利润"明细账的期末余额分析填列。

三、利润表

利润表是反映商业银行在一定会计期间的经营成果的会计报表，是一种动态的报表。商业银行通过编制利润表可以如实反映商业银行实现的收入情况、费用耗费情况，以及商业银行生产经营活动的成果，即净利润的实现情况。

（一）利润润表的结构

常见的利润表结构主要有单步式和多步式两种。我国商业银行的利润表一般采用多步式。通过对当期的收入、费用、支出项目按性质加以归类，按利润形成的主要环节列一些中间性利润指标，分步计算当期净损益，通常分为以下几步。

（1）以利息净收入、手续费及佣金净收入和其他业务收入为基础，减去税金及附加、业务及管理费、资产减值损失、其他业务成本，加上公允价值变动收益（减损失）、投资收益（减损失）和汇兑收益（减损失）计算出营业利润。

（2）在营业利润的基础上，加上营业外收入，减去营业外支出，计算出利润总额。

（3）在利润总额的基础上，减去所得税费用，计算出净利润或净亏损。

（4）根据净利润和商业银行发行在外的股份计算每股收益。

利润表的格式如表 11-2 所示。

表 11-2　利润表　　　　　　　　　　　　　　　　会商银 02 表

编制单位：　　　　　　　　　年　　月　　　　　　　　　　单位：元

项目	本期金额	上期金额
一、营业收入		
利息净收入		
利息收入		
利息支出		
手续费及佣金净收入		
手续费及佣金收入		
手续费及佣金支出		
投资收益（损失以"-"填列）		
其中：对联营企业和合营企业的投资收益		
公允价值变动收益（损失以"-"填列）		
汇兑收益（损失以"-"填列）		
其他业务收入		

项目	本期金额	上期金额
二、营业支出		
税金及附加		
业务及管理费		
资产减值损失		
其他业务成本		
三、营业利润（亏损以"－"填列）		
加：营业外收入		
减：营业外支出		
四、利润总额（亏损总额以"－"填列）		
减：所得税费用		
五、净利润（净亏损以"－"填列）		
六、每股收益		
（一）基本每股收益		
（二）稀释每股收益		

（二）利润表的编制方法

1."本期金额"和"上期金额"栏的填列

"本期金额"栏，反映各项目的本期实际发生数；"上期金额"栏，反映各项目的上期实际发生数，应根据上期利润表的"本期金额"栏填写。如果上年度利润表规定的各个项目的名称和内容同本期不一致，应对上年度利润表各项目的名称和内容按本年度的规定进行调整，填入"上期金额"栏。

2. 报表内各项目的填列方法

（1）"营业收入"项目反映商业银行经营业务各种收入的总额，本项目根据"利息净收入""手续费净收入""投资收益""公允价值变动损益""其他营业收入"、"汇兑损益"等项目加总计算填列。

（2）"利息净收入"项目，应根据 "利息收入"项目金额，减去"利息支出"项目金额后的余额计算填列。

（3）"利息收入"项目反映商业银行取得的利息收入，包括发放的各类贷款、与企业金融机构之间发生的业务往来、买入返售金融资产和债券投资等实现的利息收入。本项目应根据"利息收入""金融企业往来收入"等项目期末结转利润科目的数额填列。

（4）"利息支出"项目反映商业银行各项借款和吸收存款的利息支出，包括吸收各种存款、与其他金融机构之间发生资金往来业务、卖出回购金融资产和发行债券等产生的利息支出。本项目应根据"利息支出""金融企业往来支出"等项目期末结转利润科目的数额填列。

（5）"手续费及佣金及佣金净支出"项目根据"手续费及佣金收入"项目金额减去"手续费及佣金支出"金额后的余额计算填列。

（6）"手续费及佣金收入"项目，反映商业银行办理包括办理结算业务、咨询业务、担保业务、代保管等代理业务以及办理受托贷款及投资业务等取得的手续费及佣金，如结算手续费收入、佣金收入、业务代办手续费收入、基金托管收入、咨询服务收入、担保收入、受托贷款手续费收入、代保管收入、代理买卖证券、代理承销证券、代理兑付证券、代理保管证券、代理保险业务等代理业务以及其他相关服务实现的手续费及佣金收入等。本项目根据"手续费收入"和"佣金收入"科目期末结转利润科目的数额填列。

（7）"手续费及佣金支出"项目，反映商业银行委托其他企业代办业务而支付的手续费、佣金等支出。本项目根据"手续费支出"和"佣金支出"科目期末结转利润科目的数额填列。

（8）"投资收益"项目，反映商业银行对外投资，按合同或协议规定分回的投资利润、股利收入、债券投资的债息收入等。本项目应根据"投资收益"科目期末结转利润科目的数额填列。如为损失则以"-"列示。

（9）"公允价值变动损益"项目反映商业银行所持有交易性金融资产、交易性金融负债，以及采用公允价值模式计量的投资性房地产、衍生工具、套期保值业务等公允价值变动形成的应计入当期损益的利得或损失。商业银行指定为以公允价值计量且其变动计入当期损益的金融资产或金融负债公允价值变动形成的应计入当期损益的利得或损失也在本项目反映。"公允价值变动损益"项目根据公允价值变动损益余额填列。

（10）"汇兑收益"项目，反映商业银行进行外汇买卖或外币兑换等业务而发生的汇兑收益。本项目应根据"汇兑收益"科目期末结转利润科目的数额填列，损失以"-"填列。

（11）"其他业务收入"项目，反映商业银行的其他业务收入，如买入返售证券差价收入、咨询服务收入、证券销售差价收入、证券发行差价收入等。本项目根据"买入返售证券的差价收入""证券销售差价""证券发行差价收入"等科目期末结转利润科目的余额填列。

（12）"营业支出"项目，反映商业银行各项营业支出的总额。本项目根据"税金及附加""业务及管理费用""资产减值损失""其他业务成本"等项目汇总计算填列。

（13）"税金及附加"项目，反映商业银行按规定缴纳应由经营收入负担的各种税金及附加费，包括城市维护建设税、教育费附加等。本项目应根据"税金及附加"科目期末结转利润科目的数额填列。

（14）"业务及管理费用"项目，反映商业银行为经营业务而发生的各种业务费用、管理费用以及其他有关的营业费用。本项目根据"营业费用"科目期末结转利润科目的数额填列。

（15）"资产减值损失"项目反映商业银行计入损益的资产减值准备，不包括可供出售金融资产所提取的资产减值准备。新准则对商业银行应收款项、抵债物资、在建工程、采用成本计量的投资住房地产、长期股权投资、持有至到期投资、固定资产、无形资产、贷款等资产发生的减值都在本项目反映，而金融企业会计制度则根据不同的资产的减值分别计入不同的项目，目的是便于使用者了解当期资产减值对损益的影响。

（16）"其他营业成本"项目，反映商业银行确认的除营业收入以外的其他经营活动发生的支出，如卖出回购证券的差价支出等。本项目根据"其他营业支出"科目期末结转利润科目的数额填列。

（17）"营业利润"项目，反映商业银行当期的经营利润，发生的经营亏损也在本项目，用"－"号表示。本项目等于"营业收入"项目减去"营业支出"项目。

（18）"营业外收入"项目，反映商业银行发生的各项营业外收入，主要包括非流动资产处置利得、非货币性资产交换利得、债务重组利得、与收益相关的政府补助、盘盈利得、接受捐赠利得等。

（19）"营业外支出"项目，反映商业银行发生的各项营业外支出，主要包括非流动资产处置损失、非货币性资产交换损失、债务重组损失、公益性捐赠支出、非常损失、盘亏损失等。

（20）"利润总额"项目，反映商业银行当期实现的全部利润（或亏损）总额，如为亏损，以"－"号在本项目内填列。本项目等于"营业利润"项目加上"营业外收入"项目，减去"营业外支出"项目。

（21）"所得税费用"项目，反映商业银行按照资产负债表债务法确认的应从当期利润中扣除的所得税费用，根据"所得税费用"科目填列。

（22）"净利润"项目，反映商业银行的税后利润，本项目等于"利润总额"项目减去"所得税费用"项目。

（23）"每股收益"项目，包括"基本每股收益"和"稀释每股收益"，上市银行应当按照归属于普通股股东的当期净利润，除以发行在外普通股加权平均数计算基本每股收益。

四、现金流量表

（一）现金流量表的内容及结构

现金流量表是以现金为基础编制的，反映商业银行在一定时期内现金和现金等价物流入和流出的财务状况变动表。它能够综合反映商业银行获得现金和现金等价物的能力。现金是指商业银行的库存现金以及可以随时用于支付的存款。现金主要包括库存现金、存入本行营业部的银行存款、存放中央银行款项、存放同业款项。现金等价物是指商业银行持有的期限短、流动性强、易于转换为已知金额的现金、价值变动小的投资。

现金流量表是以现金及现金等价物为基础按照收付实现制原则编制，将权责发生制下的盈利信息调整为收付实现制下的现金流量信息。根据商业银行业务活动的性质和现金流量的来源，现金流量表在结构上将商业银行在一定期间产生的现金流量分为以下三类：

（1）经营活动产生的现金流量。经营活动是指商业银行投资活动或筹资活动以外的所有交易或事项。它主要包括吸收存款、发放贷款、同业存放、同业拆借、利息收入和利息支出、收回的已于前期核销的贷款等。

（2）投资活动产生的现金流量。投资活动是指商业银行长期资产的构建和不包括在现金等价物范围内的投资及其处置活动。它包括权益性证券的投资、债券投资、固定资产、无形资产和其他长期投资等。

（3）筹资活动产生的现金流量。筹资活动是指导致商业银行资本及债务规模和构成发生变化的活动。这里所说的资本，既包括实收资本（股本），也包括资本溢价（股本溢价）。它主要包括吸收权益性资本、发行债券、借入资金、支付股利和偿还债务等。

现金流量表见表 11-3 所示。

表 11-3　现金流量表

会商银　03 表

编制单位：　　　　　　　　　　　年　　月　　　　　　　　　单位：元

项　目	行次	本期金额	上期金额
一、经营活动产生的现金流量	1		
客户存款和同业存放款项净增加额	2		
向中央银行借款净增加额	4		
向其他金融机构拆入资金净增加额	5		
收取利息、手续费及佣金的现金	6		
收到其他与经营活动有关的现金	7		
经营活动现金流入小计	8		
客户贷款及垫款净增加额	9		
存放中央银行和同业款项净增加额	10		
支付手续费及佣金的现金	11		
支付给职工以及为职工支付的现金	12		
支付的各项税费	13		
支付其他与经营活动有关的现金	14		
经营活动现金流出小计	15		
经营活动产生的现金流量净额	16		
二、投资活动产生的现金流量	17		
收回投资收到的现金	18		
取得投资收益收到的现金	19		
收到其他与投资活动有关的现金	20		
投资活动现金流入小计	21		
投资支付的现金	22		
购建固定资产、无形资产和其他长期资产支付的现金	23		
支付其他与投资活动有关的现金	24		
投资活动现金流出小计	25		
投资活动产生的现金流量净额	26		

项　　目	行次	本期金额	上期金额
三、筹资活动产生的现金流量	27		
吸收投资收到的现金	28		
发行债券收到的现金	29		
收到其他与筹资活动有关的现金	30		
筹资活动现金流入小计	31		
偿还债务支付的现金	32		
分配股利、利润或偿付利息支付的现金	33		
支付其他与筹资活动有关的现金	34		
筹资活动现金流出小计	35		
筹资活动产生的现金流量净额	36		
四、汇率变动对现金的影响	37		
五、现金及现金等价物净增加额	38		
加：期初现金及现金等价物余额	39		
六、期末现金及现金等价物余额	40		

（二）现金流量表的编制方法

对商业银行经营活动产生的现金流量的列报有两种方法，即直接法和间接法。

直接法是商业银行根据当期有关现金流量的会计事项，对经营活动的现金流入与流出，逐项进行确认，以反映经营活动产生的现金流量。在采用直接法编制现金流量表时，应将当期利润表中每一个对现金流量有影响的收入和支出项目进行反映，而不考虑其他非现金收入和非现金支出。例如，对利息收入中的现金收入部分予以反映，而对应收利息不做考虑；再如，对进行股权投资的权益收入、固定资产的折旧费用等也都不予反映。

间接法是以净利润为起算点，调整不涉及现金的收入、费用、营业外收支等有关项目，剔除投资活动、筹资活动对现金流量的影响，据此计算出经营活动产生的现金流量。

1. 经营活动产生的现金流量

（1）"客户存款和同业存放款项净增加额"项目反映商业银行本期吸收的境内外金融机构以及非同业存放款项以外的各种存款的净增加额。本项目可以根据"吸收存款""同业存放"等科目的记录分析填列。

商业银行可以根据需要增加项目，例如，本项目可以分解成"吸收活期存款净增加额"、"吸收活期存款以外的其他存款""支付活期存款以外的其他存款""同业存放净增加额"等项目。

（2）"向中央银行借款净增加额"项目反映商业银行本期向中央银行借入款项的净增加额。本项目可以根据"向中央银行借款"科目的记录分析填列。

（3）"向其他金融机构拆入资金净增加额"项目反映商业银行本期从境内外金融机构拆

入款项所取得的现金，减去拆借给境内外金融机构款项而支付的现金后的净额。本项目可以根据"拆入资金"和"拆出资金"等科目的记录分析填列。本项目如为负数，应在经营活动现金流出类中单独列示。

（4）"收取利息、手续费及佣金的现金"项目反映商业银行本期收到的利息、手续费及佣金，减去支付的利息、手续费及佣金的净额。本项目可以根据"利息收入""手续费及佣金收入""应收利息"等科目的记录分析填列。

（5）"收到其他与经营活动有关的现金"项目，反映商业银行收到的其他与经营活动有关的现金。

以上各项（1）至（5）合计填列入经营活动现金流入小计项目。

（6）"客户贷款及垫款净增加额"项目，反映商业银行本期发放的各种贷款办理商业票据贴现、转贴现融入及融出资金等业务的净增加额，本项目可以根据"贷款""贴现资产""贴现负债"科目的记录分析填列。

（7）"存放中央银行和同业款项净增加额"项目，反映商业银行本期存放于中央银行及境内外金融机构的款项挣增加额，本项目根据"存放中央银行款项"和"存放同业"等科目的记录分析填列。

（8）"支付手续费及佣金的现金"项目，反映商业银行支付的利息、手续费及佣金，本项目可以根据"手续费及佣金支出"等科目的记录分析填列。

（9）"支付给职工以及为职工支付的现金"项目，反映商业银行为职工支付的各种费用，包括工资、养老金、医疗保险、失业保险以及工伤保险、解除劳动关系的补偿及其他福利费，本项目根据"现金""银行存款""应付职工薪酬"等科目的记录分析填列。

（10）"支付的各项税费"项目，反映商业银行按照规定支付的各种税费，包括本期发生本期支付的税费、本期支付以前各期发生的税费和预交的税费，包括印花税、房产税、土地增值税、所得税和教育费附加等。本项目根据"银行存款"和"应交税费"等科目的记录分析填列。

（11）"支付其他与经营活动有关的现金"项目，反映商业银行支付的其他与经营活动有关的现金。

以上各项（6）至（11）合计填列入经营活动现金流出小计项目。经营活动现金流入小计与经营活动现金流出小计相减后得到经营活动的现金流量净额。

2. 投资活动产生的现金流量

（1）"收回投资收到的现金"项目反映商业银行出售、转让或者到期收回除现金等价物以外的"持有至到期投资""投资性房地产""固定资产""处置子公司及其他营业单位收到的现金"净额。银行也可以根据实际情况将本项目细分。本项目可以根据"持有至到期投资""投资性房地产""固定资产""长期股权投资""现金""存放中央银行款项"等科目记录分析填列。

（2）"取得投资收益收到的现金"项目，反映商业银行因股权投资而分得的股利、从子公司、联营企业或合营企业分得利润而得到现金股利以及债券性投资的利息。本项目应根据

"应收股利""应收利息""投资收益""现金""存放中央银行款项"等科目记录分析填列。

（3）"投资支付的现金"项目，反映商业银行因对外投资而支付的现金，根据"长期股权投资""持有至到期投资""现金""存放中央银行款项"等科目记录分析填列。

（4）"购建固定资产、无形资产和其他长期资产支付的现金"项目，反映商业银行购买建造固定资产、取得无形资产和其他长期资产而支付的现金及税款，根据"固定资产""在建工程""无形资产""现金""存放中央银行款项"等科目记录分析填列。

3. 筹资活动产生的现金流量

（1）"吸收投资收到的现金"项目，反映商业银行因发行股票方式筹集资金实际收到的款项净额，其中发行过程中由银行直接支付的审计费用、咨询费等直接费用在收到的款项中扣除。根据"实收资本（或股本）""无形资产""现金""存放中央银行款项"等科目记录分析填列。

（2）"发行债券收到的现金"项目，反映商业银行因发行债券方式筹集资金实际收到的款项净额，其中发行过程中由银行直接支付的审计费用、咨询费等直接费用在收到的款项中扣除。根据"应付债券""现金""银行存款"等科目记录分析填列。

（3）"偿还债务支付的现金"项目，反映商业银行偿还长期债务本金而支付的现金，根据"应付债券""现金""存放中央银行款项"等科目记录分析填列。

（4）"分配股利、利润或偿付利息支付的现金"项目，反映商业银行因分配股利、利润或偿付债券利息支付的现金，根据"应付债券""应付股利""现金""存放中央银行款项"等科目记录分析填列。

五、所有者权益变动表

（一）所有者权益变动表的内容和结构

所有者权益变动表是综合反映构成所有者权益各组成部分当期增减变动情况的报表，包括会计政策变更和前期差错更正对期初余额的影响，当期损益对所有者权益的影响，直接计入权益的利得和损失对所有者权益的影响，所有者当期投入或减少资本的影响以及利润分配对所有者权益的影响，同时反映所有者权益内部结构的变化。具体结构见表11-4。

（二）所有者权益变动表编制方法

（1）本表"上年末余额"项目，反映商业银行上年资产负债表中股本（实收本）、资本公积、盈余公积、未分配利润的年末余额。

"会计政策变更"和"前期会计差错更正"项目分别反映商业银行调整法采用追溯调整法处理的会计政策变更的累积影响金额和采用追溯调整法处理的会计差错更正的累积影响金额。为了反映会计政策变更和会计差错更正的影响，商业银行应当在上期期末所有者权益余额的基础上进行调整得到本期期初的所有者权益，根据"盈余公积""利润分配""以前年度损益调整"等科目的发生额分析填列。

表 11-4 所有者权益（股东权益）变动表

编制单位：　　　　　　　　　　　　　　　　　　　年　　　　　　　　　　　　　　　　单位：元

项　目	行次	本年金额							上年金额						
		实收资本（或股本）	资本公积	减：库存股	盈余公积	未分配利润	一般风险准备	所有者权益合计	实收资本（或股本）	资本公积	减：库存股	盈余公积	未分配利润	一般风险准备	所有者权益合计
一、上年年末余额															
加：会计政策变更															
前期差错更正															
二、本年年初余额															
三、本年增减变动金额（减少以"—"号填列）															
（一）本年净利润															
（二）直接计入所有者权益的利得和损失															
1. 可供出售金融资产公允价值变动净额															
（1）计入所有者权益的金额															
（2）转入当期损益的金额															
2. 现金流量套期工具公允价值变动的金额															
（1）计入所有者权益的金额															
（2）转入当期损益的金额															
（3）计入被套期项目初始金额中的金额															
3. 权益法下被投资单位所有者权益变动的影响															
4. 与计入所有者权益项目相关的所得税影响															
5. 其他															
上述（一）和（二）小计															
（三）所有者投入资本和减少资本															
1. 所有者本期投入资本															
2. 股份支付计入所有者权益的金额															
3. 其他															
（四）利润分配															

（2）"本年增减变动额"项目包括以下内容：

① "净利润"项目，反映商业银行当年实现的净利润（或亏损）金额。对应填列在"未分配利润"一栏。本项目的数字应与"利润表"上"净利润"项目的"本年累计数"一致。

② "直接计入所有者权益的利得和损失"项目，反映商业银行当期直接计入所有者权益的利得和损失，其中：

"可供出售金融资产公允价值变动净额"项目反映商业银行持有的可供出售金融资产公允价值变动金额，并对应填在"资本公积"栏，其中转入当期损益的金额填入"未分配利润"栏。

"现金流量套期工具公允价值变动净额"项目反映商业银行现金流量套期工具的公允价值变动计入权益的金额，并对应填在"资本公积"栏，其中转入当期损益的金额填入"未分配利润"栏。

"权益法下被投资单位其他所有者权益变动的影响"反映商业银行对权益法核算的长期股权投资，在被投资单位除了实现净利润外其他所有者权益变动中应该享有的份额，并对应填在"资本公积"栏。

"与计入所有者权益项目相关的所得税影响"项目，反映商业银行按照《企业会计准则第18号——所得税》规定应计入所有者权益项目的长年所得税影响金额，并对应填在"资本公积"栏。

（3）"所有者投入和减少资本"项目反映所有者当年投入和（或）减少的资本，其中：

"所有者投入资本"项目反映所有者投资所形成的股本和股本溢价并对应填在"股本"（或者"实收资本"）和"资本公积"栏。

"股份支付计入所有者权益的金额"反映商业银行处于等待期内的权益结算的股份支付当年计入资本公积的金额，对应填在"资本公积"栏。

（4）"利润分配"项目下的各项目反映商业银行当期对股东（投资者）分配的股利（利润）和按照规定提取的盈余公积金额，并对应填在"未分配利润"和"盈余公积"栏。其中：

"提取盈余公积"项目，反映企业提取的盈余公积，对应填在"盈余公积"栏。

"对股东（所有者）的分配"项目，反映企业应付给股东（所有者）的利润，对应填在"未分配利润"栏。

"提取的一般风险准备"项目反映企业当期提取的一般风险准备金，对应填在"一般风险准备"栏。

（5）"所有者权益内部结转"下各项目反映不影响当年所有者权益总额的所有者权益内部各项目之间的相互结转，包括资本公积转增资本（股本）、盈余公积转增资本（股本）、盈余公积弥补亏损等，其中：

"资本公积转增资本（股本）"项目，反映企业用资本公积转增资本（股本）的金额。

"盈余公积转增资本（股本）"项目，反映企业用盈余公积转增资本（股本）的金额。

"盈余公积弥补亏损"项目，反映企业用盈余公积弥补亏损的金额。

1. 什么是年度决算？年度决算有什么意义？
2. 年度决算工作日的主要内容是什么？
3. 什么是商业银行财务会计报告？商业银行财务会计报告包括哪些内容？

参考文献

[1] 企业会计准则编审委员会. 企业会计准则 2015 版[M]. 北京：立信会计出版社，2015.

[2] 企业会计准则编审委员会. 企业会计准则案例讲解 2015 版[M]. 上海：立信会计出版社，2015.

[3] 贺瑛，钱红华. 银行会计[M]. 上海：复旦大学出版社，2008.

[4] 唐宴春. 金融企业会计[M]. 北京：中国金额出版社，2006.

[5] 王海荣，徐旭东. 金融企业会计[M]. 北京：人民邮电出版社，2013.

[6] 翟立宏. 银行会计学[M]. 西安：西安交通大学出版社，2007.

[7] 王允平，关新红，李晓梅. 金融企业会计[M]. 北京：经济科学出版社，2011.

[8] 孟艳琼. 金融企业会计[M]. 武汉：武汉理工大学出版社，2012.

[9] 张慧珏，莫桂青. 银行会计[M]. 上海：上海财经大学出版社，2012.

[10] 钱红华. 银行会计习题与解答[M]. 上海：上海复旦学校出版社，2008.